DIREITO CIVIL

DIREITO DE EMPRESA

Direito Civil

Direito de Empresa

Maria Cristina Zucchi

Juíza do Segundo Tribunal de Alçada Civil do Estado de São Paulo,
Mestre em Direito Constitucional Comparado
pela Universidade Samford, Alabama, EUA
Doutoranda em Direito Civil e Constitucional
pela Universidade de São Paulo

editora HARBRA

Supervisão Editorial: Maria Pia Castiglia
Revisão de Texto: Maria Lúcia G. Leite Rosa
Revisão de Provas: Grasiele L. Favatto Cortez
Editoração Eletrônica: Mônica Roberta Suguiyama
Capa: Fernando Mendes
Impressão e Acabamento: RR Donnelley.

DIREITO CIVIL – DIREITO DE EMPRESA
Copyright © 2004 por **editora HARBRA ltda.**
Rua Joaquim Távora, 629
04015-001 São Paulo – SP
Promoção: (011) 5084-2482 e 5571-1122. Fax: (011) 5575-6876
Vendas: (011) 5084-2403, 5549-2244 e 5571-0276. Fax: (011) 5571-9777

ISBN 85-294-0267-7

Impresso no Brasil *Printed in Brazil*

Diante do interesse de meus alunos pela matéria,
a eles dedico meu trabalho.
Não só a alunos meus,
mas também a todos os empenhados no aprendizado
do direito de empresa, ante as grandes inovações
que foram introduzidas nesta vertente
basilar do direito privado nacional.

CONTEÚDO

Apresentação

No Código Civil de 2002, o legislador pátrio incluiu um livro especial sobre o direito de empresa.

Três problemas avultam, desde logo.

Trata-se, em primeiro lugar, de um conceito moderno, já adotado por outros códigos. Efetivamente, a empresa não poderia constituir um ente separado da lei civil, eis que integra a vida das comunidades como expressão importante e mesmo basilar.

Historicamente, muitas codificações tiveram por base leis de natureza comercial e, portanto, empresariais.

Em segundo lugar, essa parte do Código Civil é rica e minuciosa. Ela conceitua o empresário e a empresa, definindo situações e dispondo sobre os diferentes tipos de sociedades empresariais, partindo do próprio desenvolvimento socioeconômico do complexo mundo em que vivemos.

Disso resulta que há problemas novos nas disposições legais, definindo papéis e estabelecendo direitos e responsabilidades, não apenas entre aqueles que se associam para organizar uma sociedade empresária, mas também destes em relação ao público.

Com efeito, a vida moderna se efetiva e realiza através de contatos diários, constantes, minuto a minuto, entre cidadãos e empresas. As comunidades giram em torno de produção e consumo, dois termos que englobam uma relação tão vasta que nela se expressa a própria vida.

A lei civil, ao tratar da empresa, não poderia fazê-lo a não ser de forma minuciosa e específica, procurando, tanto quanto isso é possível na vida das disposições legais, abranger os fenômenos que possam gerar conflitos e assim romper o equilíbrio social tão necessário – e mesmo imprescindível – à vida econômica.

Disso resulta – e aqui temos o terceiro ponto – a necessidade de um estudo profundo – mas ao mesmo tempo simples, acessível e didático – daquilo que o legislador incluiu, sobre empresários e empresas, no Código Civil.

Essa análise, esse trabalho, agora apresentamos ao público, e utilizamos a palavra público no seu sentido amplo e completo, incluindo os operadores de direito – advogados, magistrados, professores, estudantes – e, também, àqueles que, pelas suas funções, vivem a vida diária das sociedades empresárias.

A ilustre autora, com esse trabalho, correspondeu às expectativas, já que conseguiu o notável equilíbrio entre a simplicidade na exposição e a profundidade na análise de tão importante matéria. Advogada brilhante, juíza que ilustra nossa magistratura, a Dra. Maria Cristina Zucchi realizou um trabalho que, certamente, marcará de forma indelével os estudos sobre o Direito de Empresa em nossa pátria.

É com prazer, portanto, que entregamos esse trabalho ao mundo jurídico e ao mundo empresarial, certos de que ele cumprirá sua nobre missão.

Os editores

Prefácio

Sempre me impressionei com o estudo do Direito Comercial, certamente influenciada pelas incomparáveis aulas que tive o privilégio de assistir, ministradas pelos inesquecíveis Professores Oscar Barreto Filho e Mauro Brandão Lopes, nas velhas arcadas.

Com o estudo do Direito Comercial, sempre foi ressaltada a importância da empresa, como conceito central deste ramo do direito, como atividade negocial, como elo indissociável do mercado de crédito, esteio do desenvolvimento nacional e global.

Este pequeno estudo não representa, nem pretende ser, um modelo acabado do Direito da Empresa, no atual direito brasileiro. Trata-se, em verdade, de apontamentos iniciais, primeiros estudos, objetivando inserir o segundo livro do Código Civil de 2002 nos parâmetros do direito privado unificado e do Direito Comercial, que, embora formalmente modificado, mantém sua autonomia e conteúdo inconfundíveis, sólidos, frutos de uma evolução específica de determinada e primordial atividade humana.

Partindo da disciplina legislativa trazida diretamente nos 230 artigos que compõem o Livro II (Do Direito de Empresa) da Parte Especial do Código Civil de 2002, e indiretamente em dispositivos esparsos não apenas no próprio Código como também em legislação complementar que, expressa ou tacitamente, acabaram sendo mantidos, este trabalho constitui formulação didática dos pontos fundamentais da teoria do Direito de Empresa, à luz de alguns bastidores históricos, etimológicos, doutrinários, jurisprudenciais e legislativos de que o novo texto legal resulta, aparentemente inovando, e efetivamente consolidando e cristalizando um momento evolutivo de magnânima importância para o homem e para a sociedade.

O objetivo primordial deste estudo foi a tentativa de intelecção do recém-denominado Direito de Empresa, não como mero estudo pessoal, mas para o aluno, o estudioso, o incansável desvendador dos institutos jurídicos que a realidade demanda e que o aplicador da lei tem o dever de realizar.

Fruto de estudos advindos da época da elaboração do anteprojeto – acompanhando a evolução nem sempre compreensível da redação que resultou no texto definitivo –, do exame e da análise deste texto, do preparo de aulas para a graduação, da elaboração de textos para palestras, este opúsculo visa desvendar os parâmetros principais segundo os quais o Direito de Empresa deve ser inicialmente compreendido. É o nosso empenho no aprendizado desta vertente basilar do direito privado, ou como lapidarmente indica o mestre Fábio Konder Comparato, desta "*instituição social que, pela sua influência, dinamismo e poder de transformação, sirva de elemento explicativo e definidor da civilização contemporânea – a empresa*".

Maria Cristina Zucchi

1

O Direito Comercial e o Direito de Empresa

E o Direito Comercial tornou-se o Direito das Empresas. No escólio de Evaristo de Moraes Filho: "*A empresa, no momento capitalista mais agudo, e agora na passagem para um sistema mais justo, assumiu o motivo próprio da atividade econômica. As pessoas perdem importância, diante das organizações de bens e de forças vivas por ela criadas. Duram no tempo, aperfeiçoam a iniciativa humana, a perpetuam e renovam no mudar contínuo das pessoas... A empresa, como organização e como unidade, é o núcleo não só da forma social, mas também da atividade pessoal... A empresa é a pessoa econômica que o Direito Comercial regula na sua vida, as uniões de empresas assumem caracteres próprios*".[1]

No dizer de Miguel Reale, o Direito Comercial foi fortalecido com o nascimento do Direito de Empresa, ao contrário do que se deduz do novo texto vigente. Segundo o nobre jurista, manteve-se a

---

[1] MORAES FILHO, Evaristo de. *Sucessão nas obrigações e a teoria da empresa*. Rio de Janeiro: Forense, 1960. p. 329.

dualidade entre o Direito Civil e o atual Direito de Empresa, sucessor do Direito Comercial.

Na verdade, a partir de uma mera constatação literal legislativa, temos que os 456 artigos que constituíam a primeira parte do Código Comercial de 1850 foram revogados pelo novo Código Civil.[2]

Para o nosso eterno mestre Prof. Miguel Reale, a unificação legislativa dos dois ramos do direito privado não significa extinção ou unificação científica do direito, "*pois não se trata de autonomia legislativa, mas sim de autonomia científica. O Direito Comercial é um direito autônomo, porquanto visa a determinados problemas, cuja existência se configura de forma clara e bem nítida nas relações sociais, sendo necessário, além do mais, ponderar que o Código Civil abrange matéria que não é toda de Direito Civil, assim como este não se contém por inteiro nesse código*".[3]

No entender de Judith Martins-Costa: "*A prova da manutenção da dualidade entre Direito Civil e agora Direito Empresarial, sucessor do Direito Comercial, são as disposições dos arts. 966 e 998. Enquanto o primeiro define quem é o empresário e quem está afastado de tal conceito, o segundo trata do registro das sociedades simples no Registro Civil das Pessoas Jurídicas.*

Com isso, é preservada a distinção entre Direito Civil e mercantil, mas acabam algumas contradições do sistema atual. Atualmente, uma sociedade destinada à faturização de títulos de crédito é considerada sociedade civil, em razão de que a prestação de serviços não é considerada atividade mercantil. Porém, trata-se de atividade empresarial que em nada difere das atividades comerciais e industriais".[4]

A unificação do Direito Civil e do Direito Comercial não é um passo inovador do direito brasileiro. Ela já havia ocorrido anterior-

---

[2] A terceira parte daquele *codex*, denominada Das Quebras, já fora revogada pelo Decreto-Lei 7.661/1945, que passou a disciplinar, em texto autônomo, os institutos da falência e da concordata no direito brasileiro.

[3] REALE, Miguel. *Lições preliminares de direito*. 2. ed. São Paulo: Bushatsky, 1974. p. 406.

[4] MARTINS-COSTA, Judith; BRANCO, Gerson Luiz Carlos. *Diretrizes teóricas do novo Código Civil brasileiro*. São Paulo: Saraiva, 2002. p. 71.

mente na Itália, com o Código Civil italiano de 1942, promulgado sob o governo fascista de Benito Mussolini. Trata-se, portanto, de evolução já conquistada pelo direito italiano há mais de 60 anos, tendo decorrido da unificação lá promovida a prevalência da empresa como atividade econômica.

O novo Código Civil brasileiro inspirou-se profundamente no Código Civil italiano de 1942. Mas é necessário que se diga que, na Itália, a despeito da unificação ocorrida, permanece até hoje a cadeira de Direito Comercial nos cursos de direito das faculdades italianas.

O direito brasileiro, ao instituir o Direito de Empresa, acabou por incluir no seu âmbito o comércio, não com exclusividade, mas sim como uma das várias atividades econômicas organizadas para a produção ou circulação de bens ou serviços, profissionalmente exercidas.

2

A Atividade Negocial

O projeto desta nova codificação, anunciando a positivação DA ATIVIDADE NEGOCIAL, pretendia, em um livro específico, ordenar a atividade que se estrutura para exercício habitual de negócios.

O Prof. Sylvio Marcondes explica que *"o prof. Caio Mário da Silva Pereira, autor do anteprojeto, na parte geral e dos contratos, justificando o método do seu trabalho, explica sua adesão à doutrina do Rechtsgeschäft, sustentada no ensinamento de suas Instituições de Direito Civil. Nessa, o conceito de ato jurídico, restrito no Código Civil ao que tem por fim adquirir, resguardar, transferir, modificar ou extinguir direitos, se alarga como fonte formal de todo comportamento apto a construir direitos subjetivos, constituindo gênero, do qual a declaração de vontade, dirigida no sentido da obtenção de um resultado, constitui espécie, denominada negócio jurídico. Daí inscrever este Título I de seu anteprojeto, seguido de títulos concernentes a especializações daquele conceito fundamental. E por força da dogmática assim estabelecida ao abrir-se o anteprojeto de Código das Obrigações, pode-se dizer que nessa sua primeira parte se construiu todo um sistema de atos. Atos jurídicos* stricto sensu, *isto é, negócios jurídicos, ou seja, atos negociais"*.[5]

Segue o ilustre Prof. Sylvio Marcondes explicando: *"Ora, não obstante serem os atos negociais facultados a todas as pessoas e, por essa razão, cabíveis num direito objetivo comum, é certo que a sua prática, quando continuadamente reiterada, de modo organizado e estável, por um mesmo sujeito, que busca uma finalidade unitária e permanente, cria, em torno desta, uma série de relações interdependentes que, conjugando o exercício coordenado dos atos, o transubstancia em atividade. E, assim como, partindo do conceito de negócio jurídico, o anteprojeto parcial erige um sistema de atos, cabe assentar-se, no anteprojeto geral, os postulados normativos do exercício da atividade. Atos negociais e, portanto, atividade negocial. Atividade que se manifesta economicamente na empresa e se exprime juridicamente na titularidade do empresário e no modo ou nas condições de seu exercício"*,[6] tendo por escopo a produção ou a circulação de bens ou de serviços.

Dessa forma, como ainda nos esclarece o eminente Prof. Sylvio Marcondes, reuniu a matéria que lhe coube – sociedades e exercício da atividade mercantil – em um Livro III, denominado "Da Atividade Negocial", que se decompunha em 3 partes: I – Do Empresário; II – Da Sociedade; e III – Dos Institutos Complementares.

O Projeto de Código Civil (n. 634/75, depois 634-B/75 no Senado Federal) é a quinta versão. A primeira, referente ao Direito da Empresa, de autoria do Prof. Sylvio Marcondes, datada de 1964, inserida no então anteprojeto de Código das Obrigações, trazia o título de "Sociedades e Exercício da Atividade Mercantil", do qual houve uma segunda versão de 1965. Depois, com a unificação do Código Civil e do Código das Obrigações num único texto, foi apresentado um projeto em 1972. Foi também apresentada uma outra versão da parte sobre atividade negocial, que finalmente se converteria na atual, que é de 1975, com inúmeras alterações.

---

[5] MARCONDES, Sylvio. *Problemas de direito mercantil.* 3. ed. São Paulo: Max Limonad, 1970. p. 135.

[6] *Ibid.*, p. 136.

A *atividade negocial*, na versão original que chegou ao Congresso, em 1975, constava de 231 artigos (do n. 1.003 ao 1.234), à qual foram acrescidos mais dois artigos, no Livro Complementar – "Das Disposições Finais e Transitórias" (arts. 2.090 e 2.091). Após a passagem pela Câmara, o título foi modificado para "Do Direito de Empresa". Tal título, conforme afirmação do relator-geral do Projeto na Câmara dos Deputados, Dep. Ernany Satiro, foi sugerido pelo Prof. Miguel Reale, e acabou sendo aprovado pela Câmara e subindo ao Senado ostentando o título que manteve.

O ilustre Prof. Sylvio Marcondes, seguidor das linhas de trabalho de Waldemar Ferreira, e encarregado de redigir a parte do Direito da Empresa, tinha uma preocupação constante com a *ligação entre o direito e a realidade*. O próprio Prof. Miguel Reale insistiu inúmeras vezes em dizer que o novo Código Civil se caracteriza metodologicamente pela aderência aos problemas concretos da sociedade brasileira, (...) pelo sentido de concreção de que as normas se revestem, atendendo e buscando aliar os ensinamentos da doutrina e jurisprudência ao direito vivido pelas diversas categorias profissionais.[7]

Pois bem, é exatamente diante desse panorama que devemos pretender desvendar o Livro II do novo Código Civil, intitulado "Do Direito de Empresa", que engloba 4 Títulos ("Do Empresário", "Da Sociedade", "Do Estabelecimento" e "Dos Institutos Complementares"), com 230 artigos no total (arts. 966 a 1.195).

[7] REALE, Miguel. *O projeto do novo Código Civil.* 2. ed. São Paulo: Saraiva, 1999, p. 50-55.

3

Principiologia do Direito de Empresa no Código Civil de 2002

É impossível compreender-se
qualquer tipo de conduta humana
sem referibilidade a um sistema de valores.
Miguel Reale

O legislador brasileiro adaptou o novo Código Civil à ordem de valores encampados pela Constituição de 1988. E o novo Digesto Civil não só consolidou o direito já consubstanciado na jurisprudência interpretativa do Código Civil de 1916 e o positivado em legislação esparsa a ele posterior, como também atraiu o direito empresarial e avançou na unificação das obrigações civis e comerciais.

O material interpretativo extravasa a letra da lei para alcançar os fundamentos e finalidades do direito, sendo fornecidos ao exegeta ingredientes metajurídicos de interpretação dos fatos e atos jurídicos. Assim, por exemplo, as regras sobre abuso de direito e nulidade são aplicadas no negócio em que uma das partes cede em função do seu estado de necessidade, abrindo espaço para a anulação de acordos leoninos, até mesmo os firmados perante órgãos conciliadores.

Isso faz com que se diga que a linha divisória entre moral e direito tenha sido removida com o Código Civil de 2002, separação esta que o positivismo fez crer existente. Tal postura é consentânea com a doutrina pós-positivista de superação da dicotomia direito natural x direito positivo, para abrigar a simbiose dessas duas grandes correntes do pensamento jurídico.

Qualquer análise que pretendamos fazer requer lembremos que o direito é muito mais que o mero exame de um artigo de lei, devendo perquirir a razão da sociedade organizar-se desta ou daquela maneira, o porquê de determinados interesses acabarem se sobrepondo ou serem sacrificados em favor de outros, ou ainda a razão de certos grupos serem qualificados ou desconsiderados.

Sobressai, assim, o papel do juiz, como pondera o jusnaturalista Perelman, no seu crescente papel na elaboração do direito concreto, tornando cada vez mais ultrapassada a oposição entre o direito natural e o positivo, pois mesclam-se elementos emanados da vontade do legislador, da construção dos juristas e considerações pragmáticas, de natureza social e política, moral e econômica.

Para Miguel Reale, como esclarece em sua justificação, os valores da solidariedade social, democracia social, socialidade, concreção, realizabilidade, boa-fé, eqüidade, probidade, finalidade social do direito, equivalência das prestações, dignidade da pessoa humana, constituem os conceitos integradores da compreensão ética que informam o novo Direito Civil. Ao lado destes valores, alocados no projeto originário, o Congresso Nacional agregou outros já sediados na Constituição Federal de 1988,[8] na

[8] Convém lembrar que o Projeto do novo Código Civil foi enviado ao Congresso sob o regime da Constituição Federal de 1967/1969, carta esta que dava ênfase à segurança do Estado, às instituições de ordem pública (art. 86), na qual o conceito de segurança nacional era um conceito político, sem constar expressamente da Constituição. O novo Código Civil traz reminiscências desse regime constitucional anterior. A Constituição Federal de 1988, denominada "constituição cidadã", prioriza os direitos humanos (que antes eram até "geograficamente" colocados ao final do texto constitucional), e elege valores diversos da carta anterior, com enfoque irradiando sempre a situação fática *efetiva*, a função social das manifestações do Direito, a responsabilização e a melhor avaliação do caso concreto, para a melhor aplicação da lei e realização da justiça.

legislação e jurisprudência posteriores, como a liberdade, a igualdade e o pluralismo.

Assim, a *solidariedade social* foi um dos valores que justificaram a alteração do Código Civil, não apenas como fato social constatado, mas também como valor abstrato a ser implementado e exigido, como instrumento de preservação da espécie humana. Tal é revelado, por exemplo, no art. 14,[9] que trata da doação de órgãos, no art. 1.704, parágrafo único,[10] que disciplina a pensão para sobrevivência do cônjuge culpado pela separação (evitando que caia na sarjeta ou nos abrigos públicos), nos arts. 1.697[11] e 1.698,[12] que tratam do dever mútuo de pensão alimentícia entre parentes. No Direito de Empresa, a solidariedade se evidencia no acolhimento expresso da sociedade entre cônjuges (art. 977),[13] bem como na preocupação de não atribuir à vontade imediata de uma maioria o poder absoluto de resolver e na forma de responsabilização perante obrigações contraídas com terceiros.

A orientação geral do projeto baseou-se, segundo a Exposição de Motivos, na socialidade e na concretude, fundamentando a disciplina da empresa pela ótica do valor da solidariedade social, embora tenha resultado ausente qualquer referência expressa à solidariedade social do empresário ou da empresa.

---

[9] Art. 14 – É válida, com objetivo científico, ou altruístico, a disposição gratuita do próprio corpo, no todo ou em parte, para depois da morte.
Parágrafo único. O ato de disposição pode ser livremente revogado a qualquer tempo.

[10] Art. 1.704 – Se um dos cônjuges separados judicialmente vier a necessitar de alimentos, será o outro obrigado a prestá-los mediante pensão a ser fixada pelo juiz, caso não tenha sido declarado culpado na ação de separação judicial.
Parágrafo único. Se o cônjuge declarado culpado vier a necessitar de alimentos, e não tiver parentes em condições de prestá-los, nem aptidão para o trabalho, o outro cônjuge será obrigado a assegurá-los, fixando o juiz o valor indispensável à sobrevivência.

[11] Art. 1.697 – Na falta dos ascendentes cabe a obrigação aos descendentes, guardada a ordem de sucessão e, faltando estes, aos irmãos, assim germanos como unilaterais.

[12] Art. 1.698 – Se o parente, que deve alimentos em primeiro lugar, não estiver em condições de suportar totalmente o encargo, serão chamados a concorrer os de grau imediato; sendo várias as pessoas obrigadas a prestar alimentos, todas devem concorrer na proporção dos respectivos recursos, e, intentada ação contra uma delas, poderão as demais ser chamadas a integrar a lide.

[13] Art. 977 – Faculta-se aos cônjuges contratar sociedade, entre si ou com terceiros, desde que não tenham casado no regime da comunhão universal de bens, ou no da separação obrigatória.

O valor da *democracia social* estabelece uma série de conseqüências – o Estado de direito, a participação popular nas decisões estatais, o respeito às minorias, o direito de acesso aos cargos públicos e à ampla seguridade social, a igualdade de tratamento entre particulares e entre estes e o Estado. Este princípio alberga a igualdade de participação nos bens sociais e de responsabilidade civil. No Direito de Empresa, especialmente na parte societária, este valor se faz sentir desde o vetusto Código Comercial de 1850, de onde foi tirado, e é mais contundente: no art. 186,[14] com a atribuição da responsabilidade por danos morais e materiais; no art. 927, parágrafo único,[15] que trata da responsabilidade objetiva nos casos especificados em lei ou decorrentes da atividade exercida pelo causador do dano; no art. 954, parágrafo único, III,[16] que dispõe sobre a ofensa à liberdade pessoal (se o ofendido não puder provar o prejuízo, será o mesmo fixado eqüitativamente pelo juiz, podendo ser imputada até mesmo ao Estado a responsabilidade pela ofensa).

A *finalidade* ou *função social* do Direito também estampa o caráter social de todos os atos jurídicos, abrangendo a propriedade, os contratos, os atos individuais e as disposições de última vontade. Ausente referência expressa no texto do Livro II da Parte Especial do Código Civil de 2002, é expressão já conhecida do nosso direito positivo – presente na Lei de Introdução ao Código Civil, art. 5º,[17] que se refere aos "fins soci-

---

[14] Art. 186 – Aquele que, por ação ou omissão voluntária, negligência ou imprudência, violar direito e causar dano a outrem, ainda que exclusivamente moral, comete ato ilícito.

[15] Art. 927 – Aquele que, por ato ilícito (arts. 186 e 187), causar dano a outrem, fica obrigado a repará-lo.
Parágrafo único. Haverá obrigação de reparar o dano, independentemente de culpa, nos casos especificados em lei, ou quando a atividade normalmente desenvolvida pelo autor do dano implicar, por sua natureza, risco para os direitos de outrem.

[16] Art. 954 – A indenização por ofensa à liberdade pessoal consistirá no pagamento das perdas e danos que sobrevierem ao ofendido, e se este não puder provar prejuízo, tem aplicação o disposto no parágrafo único do artigo antecedente.
Parágrafo único. Consideram-se ofensivos da liberdade pessoal:
I – o cárcere privado;
II – a prisão por queixa ou denúncia falsa e de má-fé;
III – a prisão ilegal.

[17] Lei de Introdução ao Código Civil: "Art. 5º – Na aplicação da lei, o juiz atenderá aos fins sociais a que ela se dirige e às exigências do bem comum".

ais" e às "exigências do bem comum" (que o juiz deverá levar em conta na aplicação da lei), e na Lei das Sociedades por Ações, art. 116, parágrafo único, que estabelece para o controlador o dever de levar em conta a função social da empresa (maior responsabilidade deste, portanto). Dispõe o próprio Código Civil de 2002 que a liberdade de contratar será exercida nos limites e em razão da função social do contrato (art. 421[18]).

A falta de referência textual ao valor da função social no Direito de Empresa, não significa, porém, que não tenham sido absorvidos pelo novo Código elementos normativos constitucionais informadores que deverão estar presentes no planejamento da atividade econômica pelo Estado e pelas empresas.[19]

Na verdade, a função social do empresário firmou-se, no novo Código Civil, como contrapartida de sua responsabilidade.[20] Assim, a disciplina estampada no art. 931,[21] resultante de emenda do Dep. Emmanuel Waismann, que determina a responsabilidade objetiva dos empresários individuais e das empresas pelos danos causados pelos produtos postos em circulação, e no art. 927, parágrafo único,[22] por implicar riscos para os direitos de outrem que decorram da atividade normalmente desenvolvida pelo empresário.

Na concepção de empresa tal como concebida pelo novo Código Civil em especial, e como já conhecida de normas positivadas anteriores, toda atividade do empresário visa produzir algo cujo consu-

---

[18] Art. 421 – A liberdade de contratar será exercida em razão e nos limites da função social do contrato.

[19] BULGARELLI, Waldírio. *A teoria jurídica da empresa: análise crítica da empresarialidade.* São Paulo: Revista dos Tribunais, 1985.

[20] No ensinamento de Bitelli, a visão moderna da empresa e sua responsabilização social contemplará, conseqüentemente, a responsabilidade com o seu ambiente. Quanto maior a empresa, maior o ambiente em que atua e, assim, maior a sua responsabilidade, trazendo a proporcionalidade que o conceito puro e linear de função social não abarca em seu bojo [Marcos Alberto Sant'Anna Bitteli, Da função social para a responsabilidade da empresa, in *Temas atuais de direito civil na Constituição Federal.* São Paulo: Revista dos Tribunais, 2000. Para Denis Donaire (*Interiorização da variável ecológica na organização das empresas industriais*, tese de livre-docência na FEA-USP, São Paulo, 1992, *apud* Bitelli, *id.*].

[21] Art. 931 – Ressalvados outros casos previstos em lei especial, os empresários individuais e as empresas respondem independentemente de culpa pelos danos causados pelos produtos postos em circulação.

[22] Art. 927 – ver nota de rodapé 15.

mo se dirige ao homem. De tal prisma centrífugo, a atividade do empresário não poderá deixar de pautar-se pelo primado da solidariedade social, sendo o homem o epicentro dos interesses da empresa e exigindo que as leis de mercado condigam com tal núcleo.

É assim que a atividade empresária implica observância ao "*princípio da empresarialidade responsável*, aforismo adaptado do novo conceito em gestão empresarial. Este novo pensar administrativo das empresas decorre do chamado S A 8000) (*social accountability*), instituto criado em 1997 pelo *The Council on Economic Priorities Accreditation Agency* – CEPAA. Por intermédio dessas "certificações" são determinados os padrões éticos da empresa em relação à responsabilidade social, tanto no âmbito externo como interno".[23]

É, ainda, por meio da compatibilização entre a autonomia privada (autonomia da empresa) e o valor da função social que se chega à regulamentação da iniciativa privada pela ordem econômica constitucional,[24] fulcrada nos princípios basilares da dignidade da pessoa humana e da valoração do trabalho. *"Pois o binômio capital-trabalho é indissociável da idéia de solidariedade social, haja vista a impossibilidade de existir empresa cujos ganhos não sejam compartilhados com os seus colaboradores"*.[25]

Na consecução da função social e conseqüente necessidade de obtenção de lucro, deve a empresa *promover a dissolução judicial* quando "exaurido o fim social, ou verificada a sua inexeqüibilidade" (art. 1.034[26]), *assegurar o acesso público a informações* sobre quaisquer dados dos sócios ou da companhia – dever de informar e dever de lealdade (art. 1.150,[27]

[23] FARAH, Eduardo Teixeira. A disciplina da empresa e o princípio da solidariedade social. In: MARTINS-COSTA, Judith (Coord.). *A reconstrução do direito privado*. São Paulo: Revista dos Tribunais, 2002. p. 687.

[24] GRAU, Eros Roberto. *A ordem econômica na Constituição de 1988* – Interpretação e Crítica. 7. ed. São Paulo: Malheiros, 2002. p. 56-57.

[25] FARAH, Eduardo Teixeira. *Op. cit.*, p. 689.

[26] Art. 1.034 – A sociedade pode ser dissolvida judicialmente, a requerimento de qualquer dos sócios, quando:
I – anulada a sua constituição;
II – exaurido o fim social, ou verificada a sua inexeqüibilidade.

[27] Art. 1.150 – O empresário e a sociedade empresária vinculam-se ao Registro Público de Empresas Mercantis a cargo das Juntas Comerciais, e a sociedade simples ao Registro Civil das Pessoas Jurídicas, o qual deverá obedecer às normas fixadas para aquele registro, se a sociedade simples adotar um dos tipos de sociedade empresária.

1.188[28] e 1.194[29]) –, *respeitar e realizar os direitos sociais* elencados pelo texto constitucional, nas relações com os seus empregados e colaboradores.

O valor da *concreção* traz, de um lado, a maior acessibilidade da linguagem, sem, no entanto, abandonar o teor técnico jurídico e de outro, a compilação de todos os projetos e contribuições promovidos na atualização do Direito Civil. É a diretriz de aliar os ensinamentos da doutrina e jurisprudência ao "direito vivido" pelas diversas categorias de profissionais. Fez-se sentir de modo mais marcante na unificação das obrigações civis e comerciais e nas regras gerais do Direito de Empresa encampado (art. 2.045[30]). Com tais paradigmas, adquirem os magistrados a possibilidade metodológica de reduzir *"a complexidade que envolve a tarefa de decidir o caso particular de modo consistente e racional, isto é, à luz de um sistema de regras ordenado e coerente"*.[31]

O valor da *realizabilidade* requer a viabilidade de realização ou eficácia do Direito (no sentido de atributo da norma que lhe confere a realização social dos valores almejados pelo seu autor), a harmonia das normas com os valores que as fundamentam e que o legislador almejou realizar. Com tal fundamento, o novo Código eliminou institutos em desuso, como o dote, a enfiteuse (art. 2.038[32]), e certos tipos societários.

---

[28] Art. 1.188 – O balanço patrimonial deverá exprimir, com fidelidade e clareza, a situação real da empresa e, atendidas as peculiaridades desta, bem como as disposições das leis especiais, indicará, distintamente, o ativo e o passivo.
Parágrafo único. Lei especial disporá sobre as informações que acompanharão o balanço patrimonial, em caso de sociedades coligadas.

[29] Art. 1.194 – O empresário e a sociedade empresária são obrigados a conservar em boa guarda toda a escrituração, correspondência e mais papéis concernentes à sua atividade, enquanto não ocorrer prescrição ou decadência no tocante aos atos neles consignados.

[30] Art. 2.045. Revogam-se a Lei 3.071, de 1º de janeiro de 1916 – Código Civil e a Parte Primeira do Código Comercial, Lei 556, de 25 de junho de 1850.

[31] Cf. HABERMAS, Jürgen. Faticidade e validade. In: *Escritos sobre moralidad y eticidad.* Tradução prof. Menelick de Carvalho, UFMG, para fins didáticos, vol. II, p. 130. Barcelona: Paidós, 1991.

[32] Art. 2.038. Fica proibida a constituição de enfiteuses e subenfiteuses, subordinando-se as existentes, até sua extinção, às disposições do Código Civil anterior, Lei 3.071, de 1º de janeiro de 1916, e leis posteriores.
§ 1º – Nos aforamentos a que se refere este artigo é defeso:
I – cobrar laudêmio ou prestação análoga nas transmissões de bem aforado, sobre o valor das construções ou plantações;
II – constituir subenfiteuse.
§ 2º – A enfiteuse dos terrenos de marinha e acrescidos regula-se por lei especial.

A *boa-fé* constitui matriz moral em todo o Código Civil de 2002, significando que ninguém mais pode usar da forma em detrimento da intenção, burlando-a. Especificamente em relação ao Direito de Empresa, vemos tal princípio estampado nos arts. 164[33] (presunção relativa de boa-fé para os negócios comuns indispensáveis à manutenção do estabelecimento mercantil ou à subsistência do devedor e de sua família), 113[34] (regra hermenêutica), 187[35] (exceder os limites da boa-fé, bons costumes e fim social no exercício de um direito).

A *eqüidade e equivalência das prestações*, no novo Código Civil, teve dois significados principais: o de regra de justiça e o de equilíbrio entre a prestação e a contraprestação, evitando assim o enriquecimento sem causa. Exemplos dele, que refletem no Direito de Empresa, são o teor dos arts. 182[36] (restituição ao estado anterior ou indenização equivalente, quando anulado o negócio jurídico), 928[37] (obrigação de indenizar do incapaz, desde que não se o prive, nem às pessoas que dele dependam, do necessário), 944[38] (proporcionalidade entre o dano e a indenização), 953[39] (idem, como ressarcimento de crimes contra a hon-

[33] Art. 164 – Presumem-se, porém, de boa-fé e valem os negócios ordinários indispensáveis à manutenção de estabelecimento mercantil, rural, ou industrial, ou à subsistência do devedor e de sua família.

[34] Art. 113 – Os negócios jurídicos devem ser interpretados conforme a boa-fé e os usos do lugar de sua celebração.

[35] Art. 187 – Também comete ato ilícito o titular de um direito que, ao exercê-lo, excede manifestamente os limites impostos pelo seu fim econômico ou social, pela boa-fé ou pelos bons costumes.

[36] Art. 182 – Anulado o negócio jurídico, restituir-se-ão as partes ao estado em que antes dele se achavam, e, não sendo possível restituí-las, serão indenizadas com o equivalente.

[37] Art. 928 – O incapaz responde pelos prejuízos que causar, se as pessoas por ele responsáveis não tiverem obrigação de fazê-lo ou não dispuserem de meios suficientes.
Parágrafo único. A indenização prevista neste artigo, que deverá ser eqüitativa, não terá lugar se privar do necessário o incapaz ou as pessoas que dele dependem.

[38] Art. 944 – A indenização mede-se pela extensão do dano.
Parágrafo único. Se houver excessiva desproporção entre a gravidade da culpa e o dano, poderá o juiz reduzir, eqüitativamente, a indenização.

[39] Art. 953 – A indenização por injúria, difamação ou calúnia consistirá na reparação do dano que delas resulte ao ofendido.
Parágrafo único. Se o ofendido não puder provar prejuízo material, caberá ao juiz fixar, eqüitativamente, o valor da indenização, na conformidade das circunstâncias do caso.

ra), e 1.008[40] (nulidade de cláusula que vede ao sócio sua participação nos lucros).

O valor da *probidade* se revela, no campo do Direito de Empresa, com relação à fraude contra credores (arts. 180[41] e 973[42]).

---

[40] Art. 1.008 – É nula a estipulação contratual que exclua qualquer sócio de participar dos lucros e das perdas.

[41] Art. 180 – O menor, entre dezesseis e dezoito anos, não pode, para eximir-se de uma obrigação, invocar a sua idade se dolosamente a ocultou quando inquirido pela outra parte, ou se, no ato de obrigar-se, declarou-se maior.

[42] Art. 973 – A pessoa legalmente impedida de exercer atividade própria de empresário, se a exercer, responderá pelas obrigações contraídas.

4

O Conceito de Empresa

Esboço Histórico e Doutrinário

Os comerciantes, a partir do desenvolvimento do comércio medieval, tanto terrestre quanto marítimo, passaram a constituir uma categoria poderosa, sob a proteção de regras especiais só a eles atinentes, verdadeiros privilégios. Com a Revolução Francesa, que almejava acabar com os privilégios, tais regalias foram eliminadas, e o Código Comercial francês de 1808 trouxe a definição de comerciantes como sendo aqueles que exercem atos de comércio e deles fazem profissão habitual (art. 1º), enumerando quais seriam os atos que, por sua natureza, caracterizavam a profissão de comerciante (art. 632), e acrescentando que tais atos seriam considerados comerciais ainda que quem os praticasse não fosse comerciante (art. 633).

Sob tal influência, o Código Comercial brasileiro de 1850 indicava quem poderia comerciar no Brasil, sem definir o comerciante, e deixou ao Regulamento 737/1850, a caracterização de atos de comércio (ou mercancia – vide art. 19). Adotou-se, assim, no direito brasileiro, uma concepção mista de ato de comércio, pois determina que a comercialidade da prática do ato não decorre apenas da natureza do mesmo, requerendo também a intervenção de um comerciante para sua categorização e regência.

Várias teorias foram propostas visando a uma caracterização científica dos atos de comércio, sem que se tenha chegado a um critério objetivo e uniforme.[43]

- Muito se discutiu e se opinou em busca de uma definição científica do que seria *ato de comércio*, para a conseqüente caracterização do comerciante, e o Direito Comercial perdeu-se nesta busca. Com a evolução do conceito, o foco acabou deslocando-se para o de *atividade econômica* – uma série de atos coordenados entre si pelo comerciante, visando a uma finalidade comum. A pessoa do comerciante é o agente. Deixa-se o conceito de atos isolados para considerar a sua repetição, reiteração. E tal ótica pressupõe uma organização para executá-la. Com essa evolução, o Direito Comercial moderno passa a ter como epicentro *a empresa*, e substitui-se o conceito até então tradicional de *comerciante* (aquele que pratica ato de comércio) pelo de *empresário* (aquele que exerce atividade empresária). A matéria comercial passa então a ser definida pela atividade, exercida por meio de uma empresa. A concepção de empresa passou a ser o fulcro do Direito Comercial. E o Direito Comercial transmudou-se para o Direito da Empresa.[44]

[43] Para Thaller, o direito comercial regula a circulação de bens e serviços. Ato de comércio seria todo aquele que fosse realizado e auxiliasse nessa circulação. Para Alfredo Rocco, comércio, do ponto de vista econômico, seria toda atividade destinada à interposição entre produtores e consumidores para permitir a troca de bens. Portanto, teria por base a intermediação. Como não são gratuitos, a eles se soma a especulação. Ato de comércio seria, assim, aquele praticado habitualmente com o fim de lucro para a intermediação de bens ou serviços. Para Carvalho de Mendonça, a identificação dos atos de comércio poderia ser feita, segundo sua proposta de classificação, por *atos de comércio por natureza ou profissionais* (os assim considerados pelo art. 19 do Regulamento 737/1850), os *atos de comércio por dependência ou conexão* (arts. 10, 11 e 18 do Código Comercial 1850) e os *atos de comércio por força ou autoridade da lei* (*op. cit.*).

[44] Tomou vulto, assim, a doutrina que vê o direito mercantil como o direito que regula as atividades das empresas (Cf. Joaquín Garrigues, *Tratado de derecho mercantil*, Madrid, v. 1, e Lorenzo Mossa, *Corso di diritto dell'economia*, e demais autores modernos italianos).

- O critério trazido com a Teoria da Empresa, no Livro II da Parte Especial do Código Civil vigente, contrapõe-se àquele estabelecido pela teoria dos atos de comércio, adotada pelo Código Comercial de 1850, podendo ser assim contrastados:

Teoria da Empresa	Teoria dos Atos de Comércio
Não divide os atos em civis e mercantis. O que importa é o modo pelo qual a atividade econômica é exercida. O objeto de estudo desta teoria não é o ato econômico em si, mas o modo como a atividade econômica é exercida, ou seja, a empresa.	Significava que certos atos estavam sujeitos ao direito comercial e outros não. Os atos de comércio eram os atos sujeitos ao direito comercial; os demais estavam sujeitos ao Direito Civil. Atos com conteúdo econômico poderiam ser civis ou comerciais. Tentou-se elencá-los no Regulamento 737/1850, mas como sempre foi complicado estabelecer um conceito científico do que seria ato de comércio, a doutrina tentava fazê-lo sem sucesso, podendo o ato de comércio ser o que o legislador estabelecesse que teria regime jurídico mercantil.

- Para Alberto Asquini, o conceito de empresa é o conceito de um fenômeno econômico poliédrico, o qual tem, sob o aspecto jurídico, não um, mas diversos perfis em relação aos elementos que o integram. As definições jurídicas de empresa podem, portanto, ser diversas segundo os diferentes perfis pelo qual o fenômeno econômico é encarado. Esta seria a razão da falta de definição legislativa.[45]

  Referindo-se à ausência de definição da empresa no texto do Código Civil italiano de 1942, Asquini identificava no fenômeno empresa quatro perfis (ou considerações) diferentes:

[45] ASQUINI, Alberto. Profili dell'impresa. *Rivista del diritto commerciale*, 1943, v. 41, I, artigo traduzido por Fábio Konder Comparato, *Revista de Direito Mercantil*, n. 104, p. 109-126.

a. *o perfil subjetivo* – a empresa como empresário – considera a organização econômica da empresa pelo seu vértice, usando a palavra em sentido subjetivo como sinônimo de empresário;

b. *o perfil funcional* – a empresa como atividade empresarial – considera a empresa como uma força em movimento, uma organização econômica que opera guiada pela atividade do empresário, visando à produção;

c. *o perfil patrimonial ou objetivo* – a empresa como estabelecimento, como patrimônio – considera o exercício da atividade empresarial dando lugar à formação de um complexo de relações jurídicas cujo centro é o empresário. O fenômeno econômico da empresa se projeta no patrimônio da empresa, servindo ao escopo produtivo desta;

d. *o perfil corporativo* – a empresa como instituição – considera a empresa como uma organização especial de pessoas constituída pelo empresário e todos os que com ele colaboram, independentemente do regime de relação estabelecido para a prestação de serviços. Estabelece-se uma hierarquia das relações entre o empresário – dotado do poder de mando ou de organizador – e os colaboradores – sujeitos ao cumprimento das diretrizes por aquele traçadas, no interesse do escopo produtivo. Os demais perfis consideram o fenômeno empresa por uma visão individualista do empresário, enquanto o perfil corporativo o faz sob uma ótica de reunião de esforços, corporativamente.

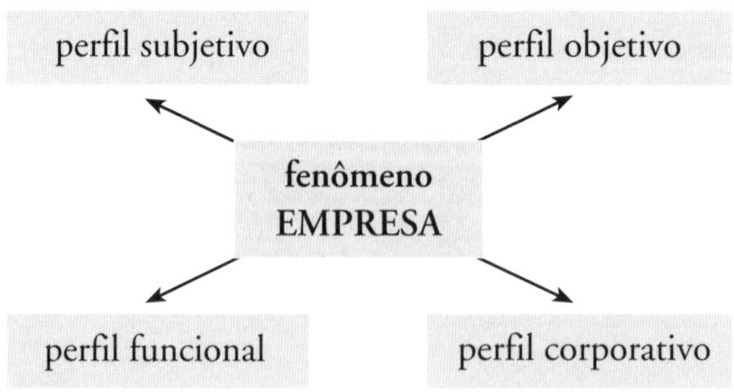

Sob a influência da teoria de Asquini, nosso direito já utilizava a palavra *empresa* em outros textos legislativos, entre eles:

- Lei do Registro Público de Empresas Mercantis e Atividades Afins – Lei 8.934/1994, art. 1º (perfil subjetivo):

> *"O Registro Público de Empresas Mercantis e Atividades Afins, subordinado às normas gerais prescritas nesta Lei, será exercido em todo o território nacional, de forma sistêmica, por órgãos federais e estaduais, com as seguintes finalidades:*
>
> *I. dar garantia, publicidade, autenticidade, segurança e eficácia aos atos jurídicos das* empresas *mercantis, submetidos a registro na forma desta Lei;*
> *II. cadastrar as* empresas *nacionais e estrangeiras em funcionamento no País e manter atualizadas as informações pertinentes;*
> *III. proceder à matrícula dos agentes auxiliares do comércio, bem como ao seu cancelamento".*

- Lei das Sociedades Anônimas – Lei 6.404/1976, art. 2º (perfil funcional):

> *"Pode ser objeto da companhia qualquer* empresa *de fim lucrativo, não contrário à lei, à ordem pública e aos bons costumes".*

- Código de Processo Civil – Lei 5.869/1973, art. 678,

> *"A penhora de* empresa*, que funcione mediante concessão ou autorização, far-se-á, conforme o valor do crédito, sobre a renda, sobre determinados bens, ou sobre todo o patrimônio, nomeando o juiz como depositário, de preferência, um de seus diretores",*

e art. 716 (perfil objetivo ou patrimonial),

> *"O juiz da execução pode conceder ao credor o usufruto de imóvel ou de* empresa*, quando o reputar menos gravoso ao devedor e eficiente para o recebimento da dívida".*

- Ao positivar a teoria da empresa, o novo Código Civil passa a regular as relações jurídicas decorrentes da atividade empresária realizada entre pessoas de direito privado. Várias leis específicas permanecem em vigor, mas o cerne do Direito Civil e do Direito Comercial passa a ser o novo Código Civil, com o conceito nuclear de EMPRESA.

O Prof. Reale explica-nos que a palavra *empresa* foi empregada no sentido de atividade desenvolvida pelos indivíduos ou pelas sociedades a fim de promover a produção ou circulação de riquezas.

O novo Código não define diretamente o que seja empresa, mas o faz por meio da definição de empresário, de estabelecimento e de atividade.

A Concepção Triangular de Empresa no Código Civil de 2002

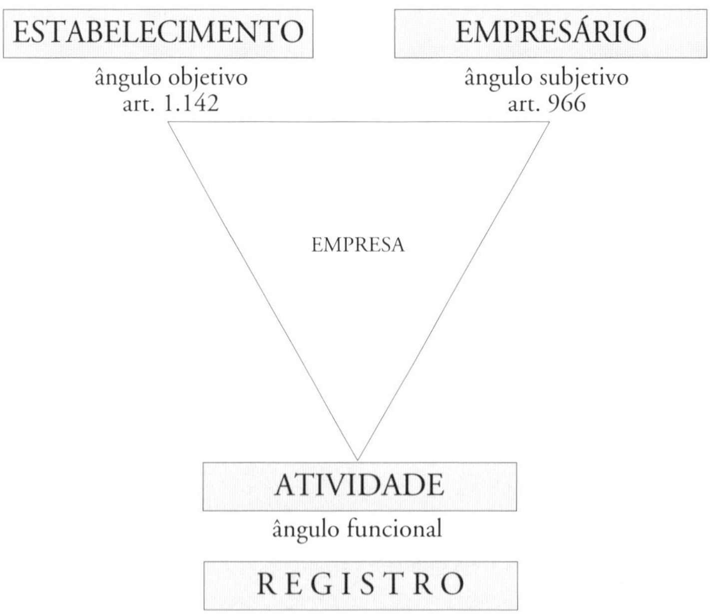

ATIVIDADE

> *A empresa pressupõe o exercício de uma atividade econômica organizada, visando a produção ou circulação de bens ou produtos.*

O conceito do fenômeno empresa parte da existência de uma *atividade*. Tal pressuposto já vem ínsito no próprio vocábulo *empresa*.[46] Envolve a idéia de realização, consecução, prática, exercício de um complexo de atos, de uma atividade.

A palavra atividade vem do latim *activitate*, significando a qualidade ou estado de ativo; ação; diligência, afã; qualquer ação ou trabalho específico; modo de vida; profissão, indústria; energia, força, vigor, vivacidade.[47]

No nosso ordenamento legislativo, a palavra atividade sempre esteve presente, em geral acompanhada de uma designação qualificativa (atividade econômica, atividade profissional, atividade mercantil, etc...) e a encontramos desde o texto constitucional, que se refere à liberdade de expressão da atividade intelectual, artística, científica e de comunicação (art. 5º, inciso IX[48]), à atividade econômica (art. 170, parágrafo único[49],

---

[46] No Dicionário Global da Língua Portuguesa, encontramos a palavra empresa como "1. cometimento arrojado; empreendimento; 2. associação para explorar uma indústria ou comércio; 3. os que exercem as funções de administração de uma organização; intento; desígnio". (DCL – Difusão Cultural do Livro, edição 1999, p. 358).

[47] FERREIRA, Aurélio Buarque de Holanda. *Novo Dicionário da Língua Portuguesa*. 8. ed. Rio de Janeiro: Nova Fronteira, 1986. p. 194.

[48] Constituição Federal: "Art. 5º – Todos são iguais perante a lei, sem distinção de qualquer natureza, garantindo-se aos brasileiros e aos estrangeiros residentes no País a inviolabilidade do direito à vida, à liberdade, à igualdade, à segurança e à propriedade, nos termos seguintes: (...)
IX – é livre a expressão da atividade intelectual, artística, científica e de comunicação, independentemente de censura ou licença; (...)"

[49] Constituição Federal: "Art. 170 – A ordem econômica, fundada na valorização do trabalho humano e na livre iniciativa, tem por fim assegurar a todos existência digna, conforme os ditames da justiça social, observados os seguintes princípios: (...)
Parágrafo único. É assegurado a todos o livre exercício de qualquer atividade econômica, independentemente de autorização de órgãos públicos, salvo nos casos previstos em lei."

art. 173[50] e art. 174[51]), à atividade garimpeira (§ 3º do art. 174[52]), à atividade nociva ao interesse nacional (art. 12, § 4º, I[53]) , às atividades

[50] Constituição Federal: "Art. 173 – Ressalvados os casos previstos nesta Constituição, a exploração direta de atividade econômica pelo Estado só será permitida quando necessária aos imperativos da segurança nacional ou a relevante interesse coletivo, conforme definidos em lei.

§ 1º – A lei estabelecerá o estatuto jurídico da empresa pública, da sociedade de enconomia mista e de suas subsidiárias que explorem atividade econômica de produção ou comercialização de bens ou de prestação de serviços, dispondo sobre:

I – sua função social e formas de fiscalização pelo estado e pela sociedade;

II – a sujeição ao regime jurídico próprio das empresas privadas, inclusive quanto aos direitos e obrigações civis, comerciais, trabalhistas e tributários;

III – licitação e contratação de obras, serviços, compras e alienações, observados os princípios da administração pública;

IV – a constituição e o funcionamento dos conselhos de administração e fiscal, com a participação de acionistas minoritários;

V – os mandatos, a avaliação de desempenho e a responsabilidade dos administradores.

§ 2º – As empresas públicas e as sociedades de economia mista não poderão gozar de privilégios fiscais não extensivos às do setor privado.

§ 3º – A lei regulamentará as relações da empresa pública com o Estado e a sociedade.

§ 4º – A lei reprimirá o abuso do poder econômico que vise à dominação dos mercados, à eliminação da concorrência e ao aumento arbitrário dos lucros.

§ 5º – A lei, sem prejuízo da responsabilidade individual dos dirigentes da pessoa jurídica, estabelecerá a responsabilidade desta, sujeitando-a às punições compatíveis com sua natureza, nos atos praticados contra a ordem econômica e financeira e contra a economia popular."

[51] Constituição Federal: "Art. 174 – Como agente normativo e regulador da atividade econômica, o Estado exercerá, na forma da lei, as funções de fiscalização, incentivo e planejamento, sendo este determinante para o setor público e indicativo para o setor privado.

§ 1º – A lei estabelecerá as diretrizes e bases do planejamento do desenvolvimento nacional equilibrado, o qual incorporará e compatibilizará os planos nacionais e regionais de desenvolvimento.

§ 2º – A lei apoiará e estimulará o cooperativismo e outras formas de associativismo.

§ 3º – O Estado favorecerá a organização da atividade garimpeira em cooperativas, levando em conta a proteção do meio ambiente e a promoção econômico-social dos garimpeiros.

§ 4º – As cooperativas a que se refere o parágrafo anterior terão prioridade na autorização ou concessão para pesquisa e lavra dos recursos e jazidas de minerais garimpáveis, nas áreas onde estejam atuando, e naquelas fixadas de acordo com o art. 21, XXV, na forma da lei".

[52] Constituição Federal: "Art. 174, § 3º – ver nota de rodapé 51".

[53] Constituição Federal: "Art. 12 – São brasileiros: (...)

§ 4º – Será declarada a perda da nacionalidade do brasileiro que:

I – tiver cancelada sua naturalização, por sentença judicial, em virtude de atividade nociva ao interesse nacional; (...)"

penosas, insalubres ou perigosas (art. 7º, XXIII[54]), às atividades essenciais e inadiáveis da comunidade (art. 9º, § 1º[55]).

Com relação à empresa, como o próprio texto legal o diz (art. 966, Código Civil 2002[56]), trata-se de atividade econômica, desenvolvida para a produção ou circulação de bens e riquezas.

É fundamental distinguir a atividade econômica dos atos jurídicos que a compõem. A atividade não significa ato, mas sim uma série de atos coordenáveis entre sim em função de uma finalidade comum. Isso não quer dizer que o empresário seja qualificado como tal em razão do cumprimento de uma série de atos que tenha, de *per si*, valor instrumental. Assim, a subscrição reiterada ou a negociação de várias cambiais não representa, por si só, uma atividade empresária. Esta poderá resultar de operações ulteriores, em relação às quais a emissão e circulação de cambiais são meios instrumentais, como, por exemplo, compra e venda de mercadorias a crédito ou a própria intermediação no crédito.

Quando uma atividade não condiz com o estabelecido na lei ou no estatuto, ela poderá ser considerada ilícita ou ilegal, cabendo examinar sua imputabilidade e a conseqüente aplicabilidade de normas pertinentes.

Disso resulta não apenas a responsabilização do ente que exerceu a atividade como também a constatação de que uma atividade é existente ou inexistente, jamais nula ou anulável, como acontece com os atos e negócios jurídicos. Ela poderá ainda ser regular ou irregular. Deve ser lembrado, porém, que o cumprimento de atos nulos ou anuláveis pode vincular-se ao exercício de uma atividade, sem eivá-la de tais vícios.

---

[54] Constituição Federal: "Art. 7º – São direitos dos trabalhadores urbanos e rurais, além de outros que visem à melhoria de sua condição social:(...)
XXIII – adicional de remuneração para as atividades penosas, insalubres ou perigosas, na forma da lei; (...)"

[55] Constituição Federal: "Art. 9º – É assegurado o direito de greve, competindo aos trabalhadores decidir sobre a oportunidade de exercê-lo e sobre os interesses que devam por meio dele defender.
§ 1º – A lei definirá os serviços ou atividades essenciais e disporá sobre o atendimento das necessidades inadiáveis da comunidade. (...)"

[56] Art. 966 – Considera-se empresário quem exerce profissionalmente atividade econômica organizada para a produção ou a circulação de bens ou de serviços.
Parágrafo único. Não se considera empresário quem exerce profissão intelectual, de natureza científica, literária ou artística, ainda com o concurso de auxiliares ou colaboradores, salvo se o exercício da profissão constituir elemento de empresa.

Como ensina lucidamente o prof. Erasmo Valladão França, a disciplina jurídica dos atos e negócios jurídicos está voltada para a proteção do agente, daquele que pratica o ato ou negócio, diante das circunstâncias em que agiu. É assim que, se o ato foi praticado por um incapaz, é anulável, cessando seus efeitos. Já a disciplina de uma atividade volta-se também à proteção da coletividade na qual a mesma venha a ser exercida, de modo a responsabilizar o seu agente pelo que realizar. É assim que o empresário responde pelo exercício da atividade empresária, ainda que ausente um dos requisitos de qualificação de empresário estabelecidos na lei. *"Ainda recentemente o Tribunal Superior do Trabalho julgou que o empregado do bicheiro tem relação trabalhista. Ou seja, é uma atividade ilícita, mas que contém atos lícitos, como a contratação de um empregado"*.[57]

Para Ascarelli, a natureza da atividade qualifica o empresário. O Código Civil de 2002 considera a empresa a partir da definição de seu aspecto subjetivo, mas determinando quem é que exerce a atividade econômica empresária, sem definir esta, e sem tampouco apresentar uma relação de atividades consideradas empresárias (tal como ocorre com o Código Civil italiano de 1942), ficando assim a cargo do intérprete o exercício da subsunção jurídica e enquadramento das várias hipóteses de fato no conceito do art. 966.[58]

Assim, no novo código, a identificação de "exercícios de atividade econômica" deixa de ser feita através da definição de ato de comércio, e passa a ser feita pelo conteúdo econômico da atividade desenvolvida, visando a produção ou circulação de bens ou serviços.

Não basta tratar-se de qualquer atividade econômica, mas, requer o texto legal, que a atividade econômica seja organizada, ou seja, que implique na coordenação de fatores de produção (trabalho, capital), tendo um conjunto de bens à disposição (bens materiais e imateriais – estabelecimento) – e com finalidade determinada – a produção ou circulação de bens ou serviços. Impossível conceber o exercício da atividade econômica sem um mínimo de organização.

---

[57] FRANÇA, Erasmo Valladão Azevedo e Novaes. Empresa, empresário e estabelecimento – A nova disciplina das sociedades. In: *Revista do Advogado*, AASP, agosto 2003, n. 71, p. 19.

[58] Art. 966 – ver nota de rodapé 56.

Perreau, ao examinar o fenômeno da *produção*, leciona que *"produzir é criar utilidade. Todo ato que cria utilidade, ou seja, permite satisfazer uma necessidade humana, é, economicamente, um ato de produção"*. Para o renomado autor, a produção se faz pelo homem e para o homem – a análise econômica, porém, permite distinguir a existência de três fatores da produção: o trabalho, a natureza e o capital. A esses fatores, de caráter objetivo, correspondem, subjetivamente: o *trabalhador*, detentor das faculdades pessoais; o *proprietário*, detentor de bens naturais; e o *capitalista*, detentor dos capitais propriamente ditos. A essas três figuras se junta uma quarta – o *empresário* –, inteiramente distinta das precedentes, e cujo papel é o de conjugar os bens do proprietário, as faculdades do trabalhador e o capital do capitalista, e de associar, na agricultura, indústria ou comércio, os três fatores produtivos. Ao empresário cabe organizar e dirigir o negócio.[59] Já a circulação é um conceito que envolve a busca do bem do produtor para distribuí-lo até o consumidor. Circular significa intermediar.

A noção de atividade econômica organizada requer, também, o concurso de atividade profissional alheia. Se alguém exercer uma atividade econômica individualmente, ou seja, só, não será considerado empresário nos termos do Código Civil de 2002. É indiferente o regime jurídico sob o qual a atividade profissional alheia é exercida – pode ser o trabalhista, o civil, o administrativo. Os colaboradores do empresário poderão ser empregados, regidos pelo direito do trabalho, ou trabalhadores autônomos, regidos pelo direito civil. Ou seja, empresário não é sinônimo de patrão; mas o empresário sempre contrata pessoas para trabalhar. Ele sempre organiza o trabalho dessas pessoas. Não é empresário, portanto, quem exerce uma atividade econômica à custa de terceiros e com o risco de terceiros. Tampouco é empresário quem realiza um trabalho autônomo exclusivamente pessoal, seja de caráter material, seja de caráter intelectual. Não é empresário, ainda, quem exerce uma profissão simples (guia, mediador, carregador etc.), nem de regra quem exerce uma profissão intelectual (advogado, médico, engenheiro etc.), a menos que o exercício da profissão intelectual

---

[59] PERREAU, Camille. *Leçons d'économie politique, financière et sociale*. [s.l.: s.n., 19--].

constitua elemento da empresa, ou seja, se o exercício da atividade intelectual tiver por objetivo a produção ou circulação de bens ou serviços. A noção de empresário também não depende da dimensão econômica da empresa – pode ser o pequeno empresário, o mero exercício profissional, qualquer um que exerça atividade econômica organizada, ainda que de modestas dimensões, poderá ser considerado empresário.

A atividade econômica implica, ainda, na idéia de fim lucrativo, como também a de atividade habitual, exercida com profissionalidade (conceito antagônico ao de esporadicidade, exigindo duração, continuidade, como objeto de desempenho da pessoa), em nome próprio, ainda que com o concurso de atividade alheia – sob a regência do direito trabalhista ou não.

No parágrafo único do art. 966, o Código Civil atual se refere a ***atividades consideradas não empresárias***. Deve-se tentar entender este dispositivo a partir da teoria da empresa positivada no *caput*. Sendo assim, a princípio, a *profissão intelectual*, *artística*, e *científica* não é empresária, porque não envolve ou não implica a organização de fatores de produção. Ainda que a atividade intelectual tenha a colaboração de pessoas, até com conteúdo econômico, não será considerada empresária se não tiver os demais elementos, ou seja, a produção ou circulação de bens ou serviços envolvendo um estabelecimento (bens à disposição desta profissionalidade). Nesse sentido, deve ser entendida a ressalva da parte final do parágrafo único, dispondo que se o exercício da profissão constituir elemento de empresa – presentes portanto todos os elementos conceituais do fenômeno –, será caracterizada como empresária, obrigada ao registro no órgão público competente. Acresça-se a tal norma o disposto no art. 2.037[60] do Código Civil de 2002.

As cooperativas são sempre consideradas sociedades não empresárias, seja qual for o seu objetivo (art. 982, parágrafo único[61]) – trata-se de exceção legal expressa, tradicional no nosso direito.

---

[60] Art. 2.037 – Salvo disposição em contrário, aplicam-se aos empresários e sociedades empresárias as disposições de lei não revogadas por este Código, referentes a comerciantes, ou a sociedades comerciais, bem como a atividades mercantis.

[61] Art. 982 – Salvo as exceções expressas, considera-se empresária a sociedade que tem por objeto o exercício de atividade própria de empresário sujeito a registro (art. 967); e, simples, as demais. Parágrafo único. Independentemente de seu objeto, considera-se empresária a sociedade por ações; e, simples, a cooperativa.

Com as anotações anteriores, podemos apresentar o seguinte quadro sinótico para concluir que a atividade prevista no art. 966[62] como empresário requer a organização de:

<table>
<tr><td colspan="6">pessoas que colaborem, por contratação em regimes diversos</td></tr>
<tr><td>fatores de produção</td><td>=</td><td colspan="2">CAPITAL
(conjunto de bens utilizados pelo empresário na atividade econômica – cf. art. 1.142 do novo Código Civil)</td><td>+</td><td>TRABALHO</td></tr>
<tr><td>exercício de atividade profissional</td><td>=</td><td>habitual e contínua</td><td>+ com objetivo de lucro
(= meio de vida, sustento e ganho)</td><td>+</td><td>conteúdo econômico
(= objetivando a produção ou circulação de bens ou serviços)</td></tr>
</table>

Em ocorrendo o exercício de atividade econômica organizada, por meio da coordenação de fatores de produção (capital + trabalho), de forma habitual e sistemática, com objetivo de lucro, impõe-se a obrigatoriedade do REGISTRO – inscrição e arquivamento no Registro Público de Empresas Mercantis, antes do início da atividade (quer queira quer não), podendo o registro ser considerado o quarto elemento, externo ao conceito, objetivo, independendo da vontade do agente (pois o exercício da atividade produz efeitos jurídicos independentemente da vontade de quem a exerce (art. 973[63] do Código Civil de 2002 e art. 3º, IV, do Decreto-Lei 7.661/45[64]).

---

62 Art. 966 – ver nota de rodapé 56.

63 Art. 973 – ver nota de rodapé 42.

64 Decreto-Lei 7.661/1945 (Lei de Falências): "Art. 3º – Pode ser declarada a falência:

I – do espólio do devedor comerciante;

II – do menor, com mais de dezoito anos, que mantém estabelecimento comercial, com economia própria;

III – da mulher casada que, sem autorização do marido, exerce o comércio, por mais de seis meses, fora do lar conjugal;

IV – dos que, embora expressamente proibidos, exercem o comércio."

No sistema estabelecido no novo código, o exercício da atividade empresária pode se desenvolver em três modalidades: [a] individualmente, quando o empresário, sem qualquer vínculo societário com outros empresários, organiza os fatores de produção, dinamiza-os e os leva a uma finalidade identificada como produção ou circulação de bens ou serviços; [b] coletivamente, celebrando contrato de sociedade com o qual se obrigam a contribuir, com bens ou serviços, para o exercício de atividade empresária, em nome da empresa constituída, e partilhando os resultados (art. 981[65]); [c] pelo modo grupal, constituindo concentração de sociedades que, sem perder suas respectivas identidades e propósitos, agrupam-se no exercício de atividade empresária em concentrados econômicos (grupos de fato e de direito). Nos capítulos pertinentes, as modalildades coletiva e grupal terão os respectivos comentários, resguardando o âmbito deste trabalho.

Empresário

Nos termos do art. 966 do novo Código:

> *Considera-se empresário quem exerce profissionalmente atividade econômica organizada para a produção ou a circulação de bens ou de serviços.*

[65] Art. 981 – Celebram contrato de sociedade as pessoas que reciprocamente se obrigam a contribuir, com bens ou serviços, para o exercício de atividade econômica e a partilha, entre si, dos resultados.
Parágrafo único. A atividade pode restringir-se à realização de um ou mais negócios determinados.

Numa primeira intelecção desta norma, a palavra *empresa* tem o significado do perfil ou aspecto subjetivo,[66] demonstrando porém que o empresário será considerado como tal quando exercer a atividade que o artigo descreve, portanto apontando o aspecto funcional ou dinâmico do conceito. Empresa engloba uma atividade econômica organizada. Empresário é quem exerce esta atividade.[67] O sujeito de

---

[66] Codice Civile Italiano: "Art. 2082. È imprenditore chi esercita professionalmente [2070] una attività economica [2062] organizzata [1655, 2070, 2195, 2238, 2247] al fine della produzione o dello scambio di beni o di servizi [1330, 1368, 1722 n.4, 1824]".

[67] Percorrendo a história da codificação italiana de 1942, conforme nos ensina Piero Verrucoli (*La nozione di impresa nell'ordinamento comunitario.* Milão, Giuffré, 1977), vemos que houve a exigência de se estender a idéia de *empresa* a todas as formas de atividades econômicas, justamente como ponto de fusão de forças distintas e contrapostas que se harmonizam num fenômeno social caracterizado pelas finalidades políticas da época. Mas o Código Civil italiano, na verdade, não transplantou tal idéia. Na realidade, a empresa ficou reduzida à atividade organizada pelo empresário, superando a concepção dos "atos de comércio". O Código Civil italiano não disciplinou a empresa por si, mas como reflexo – mesmo patrimonial – da atividade do empresário. Em outras palavras, a empresa, de um lado, passava a se movimentar na esfera de uma concepção patrimonial do empresário, ou seja, ligava-se ao direito de propriedade e, de outro, o seu perfil mais marcante centrava-se na atividade, como manifestação extrínseca do empresário, sendo o elemento organização relegado a um plano inferior, no plano do conjunto de bens organizados para o exercício da atividade.

Assim, o centro de gravidade do Direito Comercial passava a ser não a empresa, mas o empresário, pelo que não parece fora de propósito a afirmação de que, no Código Civil italiano de 1942, não obstante a pretendida superação da impostação objetiva do Direito Comercial, ainda se continua a considerar a empresa como fator de comercialidade, no sentido de que a teoria da empresa é edificada sobre a figura do empresário comercial, mas sem uma efetiva referência a uma visão do significado e da amplitude da empresa. A redução da empresa a "atividade organizada" pelo empresário constituiu um obstáculo, não permitindo uma visão mais cônsona à realidade.

Não obstante o *handicap* legislativo, na prática, segundo o Prof. Verrucoli, veio se delineando uma configuração de empresa que contradiz largamente a consideração redutiva do fenômeno do legislador de 1942. Na verdade, a tipologia do art. 2.082 do Código Civil italiano não fornece instrumentos idôneos, tais a poder individuar uma noção suscetível de aplicação geral; a noção resulta até inadequada. E, em seu perfil mais marcante, o da individuação do sujeito, ela foi desmentida e não é idônea a dar soluções adequadas aos problemas da economia, como a respeito da empresa de grupo.

Assim, o elemento mais caracterizante no direito italiano é a organização; certo, esta, na noção legislativa, é combinada com a de atividade, por isso se falou de "binômio essencial" [portanto, não existe empresa sem a participação dos citados elementos da realidade social: particularmente não existe empresa sem o concurso da organização e atividade (Oppo, Realtà giuridica globale dell'impresa nell'ordinamento italiano, *Rivista di Diritto Civile*, 1976, I, p. 591, *apud* VERRUCOLI, Piero, *op. cit.*, p. 423], In: PACIELLO, Gaetano. A evolução do conceito de empresa no direito italiano, *Revista de Direito Mercantil*, n. 29, p. 40-56).

direito na atividade empresária é a pessoa física ou jurídica que a exerce em nome próprio; se se tratar de gestão representativa, quem a exerce é o representado e não o representante; em princípio, quem a exerce é a pessoa jurídica e não os órgãos sociais por meio dos quais ela age.

O empresário é quem organiza os fatores de produção, recorrendo ao capital e à força de trabalho para desenvolver a atividade empresária. De acordo com o novo *codex*, os requisitos para o exercício da atividade empresária são: a capacidade civil e a ausência de impedimento para exercer tal atividade (art. 972[68]).

A capacidade civil é regida pelo próprio Código Civil de 2002, em seus arts 1º, 3º, 4º e 5º[69].

Portanto aquele considerado civilmente capaz (maior de 18 anos), apresenta uma das aptidões exigidas pela lei para o exercício de

---

[68] Art. 972 – Podem exercer a atividade de empresário os que estiverem em pleno gozo da capacidade civil e não forem legalmente impedidos.

[69] Art 1º – Toda pessoa é capaz de direitos e deveres na ordem civil.

Art 3º – São absolutamente incapazes de exercer pessoalmente os atos da vida civil:

I – os menores de dezesseis anos;

II – os que, por enfermidade ou deficiência mental, não tiverem o necessário discernimento para a prática desses atos;

III – os que, mesmo por causa transitória, não puderem exprimir sua vontade."

Art 4º – São incapazes, relativamente a certos atos, ou à maneira de os exercer:

I – os maiores de dezesseis e menores de dezoito anos;

II – os ébrios habituais, os viciados em tóxicos, e os que, por deficiência mental, tenham o discernimento reduzido;

III – os excepcionais, sem desenvolvimento mental completo;

IV – os pródigos.

Parágrafo único. A capacidade dos índios será regulada por legislação especial."

Art. 5º – A menoridade cessa aos dezoito anos completos, quando a pessoa fica habilitada à prática de todos os atos da vida civil.

Parágrafo único. Cessará, para os menores, a incapacidade:

I – pela concessão dos pais, ou de um deles na falta do outro, mediante instrumento público, independentemente de homologação judicial, ou por sentença do juiz, ouvido o tutor, se o menor tiver dezesseis anos completos;

II – pelo casamento;

III – pelo exercício de emprego público efetivo;

IV – pela colação de grau em curso de ensino superior;

V – pelo estabelecimento civil ou comercial, ou pela existência de relação de emprego, desde que, em função deles, o menor com dezesseis anos completos tenha economia própria.

atividade empresária. E, se maior de 16 e menor de 18, mas exercendo a atividade empresária sustentando-se por ela, será considerado maior para efeito de preencher tal requisito. Note-se que a nova redação do código insistiu na referência "estabelecimento comercial" para significar exercer atividade empresária, demonstrando o ranço terminológico que do direito comercial herdou.

A outra aptidão requerida legalmente é a ausência de impedimento legal. O novo código não elenca as hipóteses de impedimento, que restaram disciplinadas em leis especiais.[70]

A norma do art. 972[71] veda aos legalmente impedidos o exercício da atividade empresária por meio de firma individual ou por meio da administração da sociedade. Os legalmente impedidos para a atividade empresária poderão, porém, participar de sociedade empresária (ou não) na qualidade de sócio, desde que sem poderes de gestão ou de responsabilidade pela condução dos negócios sociais.

Desatendida a vedação do art. 972, ou seja, se exercida a atividade empresária por quem esteja legalmente impedido para tanto, os atos praticados implicando obrigações para a empresa serão assumidos por quem os praticou, que responderá com seu patrimônio particular pelas obrigações que contraiu pela empresa, conforme estabelece o art. 973[72].

Se o desantendimento à vedação do art. 972 decorrer da incapacidade do agente, o novo Código introduz um regime especial e inovador no nosso sistema jurídico: o incapaz pode continuar a atividade empresária antes exercida por ele mesmo (enquanto capaz), ou por

---

[70] São proibidos de exercer a atividade empresária: os magistrados (Lei Complementar 35/1979, art. 36, I e II); os membros do Ministério Público (Lei 8.625/1993, art. 44, III); os servidores públicos civis federais (Lei 8.112/1990, art. 117, X), estaduais e municipais (incluindo o Presidente da República, Ministros de Estado, Governadores dos Estados, Prefeitos Municipais e ocupantes de cargos públicos comissionados em geral); os militares da ativa das Forças Armadas e das Polícias Militares (Decreto-Lei 1.029/1969, art. 35); os corretores, leiloeiros e despachantes aduaneiros, assim como os declarados falidos e os condenados por crime falimentar (Decreto-Lei 7.661/1945, arts. 138, 195 e 147, § 1º).

[71] Art. 972 – Podem exercer a atividade de empresário os que estiverem em pleno gozo da capacidade civil e não forem legalmente impedidos.

[72] Art. 973 – ver nota de rodapé 42.

seus pais ou pelo autor da herança (art. 974[73]), por meio de representante (se incapacidade absoluta) ou devidamente assistido (se incapacidade relativa). Necessária, contudo, autorização judicial para tanto, com separação do patrimônio da mesma pessoa – bens que possuía antes, desde que estranhos ao acervo da empresa, não ficam sujeitos ao resultado da mesma, preservando-se o patrimônio pessoal do incapaz, até para sua subsistência. Porém, tanto a autorização quanto a sua revogação terão que ser averbadas no Registro Público de Empresas Mercantis, em franco atendimento ao princípio da publicidade como proteção da coletividade.

O Código Civil em vigor prevê, ainda, a figura do ***empresário facultativo***. Trata-se do ***empresário rural*** e do ***pequeno empresário*** (art. 970[74]), cuja inscrição e registro no órgão de comércio são facultativos – se optarem por fazê-los, porém, ficam equiparados ao empresário (art. 971[75]).

A lei incluiu num mesmo artigo as duas hipóteses de registro facultativo, abrangendo duas figuras jurídicas distintas no nosso sistema jurídico, sem contudo dar-lhes os contornos de enquadramento.

A atividade rural sempre foi tradicionalmente disciplinada pelo Direito Civil, regulada por um ramo específico, denominado Direito Agrário. O agricultor ou pecuarista, portanto, não se subsume à

[73] Art. 974 – Poderá o incapaz, por meio de representante ou devidamente assistido, continuar a empresa antes exercida por ele enquanto capaz, por seus pais ou pelo autor de herança.

§ 1º – Nos casos deste artigo, precederá autorização judicial, após exame das circunstâncias e dos riscos da empresa, bem como da conveniência em continuá-la, podendo a autorização ser revogada pelo juiz, ouvidos os pais, tutores ou representantes legais do menor ou do interdito, sem prejuízo dos direitos adquiridos por terceiros.

§ 2º – Não ficam sujeitos ao resultado da empresa os bens que o incapaz já possuía, ao tempo da sucessão ou da interdição, desde que estranhos ao acervo daquela, devendo tais fatos constar do alvará que conceder a autorização.

[74] Art. 970 – A lei assegurará tratamento favorecido, diferenciado e simplificado ao empresário rural e ao pequeno empresário, quanto à inscrição e aos efeitos daí decorrentes.

[75] Art. 971 – O empresário, cuja atividade rural constitua sua principal profissão, pode, observadas as formalidades de que tratam o art. 968 e seus parágrafos, requerer inscrição no Registro Público de Empresas Mercantis da respectiva sede, caso em que, depois de inscrito, ficará equiparado, para todos os efeitos, ao empresário sujeito a registro.

tipologia legal do empresário, a menos que promova sua inscrição facultativa no Registro Público de Empresas Mercantis, ficando destarte equiparado ao empresário para o fim de regência normativa.

Já com relação ao pequeno empresário, seu delineamento é feito por meio de determinação de tratamento favorecido à microempresa, advinda do comando constitucional – art. 170[76] e 179[77] da Constituição da República Federativa do Brasil – e do art. 2º da Lei 9.841/1999 (Estatuto da Microempresa e da Empresa de Pequeno Porte)[78].

---

[76] Constituição Federal: "Art. 170 – A ordem econômica, fundada na valorização do trabalho humano e na livre iniciativa, tem por fim assegurar a todos existência digna, conforme os ditames da justiça social, observados os seguintes princípios: (...)
IX – tratamento favorecido para as empresas brasileiras de capital nacional de pequeno porte. (...)"

[77] Constituição Federal: "Art. 179 – A União, os Estados, o Distrito Federal e os Municípios dispensarão às microempresas e às empresas de pequeno porte, assim definidas em lei, tratamento jurídico diferenciado, visando a incentivá-las pela simplificação de suas obrigações administrativas, tributárias, previdenciárias e creditícias, ou pela eliminação ou redução destas por meio de lei."

[78] Lei complementar 9.841/1999 (Estatuto da Microempresa e da Empresa de Pequeno Porte), que estabelece em seu art. 2º: "Para os efeitos desta Lei, ressalvado o disposto no art. 3º, considera-se:

I – microempresa, a pessoa jurídica e a firma mercantil individual que tiver receita bruta anual igual ou inferior a R$244.000,00 (duzentos e quarenta e quatro mil reais);

II – empresa de pequeno porte, a pessoa jurídica e a firma mercantil individual que, não enquadrada como microempresa, tiver receita bruta anual superior a R$244.000,00 (duzentos e quarenta e quatro mil reais) e igual ou inferior a R$1.200.000,00 (um milhão e duzentos mil reais).

§ 1º – No primeiro ano de atividade, os limites da receita bruta de que tratam os incisos I e II serão proporcionais ao número de meses em que a pessoa jurídica ou firma mercantil individual tiver exercido atividade, desconsideradas as frações de mês.

§ 2º – O enquadramento de firma mercantil individual, ou de pessoa jurídica em microempresa ou empresa de pequeno porte, bem como o seu desenquadramento, não implicarão alteração, denúncia ou qualquer restrição em relação a contratos por elas anteriormente firmados.

§ 3º – O Poder Executivo atualizará os valores constantes dos incisos I e II com base na variação acumulada pelo IGP-DI, ou por índice oficial que venha a substituí-lo."

Estabelecimento

Nos termos do art. 1.142 do novo Código:

> *Considera-se estabelecimento todo complexo de bens organizado, para exercício da empresa, por empresário, ou por sociedade empresária.*

Haverá estabelecimento no âmbito da atividade empresária quando se tratar de complexo de bens organizado por empresário, para exercício da empresa, ou por sociedade empresária.

O Código Civil italiano unificado, de 1942, define o estabelecimento (*azienda*), no seu art. 2.555, como sendo o conjunto dos bens organizados pelo empresário para o exercício da empresa.[79] Elevou o *conjunto organizado* de bens à categoria de unidade jurídica e impingiu-lhe ainda a disciplina unitária, dando condições de considerar os bens integrantes do estabelecimento isoladamente, recebendo cada um deles disciplina própria e autônoma. Disciplina unitária do estabelecimento ↔ disciplina unitária de seus elementos.

Com o termo ESTABELECIMENTO – vocábulo derivado de *estabelecer*, do latim *stabilire* (fazer firme, firmar, estribar), que, em qualquer sentido que se o tome, traz consigo a idéia de firmeza e de estabilidade, que é de seu caráter ou de sua essência, ação de estabelecer, fundar, firmar, instituir, em caráter permanente ou duradouro –,[80] a doutrina tem indicado o complexo de bens (materiais e imateriais, móveis e imóveis, e, segundo alguns, também os serviços) que constituem os instrumentos de que se vale o empresário para o exercício de sua atividade empresária. Uma *universalidade de fato*. *Universalidade*, porquanto as partes adquiriram, reunidas, função e valor que não podiam

[79]Codice Civile italiano: *"Art. 2555. L'azienda è il complesso dei beni organizzati dall'imprenditore, per l'esercizio dell'impresa".*

[80] DE PLÁCIDO E SILVA. *Vocabulário jurídico*. 4. ed. Rio de Janeiro: Forense, 1975. p. 624.

ter separadamente. *De fato*, porque o conjunto havia sido tratado, pelo legislador, como destinado à satisfação de tipos diversos de credores.[81] Para o saudoso Prof. Oscar Barreto Filho,[82] sendo *a universalidade de fato* um conjunto de objetos de direito, e a *universalidade de direito* um conjunto de direitos (relações ativas e passivas), o estabelecimento comercial sendo "complexo de bens instrumentais, devemos colocá-lo entre as *universitates facti*".

Assim, ele não deve ser confundido com patrimônio (ou ainda patrimônio aziendal), que se constitui do complexo de relações jurídicas do empresário no exercício da atividade empresária, sendo, portanto, muito mais abrangente do que o conceito de estabelecimento. Este é considerado uma unidade econômica, de fato, conceituada dentre os bens coletivos como sendo, conforme dita o art. 90 do novo código,

> *"a pluralidade de bens singulares que, pertinentes à mesma pessoa, tenham destinação unitária".*

Assim como o estabelecimento, constituem universalidade de fato a biblioteca, o rebanho, a galeria de quadros, a exposição de obras de arte etc., que, embora integrados por bens singulares, têm destinação unitária e podem ser objeto de relações juridícas próprias (art. 90, parágrafo único).

A *relação entre o empresário e o estabelecimento* não se restringe à relação de propriedade, mas sim a um âmbito muito mais amplo, o da *relação de pertinência*, pela qual bens integrantes do estabelecimento podem ali estar não exclusivamente por pertencerem ao empresário, mas sim porque este tem apenas a disponibilidade dos bens que organiza, disponibilidade a título de alienação fiduciária, empréstimo, locação, e por integrarem o complexo de bens organizados pelo empresário para o exercício de sua atividade. Assim, os computadores adquiridos por contrato de *leasing*, os veículos por alienação fiduciária, máquinas objeto de empréstimo, e até mesmo as aplicações financeiras (dinheiro locado à

---

[81] CRISTIANO, Romano. *Conceito de empresa*. São Paulo: Arte e Cultura, 1995. p. 63.

[82] BARRETO, Oscar Filho. *Teoria do estabelecimento comercial*. 2. ed. São Paulo: Max Limonad, 1988. p. 107.

empresa), compõem o estabelecimento da empresa, de modo que todos os bens *pertinentes* à pessoa do empresário (e que podem ser por ele utilizados no escopo unitário de sua atividade) comporão a universalidade de fato denominada *estabelecimento*. Fábio Konder Comparato, ao tratar da qualificação jurídica de controle na sociedade anônima, aduz: *"Aliás, a noção de propriedade, aplicada aos bens empresariais, tem sido criticada. Um empresário pode trabalhar em prédios alheios e com maquinária alienada fiduciariamente, sem que isto quebre a unidade do estabelecimento. Daí porque uma parte da doutrina prefere falar em titularidade do estabelecimento e não em propriedade. Com maioria de razão, 'propriedade de empresa' é expressão defeituosa, pois a empresa não compreende apenas bens, mas também homens"*.[83]

O conceito de estabelecimento prescinde também da noção necessária de espaço ou local da atividade. Assim, torna-se fácil entender a desnecessidade da relação *empresa* ↔ *espaço*, se adotamos, como o faz Rubens Requião, a consideração de estabelecimento como bem móvel.[84] Porém, a universalidade de fato não pode ater-se apenas à idéia de mobilidade, para ser conceituada. O imóvel também integra o estabelecimento. O comerciante ambulante também tem estabelecimento, cujo endereço deve ser fornecido para seu registro.

Da mesma forma, deve ser lembrado o mais novo ambiente de negócios, o ambiente virtual, no qual surge o que pode ser designado como o *estabelecimento virtual*, que se caracteriza pela ausência de espaço físico, com substituição do ponto comercial materialmente identificável pelo *site*, pelo "ponto com", que dispensa o deslocamento das partes para a negociação, com utilização de dados de identificação e uma inimaginável gama de riscos na esfera civil e criminal, nacional e internacional.

A atuação da empresa no mercado será determinada pela forma como os bens e recursos captados pelo empresário serão reunidos e organizados, daí decorrendo, enquanto perdurar a reunião e a organização, a caracterização de estabelecimento. E o valor de mercado do mesmo será estabelecido em função não apenas dos bens que o integram mas

---

[83] COMPARATO, Fábio Konder. O poder de controle na sociedade anônima. *Revista dos Tribunais*. Rio de Janeiro: Revista dos Tribunais, 1976. p. 94.

[84] REQUIÃO, Rubens. *Curso de direito comercial*. 23. ed. São Paulo: Saraiva, 1998. p. 250.

também do *plus* representado pela organização racional desses bens, viabilizando o pleno desenvolvimento da atividade empresária.

Ao direito cabe promover o reconhecimento e a proteção do estabelecimento, por meio de mecanismos de tutela jurídica, tais como os interditos possessórios, a responsabilização civil e penal, a indenização na desapropriação.

O estabelecimento empresário integra o patrimônio da empresa, constituindo assim garantia dos credores desta. Como o estabelecimento pode ser objeto de alienação, usufruto ou arrendamento, nos termos previstos no art. 1.143 do Código Civil de 2002,[85] a eficácia jurídica de qualquer destes negócios dependerá da averbação do respectivo instrumento no Registro Público de Empresas Mercantis (Junta Comercial), e publicação subseqüente na imprensa oficial (art. 1.144[86]).

A eficácia da negociação do estabelecimento dependerá, ainda, de haver bens suficientes para o pagamento das dívidas contraídas pela empresa existentes até a data da alienação. Em sendo insuficientes os bens do alienante, a negociação somente poderá ser efetuada se todos os credores forem pagos ou consentirem na realização da operação. Para tanto, necessário que se notifiquem todos os credores, que terão o prazo de 30 dias para manifestação, sob pena de presunção de concordância tácita. Havendo manifestação contrária, a negociação só será eficaz se pago o passivo (art. 1.145[87]). A inobservância das cautelas legais constituirá a hipótese de declaração de falência, tal como preconizado pelo art. 2º, V, do Decreto-Lei 7.661/1945[88], bem como a hipó-

---

[85] Art. 1.143 – Pode o estabelecimento ser objeto unitário de direitos e de negócios jurídicos, translativos ou constitutivos, que sejam compatíveis com a sua natureza.

[86] Art. 1.144 – O contrato que tenha por objeto a alienação, o usufruto ou arrendamento do estabelecimento, só produzirá efeitos quanto a terceiros depois de averbado à margem da inscrição do empresário, ou da sociedade empresária, no Registro Público de Empresas Mercantis, e de publicado na imprensa oficial.

[87] Art. 1.145 – Se ao alienante não restarem bens suficientes para solver o seu passivo, a eficácia da alienação do estabelecimento depende do pagamento de todos os credores, ou do consentimento destes, de modo expresso ou tácito, em trinta dias a partir de sua notificação.

[88] Decreto-Lei 7.661/1945 (Lei de Falências): "Art. 2º – Caracteriza-se, também, a falência, se o comerciante: (...)

V – transfere a terceiro o seu estabelecimento sem o consentimento de todos os credores, salvo se ficar com bens suficientes para solver o seu passivo; (...)"

tese de ineficácia do ato em relação à massa falida pelo mecanismo da ação revocatória falimentar (art. 52, VIII, do Decreto-Lei 7.661/1945[89]). Em caso de concordata da empresa alienante, a alienação dependerá da anuência expressa de todos os credores quirografários admitidos no acordo. Uma única discordância determinará a ineficácia da negociação perante a massa falida que venha a existir (art. 149, *caput* e parágrafo único, do Decreto-Lei 7.661/1945[90]).

O novo Código Civil inovou ao introduzir a responsabilidade também do adquirente pelos débitos anteriores à transferência, desde que devidamente contabilizados. O passivo regularmente escriturado transfere-se ao adquirente, que será sucessor do alienante, assumindo a responsabilidade pelas dívidas formalizadas à data da alienação. O alienante do estabelecimento, devedor primitivo, ficará solidariamente responsável junto ao adquirente pelas dívidas vencidas e vincendas contabilizadas pelo prazo de um ano (da data da publicação do arquivamento da alienação no Registro Público de Empesas Mercantis para as vencidas e da data do vencimento para as vincendas) (art. 1.146[91]).

---

[89] Decreto-Lei 7.661/1945 (Lei de Falências): "Art. 52 – Não produzem efeitos relativamente à massa, tenha ou não o contratante conhecimento do estado econômico do devedor, seja ou não intenção deste fraudar credores: (...)

VIII – a venda, ou transferência de estabelecimento comercial ou industrial, feita sem o consentimento expresso ou o pagamento de todos os credores, a esse tempo existentes, não tendo restado ao falido bens suficientes para solver o seu passivo, salvo se, dentro de trinta dias, nenhuma oposição fizeram os credores à venda ou transferência que lhes foi notificada; essa notificação será feita judicialmente ou pelo oficial do registro de títulos e documentos. (...)"

[90] Decreto-Lei 7.661/1945 (Lei de Falências): "Art. 149 – Enquanto a concordata não for por sentença julga cumprida (art. 155), o devedor não pode, sem prévia autorização do juiz, ouvido o representante do Ministério Público, alienar ou onerar seus bens imóveis ou outros sujeitos a cláusulas da concordata; outrossim, sem o consentimento expresso de todos os credores admitidos e sujeitos aos efeitos da concordata, não lhe é permitido vender ou transferir o seu estabelecimento.

Parágrafo único. Os atos praticados pelo concordatário com violação deste artigo, são ineficazes relativamente à massa, no caso de rescisão da concordata."

[91] Art. 1.146 – O adquirente do estabelecimento responde pelo pagamento dos débitos anteriores à transferência, desde que regularmente contabilizados, continuando o devedor primitivo solidariamente obrigado pelo prazo de um ano, a partir, quanto aos créditos vencidos, da publicação, e, quanto aos outros, da data do vencimento.

Na omissão do contrato, o alienante do estabelecimento comercial não poderá fazer concorrência ao adquirente, nos cinco anos seguintes ao negócio. Essa norma se justifica porquanto a alienação ou arrendamento abrangem a clientela que com ele normalmente realizava negócios – atraída pelo nome empresarial, pelo ponto do comércio, pela marca dos produtos da empresa, pelo modo de atendimento, enfim, por elementos que serviam de referencial atrativo. A lei visa a proteger o adquirente que passou a ter direito à clientela com a realização do negócio. Tal proibição se justifica em função do limite de tempo (cinco anos a partir da publicação do arquivamento do instrumento do negócio no Registro Público de Empesas Mercantis), de local (pelo menos na mesma praça, se outra restrição de local não for estabelecida) e do mesmo ramo de atividade (art. 1.147[92]).

A lei dispõe, ainda, quanto aos efeitos da transferência do estabelecimento em relação aos contratos estipulados para exploração do mesmo (art. 1.148[93]). Se forem eles de caráter pessoal, evidentemente a alienação ou o trespasse do estabelecimento implicará a rescisão dos contratos. Do contrário, a transferência significará sub-rogação do adquirente nos contratos, mantida aos terceiros a faculdade de rescisão dos mesmos por justa causa no prazo de 90 dias a contar da publicação da transferência, ressalvada a responsabilidade do alienante. Quanto à cessão de créditos pertinentes ao estabelecimento transferido, os efeitos dessa transferência não afetarão as obrigações dos respectivos devedores, a partir da data da publicação da transferência, ressalvada a exoneração do devedor que pagar o cedente de boa-fé (art. 1.149[94]).

---

[92] Art. 1.147 – Não havendo autorização expressa, o alienante do estabelecimento não pode fazer concorrência ao adquirente, nos cinco anos subseqüentes à transferência.
Parágrafo único. No caso de arrendamento ou usufruto do estabelecimento, a proibição prevista neste artigo persistirá durante o prazo do contrato.

[93] Art. 1.148 – Salvo disposição em contrário, a transferência importa a sub-rogação do adquirente nos contratos estipulados para exploração do estabelecimento, se não tiverem caráter pessoal, podendo os terceiros rescindir o contrato em noventa dias a contar da publicação da transferência, se ocorrer justa causa, ressalvada, neste caso, a responsabilidade do alienante.

[94] Art. 1.149 – A cessão dos créditos referentes ao estabelecimento transferido produzirá efeito em relação aos respectivos devedores, desde o momento da publicação da transferência, mas o devedor ficará exonerado se de boa-fé pagar ao cedente.

O acolhimento da regra legal consubstancia a evolução jurisprudencial do nosso direito, como se pode ver dos julgados mencionados a seguir:

> "Embargos à Execução – Alienação de estabelecimento comercial.
> Execução embasada em duplicata inaceita, protestada e acompanhada de prova da entrega da mercadoria, contra sociedade alienante de estabelecimento comercial. Venda do estabelecimento com reserva de domínio. Falta de registro no ofício de títulos e documentos para valer a alienação contra terceiros. Providências de baixa na junta comercial e órgãos fiscais efetuadas depois da emissão da duplicata e do recebimento da mercadoria, o que, por seu turno, ocorreu antes do pagamento da segunda prestação relativa à alienação do estabelecimento. Apelo improvido" (TARGS, 3ª Câmara Cível, Apelação Cível 187024989. Relator Desembargador Sílvio Manoel de Castro Gamborgi, j. 16/09/1987).

> "Embargos à Execução Fiscal.
> Compete à embargante, na forma do art. 396 do Código de Processo Civil, instruir a inicial dos embargos com os documentos pertinentes à comprovação de suas alegações. Não obstante tal ônus, resultaram solicitadas informações, pela julgadora monocrática, à Junta Comercial, intentado dar-se justa solução à pretensão. Cerceamento de defesa inocorrente. Invalidades formais nas Certidões de Dívida Ativa inexistentes, observados os requisitos legais. Desnecessidade de alteração das certidões em razão de sucessão. Responsabilidade tributária que decorre de disposição legal (art. 135, II, CTN). Sucessão do sujeito passivo de obrigação tributária, em função de alienação de estabelecimento comercial, com responsabilidade integral do sucessor, tendo a alienante sucedida cessado a exploração de dita atividade. Inteligência dos arts. 129 e 133 do CTN. Ineficácia da convenção particular referente à transferência da responsabilidade tri-

butária por sucessão à própria sucedida" (2ª Câmara Cível, Apelação Cível 198054058. Relator Desembargador João Andrades Carvalho, j. 07/10/1998).

"Locação Comercial – Ação Renovatória – Sucessor – Documentação Indispensável.
A transferência da locação, ainda que juntamente com o Fundo de Comércio, submete-se à regra geral insculpida no art. 13 da Lei 8.245/1991, segundo a qual essa operação depende do consentimento prévio e escrito do locador. Assim, o cessionário e o sucessor no Fundo de Comércio, no qual automaticamente está abrangida a locação, terão legitimidade ativa para propor a renovatória, desde que o negócio de alienação do estabelecimento comercial se tenha efetivado pela anuência do locador na cessão da locação do imóvel locado. As partes têm o dever de instruir a petição inicial e a contestação com os documentos comprobatórios de suas alegações. Os documentos tidos como pressupostos da causa devem acompanhar a inicial ou a defesa, por força de disposição expressa de lei (art. 71 da Lei 8.245/1991), além dos demais requisitos exigidos no art. 282 do Código de Processo Civil, a petição inicial da ação renovatória será instruída com as provas que menciona, sob pena de indeferimento" (TARGS. 1ª Câmara Cível, Apelação Cível 195110697. Relator Desembargador Heitor Assis Remonti, j. 10/10/1995).

5

A Sociedade no Código Civil de 2002

O art. 981 do novo estatuto atrela o conceito de sociedade ao de contrato, de forma visceral, pelo que a sociedade se confirma como sendo, originariamente, um contrato. Assim, estabelece que

> *"Celebram contrato de sociedade as pessoas que reciprocamente se obrigam a contribuir, com bens ou serviços, para o exercício de atividade econômica e a partilha, entre si, dos resultados".*

Ainda que contratem sociedade para a consecução de um único negócio (exploração de uma jazida, colheita de determinada safra) a natureza contratual caracteriza a existência de uma sociedade.

E dispõe o páragrafo único do art. 981 que

> *"A atividade pode restringir-se à realização de um ou mais negócios determinados".*

Tem-se notícia da idéia de reunião para cooperação de esforços e distribuição de resultados em texto normativo desde o Código de Manu (1400 a.C., Índia), onde já então se reconhecia a possibilidade de reunião de várias pessoas para cooperar, cada uma com seu trabalho, em uma mesma empresa, de maneira a distribuir o resultado entre as partes.

Tal concepção foi mantida em nosso direito. Na verdade, o Código Civil revogado (Código Civil de 1916) definia a sociedade em seu art. 1.363, dispondo que

> *"Celebram contrato de sociedade as pessoas que mutuamente se obrigam a combinar seus esforços ou recursos, para lograr fins comuns".*

E a Lei 5.764/1971, lei especial que define a Política Nacional de Cooperativismo e institui o regime jurídico das sociedades cooperativas, define a sociedade cooperativa em redação semelhante à adotada pelo novo Código para a sociedade em geral, dispondo, em seu art. 3º, que

> *"Celebram contrato de sociedade cooperativa as pessoas que reciprocamente se obrigam a contribuir com bens ou serviços para o exercício de uma atividade econômica, de proveito comum, sem objetivo de lucro".*

De acordo com a disciplina estabelecida no novo Código Civil, *para que se reconheça a sociedade*, portanto, *é necessário que se agreguem 3 fatores:*

recursos de cada sócio, sob a forma de capital ou trabalho

+

o exercício de atividade produtiva em comum

+

a divisão ou partilha dos resultados econômicos advindos

Estes três elementos, unificados pela atividade exercida em comum, com a cooperação de todos, podem ainda ser agregados para a realização de um único negócio (por exemplo, a exploração de uma jazida, a colheita de uma safra) ou de vários negócios determinados, de acordo com o estabelecido no contrato social, de onde a sociedade se origina (art. 981, parágrafo único, do Código Civil de 2002[95]).

Ao referir-se às pessoas que celebram contrato de sociedade, o novo Código Civil manteve a pluralidade que necessariamente estabelece um limite mínimo de duas pessoas, e um máximo ilimitado, admitindo-se a unipessoalidade temporária apenas nas hipóteses expressamente previstas (art. 1.033, IV e art. 1.051, II[96]).

Ora, a existência de um ser, no caso a sociedade, de natureza abstrata e em princípio intangível, impõe a necessidade de personificá-la, sobretudo almejando sua imputabilidade negocial. Tal personificação se dá por meio de um ato – o *registro* do instrumento de contrato no órgão competente – no Registro Nacional das Empresas Nacionais (Juntas Comerciais), para as empresas que exerçam atividade empresária, ou no Registro Civil das Pessoas Jurídicas, para as sociedades não

---

[95] Art. 981 – Celebram contrato de sociedade as pessoas que reciprocamente se obrigam a contribuir, com bens ou serviços, para o exercício de atividade econômica e a partilha, entre si, dos resultados.
Parágrafo único. A atividade pode restringir-se à realização de um ou mais negócios determinados.

[96] Art. 1.033 – Dissolve-se a sociedade quando ocorrer:
I – o vencimento do prazo de duração, salvo se, vencido este e sem oposição de sócio, não entrar a sociedade em liquidação, caso em que se prorrogará por tempo indeterminado;
II – o consenso unânime dos sócios;
III – a deliberação dos sócios, por maioria absoluta, na sociedade de prazo indeterminado;
IV – a falta de pluralidade de sócios, não reconstituída no prazo de cento e oitenta dias;
V – a extinção, na forma da lei, de autorização para funcionar.
Art. 1.051 – Dissolve-se de pleno direito a sociedade:
I – por qualquer das causas previstas no art. 1.044;
II – quando por mais de cento e oitenta dias perdurar a falta de uma das categorias de sócio.
Parágrafo único. Na falta de sócio comanditado, os comanditários nomearão administrador provisório para praticar, durante o período referido no inciso II e sem assumir a condição de sócio, os atos de administração.

empresárias (arts. 45[97], 985[98], 1.150[99] e 1.166[100] do Código Civil de 2002).

Com a concessão do registro, adquire a sociedade personalidade jurídica e a proteção do nome nos limites do respectivo Estado, estendendo-se, entretanto, a todo o território nacional se registrado nos termos da Lei do Registro Público de Empresas Mercantis e Atividades Afins. Estabelece a Lei 8.934/1994 em seus arts. 33, 34, 59 e 60, § 1º, que

> *"Art. 33 – A proteção ao nome empresarial decorre automaticamente do arquivamento dos atos constitutivos de firma individual e de sociedades, ou de suas alterações."*
>
> *"Art. 34 – O nome empresarial obedecerá aos princípios da veracidade e da novidade. (...)"*
>
> *"Art. 59 – Expirado o prazo da sociedade celebrada por tempo determinado, esta perderá a proteção do seu nome empresarial".*
>
> *"Art. 60, § 1º – Na ausência dessa comunicação, a empresa mercantil será considerada inativa, promovendo a Junta Co-*

[97] Art. 45 – Começa a existência legal das pessoas jurídicas de direito privado com a inscrição do ato constitutivo no respectivo registro, precedida, quando necessário, de autorização ou aprovação do Poder Executivo, averbando-se no registro todas as alterações por que passar o ato constitutivo.
Parágrafo único. Decai em três anos o direito de anular a constituição das pessoas jurídicas de direito privado, por defeito do ato respectivo, contado o prazo da publicação de sua inscrição no registro.

[98] Art. 985 – A sociedade adquire personalidade jurídica com a inscrição, no registro próprio e na forma da lei, dos seus atos constitutivos (arts. 45 e 1.150).

[99] Art. 1.150 – ver nota de rodapé 27.

[100] Art. 1.166 – A inscrição do empresário, ou dos atos constitutivos das pessoas jurídicas, ou as respectivas averbações, no registro próprio, asseguram o uso exclusivo do nome nos limites do respectivo Estado.
Parágrafo único. O uso previsto neste artigo estender-se-á a todo o território nacional, se registrado na forma da lei especial.

mercial o cancelamento do registro, com a perda automática da proteção ao nome empresarial".

Inserida no Direito de Empresa, a sociedade porém nem sempre será *empresária*. Para sê-lo, deverá exercer profissionalmente atividade econômica organizada para a produção ou a circulação de bens ou de serviços, ou seja, deverá exercer a atividade própria de empresário, sujeita a registro (arts. 982[101] e 967[102] do Código Civil de 2002). As demais sociedades, ou seja, aquelas que não exercem atividade empresária, serão consideradas *simples*.

Tal regra, porém, comporta duas exceções mantidas pelo novo Código Civil: *a sociedade anônima será sempre empresária*, qualquer que seja seu objeto, e *as sociedades cooperativas*, apesar de serem sociedades com atividade econômica organizada, por disposição legal expressa, *serão sempre simples* (art. 982, *caput* e parágrafo único).

O parâmetro de distinção entre a sociedade empresária e a simples não é o propósito lucrativo, mas sim a exploração do objeto social de forma profissional, estruturada em uma organização, visando à produção ou à circulação de bens ou serviços. O enquadramento no regime de sociedade empresária ou no de sociedade simples, não obstante o tipo societário de que se revista, e ressalvadas as exceções expressas em lei (art. 982, *caput* e parágrafo único, do Código Civil de 2002; Lei 6.404/1976, art. 2º, § 1º, da Lei das Sociedades Anônimas[103] e art. 4º

---

[101] Art. 982 – ver nota de rodapé 61.

[102] Art. 967 – É obrigatória a inscrição do empresário no Registro Público de Empresas Mercantis da respectiva sede, antes do início de sua atividade.

[103] Lei 6.404/1976 (Lei das Sociedades Anônimas): "Art. 2º – Pode ser objeto da companhia qualquer empresa de fim lucrativo, não contrário à lei, à ordem pública e aos bons costumes.

§ 1º – Qualquer que seja o seu objeto, a companhia é mercantil e se rege pelas leis e usos do comércio.

§ 2º – O estatuto social definirá o objeto de modo preciso e completo.

§ 3º – A companhia pode ter por objeto participar de outras sociedades; ainda que não prevista no estatuto, a participação é facultada como meio de realizar o objeto social, ou para beneficiar-se de incentivos fiscais."

da Lei das Cooperativas – Lei 5.764/1971[104]) dependerá apenas de tratar-se do exercício de atividade empresária ou não.

Há quem veja nesta divisão inicial das sociedades um paralelismo com a classificação anterior do nosso direito, qual seja em sociedades comerciais e civis. A correspondência total, porém, não existe.

O Código Civil de 2002 adota expressamente a *tipologia societária*, e parece tratar das espécies ou tipos de sociedade empresária em *numerus clausus* – seriam os abrangidos pelos arts. 1.039 a 1.092 – facultando às sociedades simples a adoção destes mesmos tipos ou a exclusividade do regime que institui especificamente para elas (arts. 997 a 1.038), com exceção das sociedades em conta de participação, das cooperativas e das constantes de leis especiais que imponham a constituição da sociedade segundo determinado tipo para o exercício de atividades específicas.

A Tipologia Societária no Código Civil de 2002

As sociedades, nos termos da nova disciplina estabelecida pelo novo Código, podem exercer atividades econômicas, e poderão ainda ser socieda-

[104] Lei 5.764/1971 (Lei das Cooperativas): "Art. 4º – As cooperativas são sociedades de pessoas, com forma e natureza jurídica próprias, de natureza civil, não sujeitas a falência, constituídas para prestar serviços aos associados, distinguindo-se das demais sociedades pelas seguintes características:

I – adesão voluntária, com número ilimitado de associados, salvo impossibilidade técnica de prestação de serviços;

II – variabilidade do capital social representado por quotas-partes;

III – limitação do número de quotas-partes do capital para cada associado, facultado, porém, o estabelecimento de critérios de proporcionalidade, se assim for mais adequado para o cumprimento dos objetivos sociais;

IV – incessibilidade das quotas-partes do capital a terceiros, estranhos à sociedade;

V – singularidade de voto, podendo as cooperativas centrais, federações e confederações de cooperativas, com exceção das que exerçam atividade de crédito, optar pelo critério da proporcionalidade;

VI – quorum para o funcionamento e deliberação da Assembléia Geral baseado no número de associados e não no capital;

VII – retorno das sobras líquidas do exercício, proporcionalmente às operações realizadas pelo associado, salvo deliberação em contrário da Assembléia Geral;

VIII – indivisibilidade dos fundos de Reserva e de Assistência Técnica Educacional e Social;

IX – neutralidade política e indiscriminação religiosa, racial e social;

X – prestação de assistência aos associados, e, quando previsto nos estatutos, aos empregados da cooperativa;

XI – área de admissão de associados limitada às possibilidades de reunião, controle, operações e prestação de serviços.

des empresárias ou não empresárias. Tal distinção, na verdade, mantém a disciplina anterior, regida pelo Código Civil de 1916 (para as sociedades civis) e pelo Código Comercial de 1850 e legislação complementar (sociedades comerciais), sem, entretanto, haver correspondência total entre a disciplina anterior e a atual. Muito embora a tipologia (do latim *typus* = figura, imagem, a palavra tipo *"é geralmente empregada, na linguagem comercial, no sentido de modelo, padrão, exemplar. Assim, em regra, o tipo revela a espécie, ou o exemplar de qualquer coisa que, estabelecido ou instituído dentro de uma regular padronização, serve de modelo para classificar as coisas da mesma natureza, consoante o padrão adotado"*[105].) estabelecida para as sociedades comerciais estivesse determinada pela legislação anterior, era possível uma flexibilização dela, o que permitia a criação de figuras societárias atípicas, com esquemas organizacionais inventivos, inovadores, e possíveis desde que contidos nos limites fixados legalmente. Assim, acomodavam-se os interesses dos sócios, ou das sociedades, amoldando seus tipos formais ao arquétipo legal e aos objetivos que perseguiam.

Com a nova disciplina legal, as sociedades passaram a dividir-se em dois tipos principais: as **sociedades empresárias** (limitadas às formas legais, sem deixar espaço à criação de outros tipos pela autonomia privada a não ser os estabelecidos nos arts. 1.039 a 1. 092) e, como denominador comum e supletivo, as **sociedades simples** (arts. 997 a 1.038), inovação que o Código Civil de 2002 trouxe para o nosso direito.

Sociedades Empresárias	Sociedades Simples
tipos abrangidos pelos arts. 1.039 a 1.092	tipo específico disciplinado nos arts. 997 a 1.038, admitida a adoção dos tipos previstos para as sociedades empresárias

Apesar da tipologia fechada aparentemente pretendida pelo novo *codex*, há doutrinadores que vêem na disciplina adotada mecanismos que viabilizariam a inserção de cláusulas atípicas, e cujo escopo seria o de modificar algumas regras estruturais, sem ofensa ao modelo legal, mas amoldando-o, entretanto, à realidade da sociedade que se idealiza, viabilizando sua criação. A inclusão de cláusulas atípicas no

[105] DE PLÁCIDO E SILVA. *Op. cit*, p. 1.560.

contrato de sociedade é uma forma de criar sociedades atípicas sem ofender o sistema legal.[106]

De todo modo, se a intenção do legislador tivesse sido a tipicidade fechada, estaria destituída de sentido a restrição quanto às formas constitutivas das sociedades empresárias que o art. 983[107] estabelece, em fiel acolhimento do art. 2.249[108] do Código italiano que o inspirou, pelo que se entende admitida a atipologia societária no regime do novo Direito de Empresa brasileiro.

Manteve o novo Código, para as sociedades, as mesmas opções deixadas ao empresário, permitindo a equiparação facultativa à sociedade empresária, desde que se trate de sociedade que exerça atividade própria de empresário rural e desde que revista um dos tipos de sociedade empresária (art. 984[109]).

As Sociedades em Razão da Personalidade Jurídica no Código Civil de 2002

A personificação das sociedades, conforme já salientado anteriormente, decorre do seu registro, ou melhor, da concessão do registro, que se

[106] SZTAJN, Rachel. *Contrato de sociedade e formas societárias*. São Paulo: Saraiva. 1989. p. 29 e 161-169.

[107] Art. 983 – A sociedade empresária deve constituir-se segundo um dos tipos regulados nos arts. 1.039 a 1.092; a sociedade simples pode constituir-se de conformidade com um desses tipos, e, não o fazendo, subordina-se às normas que lhe são próprias.
Parágrafo único. Ressalvam-se as disposições concernentes à sociedade em conta de participação e à cooperativa, bem como as constantes de leis especiais que, para o exercício de certas atividades, imponham a constituição da sociedade segundo determinado tipo.

[108] Codice Civile Italiano: "Art. 2.249. Tipi di società- Le società che hanno per oggeto l'eserzicio di un'attività commerciale (c. 2.195) devono constituirsi (c. 1.322; att. c. 216 ss.) secondo uno dei tipi regolati nei capi III e seguenti di questo titolo (c. 2.057)".

[109] Art. 984 – A sociedade que tenha por objeto o exercício de atividade própria de empresário rural e seja constituída, ou transformada, de acordo com um dos tipos de sociedade empresária, pode, com as formalidades do art. 968, requerer inscrição no Registro Público de Empresas Mercantis da sua sede, caso em que, depois de inscrita, ficará equiparada, para todos os efeitos, à sociedade empresária.
Parágrafo único. Embora já constituída a sociedade segundo um daqueles tipos, o pedido de inscrição se subordinará, no que for aplicável, às normas que regem a transformação.

aperfeiçoa com a publicidade, que é determinada para sua validade e oponibilidade a terceiros não participantes do contrato societário celebrado. Assim, do contrato sobre o qual incidiu o registro, nasce uma pessoa jurídica, um sujeito de direitos, distinto das pessoas e dos sujeitos de direitos dos sócios que a constituem (art. 45).[110]

A nítida distinção entre a pessoa jurídica da sociedade e as pessoas de seus sócios era expressa no Código Civil revogado, de 1916. Em seu art. 20, o Código anterior determinava que *"as pessoas jurídicas têm existência distinta da de seus membros"*. O Código de 2002 suprimiu tal referência expressa, muito embora se entenda ter a mesma sido mantida diante de toda a estrutura estabelecida para a pessoa jurídica em geral, e para as sociedades em particular. É assim que se preocupou o legislador do novo Código com a imputação da atividade da sociedade, dispondo expressamente que os atos dos administradores obrigam a pessoa jurídica, quando exercidos nos limites de seus poderes definidos no ato constitutivo (art. 47[111]). E a organização da imputação da atividade da sociedade é alcançada também por meio da separação dos patrimônios dela e dos sócios que dela participam, delimitando as responsabilidades em função desta separação.

O objetivo de imputação da atividade exercida pela sociedade é constante e justifica vários dos dispositivos que o Direito de Empresa alberga, com a ressalva da possibilidade de aplicação da teoria da desconsideração da pessoa jurídica.

A aquisição da personalidade de pessoa jurídica faz com que surja uma nova pessoa que, distinta da dos seus sócios, é titular de direitos e obrigações, tem um patrimônio próprio, separado dos de seus sócios, tem nacionalidade, domicílio e sede determinados, e adquire capacidade jurídica ativa e passiva. A personalidade jurídica perdurará enquanto existir a sociedade, com a ressalva da excepcionalidade da aplicação da teoria da

---

[110] A personificação das pessoas jurídicas, artifício ou expediente do legislador para viabilizar a imputação da sociedade, não pode permitir a confusão entre sujeito de direito e pessoa. Trata-se, na verdade, o sujeito de direito de gênero de que a pessoa é espécie. O sujeito de direito acaba sendo um centro subjetivo de gravitação de direitos e deveres, âmbito em que se incluem, também, entidades não consideradas pessoas (portanto, despersonalizadas), tais como o nascituro, o espólio, a massa falida, o patrimônio etc.

[111] Art. 47 – Obrigam a pessoa jurídica os atos dos administradores, exercidos nos limites de seus poderes definidos no ato constitutivo.

desconsideração da pessoa jurídica,[112] inserida expressamente no novo Código pelo art. 50[113], para alcançar o patrimônio particular dos sócios nas hipóteses em que a tipologia societária não o permitiria.

A personalidade jurídica da sociedade perdura até a sua extinção, que consiste de um *processo de dissolução* que abrange desde a elaboração do distrato social, formalizando a decisão dos sócios de dissolvê-la, como também a realização do ativo e pagamento do passivo social (liquidação), culminando com a partilha do acervo social entre os sócios. Deve ser lembrado, porém, que o novo Código de 2002 deixa expresso que a existência da pessoa jurídica subsistirá até o final da liquidação, em franca preocupação com a proteção dos terceiros que com a sociedade se relacionaram[114] (art. 51[115]).

A preocupação com a imputação das sociedades, empresárias ou não, levou o legislador a classificá-las em *personificadas* – aquelas que adquiriram personalidade jurídica pelo registro no órgão competente – e as *não personificadas* – aquelas anteriormente consideradas irregulares ou de fato, e que são alcançadas pela responsabilização dos atos praticados, apesar de sua irregularidade ou pretensa inexistência legal.

Assim, as sociedades que podem ser categorizadas em sociedades empresárias e sociedades simples, ou não empresárias, também são classificadas pelo Código Civil em sociedades personificadas e não-personificadas, podendo ser esquematizadas conforme tabela da página seguinte.

[112] Inserida excepcionalmente no nosso direito privado por meio do art. 50 do Código Civil de 2002, em pacífico acolhimento da posição doutrinária e jurisprudencial, despontando como uma anomalia, cuja aplicação dentro do contexto só se admite mediante as condições e requisitos da abusividade e extrapolação das funções de administração e responsabilização da sociedade.

[113] Art. 50 – Em caso de abuso da personalidade jurídica, caracterizado pelo desvio de finalidade, ou pela confusão patrimonial, pode o juiz decidir, a requerimento da parte, ou do Ministério Público quando lhe couber intervir no processo, que os efeitos de certas e determinadas relações de obrigações sejam estendidos aos bens particulares dos administradores ou sócios da pessoa jurídica.

[114] O Código Civil de 1916 dispunha, em seu art. 21, que a existência da pessoa jurídica termina pela sua dissolução: por deliberação dos sócios, quando a lei o determine ou por atos do governo cassando sua autorização para funcionar.

[115] Art. 51 – Nos casos de dissolução da pessoa jurídica ou cassada a autorização para seu funcionamento, ela subsistirá para os fins de liquidação, até que esta se conclua.

§ 1º – Far-se-á, no registro onde a pessoa jurídica estiver inscrita, a averbação de sua dissolução.

§ 2º – As disposições para a liquidação das sociedades aplicam-se, no que couber, às demais pessoas jurídicas de direito privado.

§ 3º – Encerrada a liquidação, promover-se-á o cancelamento da inscrição da pessoa jurídica.

<table>
<tr>
<td rowspan="2">SOCIEDADE NÃO-PERSONIFICADA (anteriores sociedades irregulares e de fato)</td>
<td>SOCIEDADE EM COMUM</td>
<td>• aplicação subsidiária das regras da sociedade simples (art. 986)
• admite prova (art. 987)
• responsabilidade solidária e ilimitada dos sócios, sem benefícios de ordem para quem contratou pela sociedade (art. 990)
• representação judicial → do administrador dos bens (Código de Processo Civil, art. 12, VII)</td>
</tr>
<tr>
<td>SOCIEDADE EM CONTA DE PARTICIPAÇÃO</td>
<td>• aplicação subsidiária das regras da sociedade simples (art. 996)
• admite prova por todos os meios (art. 992)
• o sócio ostensivo não pode admitir novo sócio, salvo disposições em contrário (art. 995)
• responsabilidade individual e exclusiva do sócio ostensivo perante terceiro (art. 991)
• o novo Código Civil admite a possibilidade de inscrição do contrato no Registro Público de Empesas Mercantis, mas não reconhece a personalidade jurídica advinda desta inscrição: o contrato só produz efeito entre os sócios
• se há falência do sócio ostensivo, há dissolução da sociedade e liquidação da conta de participação (saldo = crédito quirografário) (art. 994)
• se há falência do sócio participante seguem-se as regras da falência quanto aos efeitos sobre os contratos do falido
• não há falência da sociedade</td>
</tr>
<tr>
<td rowspan="2">SOCIEDADE PERSONIFICADA</td>
<td>SOCIEDADE SIMPLES</td>
<td>• inscrição no Registro Civil das Pessoas Jurídicas (art. 1.150)
• atividades não empresárias
• cooperativas
• tipicidade societária da sociedade empresária permitida mediante requisitos</td>
</tr>
<tr>
<td>SOCIEDADE EMPRESÁRIA</td>
<td>• objeto/atividade própria de empresário
• prazo de 30 dias da constituição para o registro
• tipicidade societária (art. 983):
– Ltda.
– S/A – Lei 6.404/76
– sociedade em comandita por ações
– sociedade em comandita simples
– sociedade nome coletivo</td>
</tr>
</table>

A Sociedade Não-Personificada

A sociedade não-personificada, ou destituída de registro e, portanto, de personalidade jurídica, pode ser a designada *sociedade em comum* ou a *sociedade em conta de participação.*

A Sociedade em Comum

Sob a denominação *sociedade em comum*, o novo Código Civil abrange aquelas sociedades que sempre foram designadas pela doutrina como sociedades *irregulares* ou *de fato*. Os autores nunca foram unânimes na conceituação desta distinção, que teve cabimento sempre que houve discussão quanto à existência da sociedade, quer pelos sócios quer por terceiros pleiteando obrigações inadimplidas pela sociedade destituída de personalidade jurídica.

A tal categoria societária aplicam-se as normas específicas estatuídas nos arts. 986 a 990, e subsidiariamente as regras que o novo Código Civil estabeleceu para as sociedades simples (art. 986[116]).

Como o problema que se enfrenta é o de conseguir provar a existência da sociedade *de fato* e das obrigações que ela assumiu, tal prova, se cabente aos sócios, deverá ser escrita, e se cabente a terceiros, poderá ser promovida por todos os meios em direito admitidos (art. 987 do Código Civil de 2002[117]), prejudicada a eficácia probatória dos livros e escrituração fiscal (art. 379 do Código de Processo Civil[118]) ante a impossibilidade de sua autenticação decorrente da ausência de registro (art.

---

[116] Art. 986 – Enquanto não inscritos os atos constitutivos, reger-se-á a sociedade, exceto por ações em organização, pelo disposto neste Capítulo, observadas, subsidiariamente e no que com ele forem compatíveis, as normas da sociedade simples.

[117] Art. 987 – Os sócios, nas relações entre si ou com terceiros, somente por escrito podem provar a existência da sociedade, mas os terceiros podem prová-la de qualquer modo.

[118] Lei 5.869/1973 (Código de Processo Civil): "Art. 379 – Os livros comerciais, que preencham os requisitos exigidos por lei, provam também a favor do seu autor no litígio entre comerciantes".

1.181[119]). A ausência da documentação legalmente prescrita, ainda, implica fraude inegável na hipótese de declaração de falência, tipificada como crime falimentar (art. 186, VI, da Lei de Falências[120]).

Inexistente juridicamente a sociedade, e, portanto, um patrimônio separado a ela pertinente, o patrimônio social da sociedade em comum é considerado *patrimônio especial*, tendo os sócios por titulares em comum (art. 988 do novo Código Civil[121]). Considerando que a tipificação da sociedade em comum visa, precipuamente, à imputação da atividade exercida pela sociedade, ainda que juridicamente inexistente, o *patrimônio especial* responde pelos atos de gestão praticados por quaisquer dos sócios, somente admitindo restrição ante acordo expresso investido de condições de validade perante terceiro (art. 989 do novo Código Civil[122]). Pela mesma razão, "a responsabilidade dos sócios pelas obrigações sociais é solidária e ilimitada", inexistindo o benefício de ordem (art. 1.024 do novo Código Civil[123]) em relação ao sócio que assumiu a(s) obrigação(ões) pela sociedade.

A representação social da sociedade em comum é do administrador do *patrimônio especial* (art. 12, VII, do Código de Processo Civil[124]), devendo ser ressaltado, porém, que a irregularidade consistente da falta de

---

[119] Art. 1.181 – Salvo disposição especial de lei, os livros obrigatórios e, se for o caso, as fichas, antes de postos em uso, devem ser autenticados no Registro Público de Empresas Mercantis.
Parágrafo único. A autenticação não se fará sem que esteja inscrito o empresário, ou a sociedade empresária, que poderá fazer autenticar livros não obrigatórios.

[120] Decreto-Lei 7.661/1945 (Lei de Falências): "Art. 186 – Será punido o devedor com detenção, de seis meses a três anos, quando concorrer com a falência algum dos seguintes fatos: (...)
VI – inexistência dos livros obrigatórios ou sua escrituração atrasada, lacunosa, defeituosa ou confusa; (...)

[121] Art. 988 – Os bens e dívidas sociais constituem patrimônio especial, do qual os sócios são titulares em comum.

[122] Art. 989 – Os bens sociais respondem pelos atos de gestão praticados por qualquer dos sócios, salvo pacto expresso limitativo de poderes, que somente terá eficácia contra o terceiro que o conheça ou deva conhecer.

[123] Art. 1.024 – Os bens particulares dos sócios não podem ser executados por dívidas da sociedade, senão depois de executados os bens sociais.

[124] Lei 5.869/1973 (Código de Processo Civil) "Art. 12 – Serão representados em juízo, ativa e passivamente: (...)
VII – as sociedades sem personalidade jurídica, pela pessoa a quem couber a administração dos seus bens; (...)"

registro retira da sociedade em comum a legitimidade ativa para o pedido de falência de seu devedor (art. 9º, III, *a*, Lei de Falências[125]) – embora possa ter a sua própria falência declarada bem como tenha legitimidade para o pedido da autofalência –, e para impetrar concordata, seja preventiva ou suspensiva (art. 140, I, da Lei de Falências[126]), a menos que tenha o passivo quirografário inferior a 100 vezes o maior salário mínimo vigente (art. 141 da Lei de Falências[127]).

O exercício da atividade empresária sem a inscrição no Registro Público de Empresas Mercantis acarreta, ainda, a impossibilidade de:

a. participação em licitações em concorrência pública e tomada de preços (art. 28, II e III, da Lei 8.666/1993[128]);
b. inscrição nos cadastros públicos fiscais – federais, estaduais e municipais (CNPJ, CCM, Inscrição Estadual, INSS etc.), acarretando sanção pelo descumprimento de tais obrigações acessórias;
c. contratar com pessoas jurídicas de direito público (art. 195, § 3º, da Constituição Federal[129]).

[125] Decreto-Lei 7.661/1945 (Lei de Falências): Art. 9º – A falência pode também ser requerida: (...)
III – pelo credor, exibindo título do seu crédito, ainda que não vencido, observadas, conforme o caso, as seguintes condições:
a) credor comerciante, com domicílio no Brasil, se provar ter firma inscrita, ou contrato ou estatutos arquivados no registro de comércio; (...)

[126] Decreto-Lei 7.661/1945 (Lei de Falências): "Art. 140 – Não pode impetrar concordata:
I – o devedor que deixou de arquivar, registrar, ou inscrever no registro do comércio os documentos e livros indispensáveis ao exercício legal do comércio; (...)"

[127] Decreto-Lei 7.661/1945 (Lei de Falências): "Art. 141 – O devedor que exerce individualmente o comércio é dispensado dos requisitos de ns. I e II do artigo antecedente se o seu passivo quirografário for inferior a 100 (cem) vezes o maior salário-mínimo vigente no País. (Redação dada pela Lei nº 4.983, de 18.5.45)".

[128] Lei 8.666/1993: "Art. 28 – A documentação relativa à habilitação jurídica, conforme o caso, consistirá em: (...)
II – registro comercial, no caso de empresa individual;
III – ato constitutivo, estatuto ou contrato social em vigor, devidamente registrado, em se tratando de sociedades comerciais, e, no caso de sociedades por ações, acompanhado de documentos de eleição de seus administradores; (...)"

[129] Constituição Federal: "Art. 195 – A seguridade social será financiada por toda a sociedade, de forma direta e indireta, nos termos da lei, mediante recursos provenientes dos orçamentos da União, dos Estados, do Distrito Federal e dos Municípios, e das seguintes contribuições sociais: (...) *(cont. ➤)*

A Sociedade em Conta de Participação

Sob a denominação de *sociedade em conta de participação*, o novo Código mantém o mesmo tipo societário anteriormente disciplinado pelo Código Comercial, nos arts. 325 a 328, minudenciando-lhe, porém, a atuação e características, dentre as quais se destacam a ausência de personalidade jurídica e a participação de sócios secretos.

Neste tipo societário, o objetivo social consiste de atividade exercida unicamente pelo(s) sócio(s) ostensivo(s), em seu nome individual e sob sua própria e exclusiva responsabilidade. Os demais sócios, chamados de participantes (ou ocultos), apenas participam dos resultados de tal atividade (art. 991[130]).

Os sócios, ostensivo(s) e participantes se associam para um empreendimento comum, mas escolhem para tanto uma forma societária despersonalizada, portanto inexistente.

Assim sendo, a sociedade em conta de participação não assume nenhuma obrigação em seu nome. Qualquer obrigação assumida o será em nome do(s) sócio(s) ostensivo(s), e exclusivamente por eles. Somente eles obrigam-se perante terceiros (art. 991, parágrafo único). Os sócios participantes, por sua vez, obrigam-se apenas perante o sócio ostensivo, nos termos do que tenha sido acordado entre eles no contrato social. Este só produz efeito entre os sócios.

Pode ser assim resumido o quadro com as principais características da sociedade em conta de participação:

➤§ 3º – A pessoa jurídica em débito com o sistema da seguridade social, como estabelecido em lei, não poderá contratar com o poder público nem dele receber benefícios ou incentivos fiscais ou creditícios. (...)"

[130] Art. 991 – Na sociedade em conta de participação, a atividade constitutiva do objeto social é exercida unicamente pelo sócio ostensivo, em seu nome individual e sob sua própria e exclusiva responsabilidade, participando os demais dos resultados correspondentes.
Parágrafo único. Obriga-se perante terceiro tão-somente o sócio ostensivo; e, exclusivamente perante este, o sócio participante, nos termos do contrato social.

	Regime Anterior	Regime Atual
Legislação de Regência	• Código Comercial, arts. 325 a 328	• Código Civil 2002, arts. 991 a 996 • aplicação subsidiária das regras atinentes à sociedade simples (art. 996) • liquidação regida pelas normas referentes à prestação de contas (Código de Processo Civil) (art. 996)
Nome Comercial	• não tem	• não tem
Sócios	• **ostensivo:** é o que aparece, os negócios sociais são feitos com ele, como se fosse comerciante individual **oculto:** não aparece	• **ostensivo:** é o que aparece, exercendo a atividade social em seu nome individual e sob sua responsabilidade; não pode admitir sócio sem o consentimento expresso dos demais sócios • **participante:** é o que participa dos resultados advindos da atividade social
Responsabilidade	• **sócio ostensivo:** total e ilimitada perante terceiros; direito de regresso contra sócio oculto • **sócio oculto**: somente perante o sócio ostensivo, na forma do pactuado	• **sócio ostensivo:** individual e exclusiva, ilimitada perante terceiros; direito de regresso contra sócio oculto; em caso de falência, há dissolução da sociedade e liquidação da conta (crédito quirografário) • **sócio participante:** somente perante o sócio ostensivo, na forma do pactuado; em caso de falência, há regras ref. efeitos contratos bilaterais do falido
Contrato Social	• é interno entre os sócios	• é interno entre os sócios, ainda que levado a registro, não confere personalidade jurídica à sociedade
Patrimônio Social	• conta de participação consistente das contribuições dos sócios	• patrimônio especial constituído das contribuições dos sócios, constante da conta de participação referente aos negócios sociais

A Sociedade Personificada

A sociedade personificada, cujo contrato social tenha sido levado a registro no órgão competente, detentora de personalidade jurídica, pode revestir-se de um dos seguintes tipos societários:

a. sociedade simples
b. sociedade em nome coletivo
c. sociedade em comandita simples
d. sociedade limitada
e. sociedade anônima
f. sociedade em comandita por ações
g. sociedade cooperativa

Pela disciplina do direito de empresa atual, constituída uma sociedade mediante contrato escrito, esta deverá revestir-se de um dos tipos previstos no Livro II da Parte Especial do Código Civil de 2002 e, como tal, deverá ser levada a registro, adquirindo personalidade jurídica própria e tornando-se sujeito de direitos e obrigações. Hoje, quem quiser ser empresário deverá adotar um dos tipos previstos no Direito de Empresa.

Reconhecendo a importância do fenômeno concentracionista contemporâneo, o Código Civil de 2002 agrega normas que o disciplinam, mantendo a já existente classificação das concentrações passíveis de disciplina jurídica, acabando por generalizar a normatividade sobre o assunto, muito embora o faça de maneira muito incompleta e desordenada. Assim sendo, sem conseguir superar a disciplina anterior sobre a matéria, mantém, através do dispositivo específico (art. 1.089[131]) a vigência da Lei das Sociedade Anônimas (Lei 6.404/1976) a respeito: os arts. 243 a 250 dispõem satisfatoriamente sobre as sociedades coligadas, controladoras e controladas, os arts. 251 a 253 normatizam a subsidiária integral e os arts. 265 a 277 disciplinam os grupos de sociedades.

[131] Art. 1.089 – A sociedade anônima rege-se por lei especial, aplicando-se-lhe, nos casos omissos, as disposições deste Código.

Não consideramos tratar-se de mais um tipo societário, a menos que se dê tal alcance à modalidade grupal de estruturação societária (concentracionista), o que poderá incluir sociedades empresárias ou não, nos termos definidos pelo novo diploma legal. Por tal razão, excluímos a concentração de sociedades do elenco tipológico societário, considerando-o em tópico à parte, constituindo-se de fenômeno que agrega os tipos societários estabelecidos no texto legal.

Com tal consideração não se pretende alçar à inocuidade ou à mera natureza descritiva o teor normativo dos arts. 1.097 a 1.101[132] do novo Código Civil.

Trata-se de regras gerais aplicáveis ao fenômeno da concentração de sociedades, empresárias ou não, subsidiadas, porém, no que diz respeito ao aspecto contábil financeiro e quanto às participações recíprocas, pela Lei das Sociedades Anônimas, em seus artigos retro referidos.

A Sociedade Simples

As sociedades simples constituem um elemento novo, introduzido para substituir as anteriores sociedades civis, sem, no entanto, corresponder exatamente a elas.[133] Na verdade, toda a matéria disciplinada pelos arts.

---

[132] Art. 1.097 – Consideram-se coligadas as sociedades que, em suas relações de capital, são controladas, filiadas, ou de simples participação, na forma dos artigos seguintes.
Art. 1.098 – É controlada:
I – a sociedade de cujo capital outra sociedade possua a maioria dos votos nas deliberações dos quotistas ou da assembléia geral e o poder de eleger a maioria dos administradores;
II – a sociedade cujo controle, referido no inciso antecedente, esteja em poder de outra, mediante ações ou quotas possuídas por sociedades ou sociedades por esta já controladas.
Art. 1.099 – Diz-se coligada ou filiada a sociedade de cujo capital outra sociedade participa com dez por cento ou mais, do capital da outra, sem controlá-la.
Art. 1.100 – É de simples participação a sociedade de cujo capital outra sociedade possua menos de dez por cento do capital com direito de voto.
Art. 1.101 – Salvo disposição especial de lei, a sociedade não pode participar de outra, que seja sua sócia, por montante superior, segundo o balanço, ao das próprias reservas, excluída a reserva legal.
Parágrafo único. Aprovado o balanço em que se verifique ter sido excedido esse limite, a sociedade não poderá exercer o direito de voto correspondente às ações ou quotas em excesso, as quais devem ser alienadas nos cento e oitenta dias seguintes àquela aprovação.

[133] Não temos tradição com relação à sociedade simples em nosso direito, embora ela seja tradicional em outros sistemas jurídicos. Para Rubens Requião, teria sido melhor que o Código tivesse trazido regras gerais atinentes a todas as sociedades num só capítulo, e não como regras relativas às sociedades simples, que não têm vínculo com nossa tradição (*Curso de direito comercial*, 23. ed. São Paulo: Saraiva, 1998. v. I).

1.363 a 1.409 do Código Civil de 1916, referente às sociedades civis, foi reestruturada sob a nova denominação de sociedade simples (Capítulo I do Subtítulo II do Título II do Livro II – Do Direito de Empresa). E tal estrutura foi guindada à categoria de *tipo ou modelo comum*, definido em 42 artigos *sui generis*, porquanto pela disciplina legal atual, se omitida a indicação do tipo societário no instrumento de contrato social, a sociedade será tida como simples e como tal será regida. Da mesma forma, a regência supletiva nas hipóteses de omissão ou imprecisão de cláusulas do contrato social é atribuída às regras próprias das sociedades simples. Corroborando o tipo societário comum conferido às sociedades simples, o novo Código Civil prevê, ainda, que este modelo societário constitua-se de conformidade com um dos tipos societários previstos nos arts. 1.039 a 1.092 ou, assim não fazendo, seja regido pelas normas que lhe são próprias (art. 983). Assim, a disciplina das sociedades simples foi erigida para aplicação nos diversos modelos societários. Trata-se de modelo de regras gerais para tipos societários.[134]

[134] Para o Prof. Sylvio Marcondes, justificando o transplante deste tipo societário para o direito brasileiro (Anteprojeto do Código Civil), "adquirindo personalidade, com a inscrição do ato constitutivo no registro próprio, as sociedades hão de estar preparadas para desempenho do papel que lhes é reservado na cena jurídica. Para isso, a constituição das sociedades personificadas deve atender a condições e requisitos necessários à sua vida interna e externa, estipulados no contrato social, mas cujo programa mínimo à lei cabe traçar. Esse programa tem-se desdobrado em disposições gerais, aplicáveis a todo o grupo, e em preceitos específicos, apropriados a cada um dos tipos aí compreendidos. Assim procedeu o nosso legislador comercial de 1850. Entretanto, o Código Civil – não obstante admitir que as sociedades civis revistam formas estabelecidas nas leis comerciais, caso em que a estas obedecerão – adotou método diferente, pois, regulando apenas uma forma de sociedade, não lhe tocava distinguir entre normas gerais e especiais; ainda, considerada a amplitude da conceituação que deu ao instituto, tais normas haviam de abranger as sociedades e as associações. Restringindo, agora, o conceito de sociedade, não pôde o anteprojeto perfilhar nenhum dos dois métodos. Primeiro porque as disposições, ditas gerais, não alcançam todas as sociedades personificadas, do que são exemplos as sociedades por ações. Segundo, porque, por outro lado, excedem o quadro das sociedades personificadas e se aplicam, embora supletivamente, às não-personificadas. Terceiro, porque precisam servir de esquema para a composição das sociedades civis e, quanto a estas, funcionam como normas especiais. Em conseqüência, valendo-se das sugestões do Código de Obrigações suíço e do Código Civil italiano – e é sintomático que, a respeito, este se tenha utilizado daquele – o anteprojeto coordena os preceitos gerais das sociedades, do Código Comercial, com as regras do Código Civil, e estrutura a sociedade simples, como um compartimento comum, de portas abertas para receber e dar solução às apontadas questões" (*op. cit.*).

Portanto, tendo o legislador pátrio optado por utilizar as regras da sociedade simples como as aplicáveis a todas as sociedades regidas pelo Código Civil, o estudo e a compreensão das sociedades simples revestem-se da maior importância, e a sua dimensão deve ser estabelecida em função da especificação tipológica expressamente trazida com o Direito de Empresa.

O Código Civil de 2002 não define o que seja sociedade simples; tampouco o Código Civil italiano de 1942 o faz. Encontramos, porém, a definição deste denominador comum no art. 530 do Código de Obrigações suíço: *"A sociedade é uma sociedade simples, no sentido do presente título, quando ela não oferece característicos distintivos de uma das outras sociedades reguladas pela lei"*.

As principais características das sociedades simples no Código Civil de 2002 podem ser assim resumidas:

Contrato Social (arts. 997 a 1.000)	• particular / público • **cláusulas** necessárias / facultativas • **prazo para registro:** 30 dias da constituição • **alteração:** – se matéria do art. 997 → unanimidade – demais matérias → maioria absoluta dos votos (salvo disposição contratual diversa)
Direitos e Deveres dos Sócios	• **início:** imediatamente com o contrato (salvo fixação diferente no contrato) – art. 1.001 • **fim:** extinção das obrigações na liquidação – art. 1.001 • **cessão de quotas:** – correspondente alteração contratual + consentimento dos demais – art. 1.003 – responsabilidade do cedente até 2 anos da averbação da alteração – parágrafo único • **dever primordial:** contribuição para o capital social, em bens ou serviços – arts. 1.004 e 1.006 • **nula a cláusula** que veda participação nos lucros – art. 1.008 • **exame de livros e documentos** a qualquer tempo – art. 1.021 • **responde** pelas obrigações assumidas pela sociedade após sua saída, antes da averbação • **direito de administrar a sociedade**, se não houver administradores designados – art. 1.013

<table>
<tr><td>ADMINISTRAÇÃO</td><td>• decisão sobre negócios sociais → maioria de votos (conforme valor das quotas de cada um) – art. 1.010:
maioria absoluta → mais da metade do capital
empate → 1º: maior número de sócios;
→ depois: juiz decide
• responsabilidade solidária dos administradores perante a sociedade e terceiro se agiram com culpa – art. 1.016
• poderes art. 1.019
irrevogáveis → outorgados por cláusula expressa reconhecida judicialmente, salvo justa causa
revogáveis → outorgados para – claúsula em separado – delegação
• indelegabilidade da função – art. 1.018</td></tr>
<tr><td>RELAÇÕES COM TERCEIROS</td><td>• sociedade responde através dos administradores – art. 1.022
• responsabilidade subsidiária – arts. 1.024 do Código Civil e 596 do Código de Processo Civil – e ilimitada dos sócios – art. 1.023
• credor particular do sócio – art. 1.026
– pode executar participação do devedor nos lucros
– pode executar participação do devedor na liquidação
– pode requerer liquidação da quota do devedor com depósito em 90 dias da liquidação – parágrafo único
– herdeiros e cônjuge separados → não podem exigir desde logo a sua parte nas quotas; podem concorrer desde logo à divisão periódica dos lucros até a liquidação – art. 1.027
• o sócio admitido em sociedade já constituída não se exime das dívidas sociais anteriores à admissão – art. 1.025</td></tr>
<tr><td>RESOLUÇÃO EM RELAÇÃO AO SÓCIO</td><td>• morte – art. 1.028
• retirada – art. 1.029, responsabilidade 2 anos após averbação
• exclusão judicial – art. 1.030
• exclusão extrajudicial – art. 1.030, parágrafo único – falência – liquidação de quota</td></tr>
</table>

Dissolução	• **causas**	– término do prazo – arts. 1.087, 1.044 e 1.033 – deliberação dos sócios, se prazo determinado – *id.* – deliberação maioria absoluta dos sócios, se prazo indeterminado – *id.* – após 180 dias, se só com um sócio – *id.* – exaurido ou inviável o objetivo social – *id* – outros casos previstos no contrato – *id.* – falência da sociedade empresária – art. 1.044
	• **procedimento**	– judicial – extrajudicial
	• **fases**	– liquidação – partilha – averbação da ata de aprovação das contas do liquidante → extinção da personalidade jurídica – **extinção da sociedade**

O art. 997, ao indicar os itens que deverão constar do contrato social, não os esgota, mas aponta aqueles que considera os mais importantes. A importância desses elementos na vida da sociedade é tal, que a lei condiciona sua modificação à deliberação *unânime* dos sócios (art. 999), o que poderá gerar desmandos na administração da sociedade. O disposto no art. 997, além disso, é regra geral válida para as demais sociedades (arts. 1.041 e 1.054).

A *contribuição dos sócios* para a formação do capital social poderá dar-se em dinheiro, em bens ou serviços. No caso da contribuição em bens, o sócio responde pela evicção. No caso da contribuição em transferência de crédito, o sócio responde pela solvência do devedor, não se desonerando na hipótese de inadimplemento da obrigação (art. 1.005). No caso da contribuição em serviços,[135] o sócio não poderá se empregar em atividade estranha à sociedade, sob pena de exclusão e

[135] Reminiscência da sociedade de capital e indústria, formalmente abolida do novo Código Civil.

de não participação nos lucros,[136] e sua participação nos lucros dar-se-á na proporção da média do valor das quotas[137] (art. 1.007[138]).

O legislador mostrou-se cauteloso, com o propósito de evitar o inadimplemento da contribuição, para cuja formalização prevê a lei procedimento específico (art. 1.004[139]), que gera para o sócio devedor o dever de indenizar pelo atraso. Há ainda a possibilidade de reduzir-se a quota do sócio inadimplente ao montante já realizado, com a conseqüente redução do capital social se os demais sócios não suprirem o valor respectivo (art. 1.031, § 1º[140]).

É bem determinada a responsabilidade subsidiária dos sócios. Em princípio o patrimônio da sociedade responde pelas obrigações sociais (art. 1.024[141]). Insuficiente aquele, porém, podem ser executados os bens particulares dos sócios, na proporção da participação de cada um no capital social (art. 1.023[142]). A *solidariedade entre os*

---

136 Para Attila de Souza Leão Andrade Jr., as penalidades previstas são excessivas, representando enriquecimento ilícito da sociedade. (ANDRADE JÚNIOR, Attila de Souza Leão. *O novo direito societário brasileiro*. Brasília: Brasília Jurídica, 1999.)

137 O Código Comercial de 1850 assegurava ao sócio que contribuísse com serviços a participação equivalente à do menor cotista.

138 Art. 1.007 – Salvo estipulação em contrário, o sócio participa dos lucros e das perdas, na proporção das respectivas quotas, mas aquele, cuja contribuição consiste em serviços, somente participa dos lucros na proporção da média do valor das quotas.

139 Art. 1.004 – Os sócios são obrigados, na forma e prazo previstos, às contribuições estabelecidas no contrato social, e aquele que deixar de fazê-lo, nos trinta dias seguintes ao da notificação pela sociedade, responderá perante esta pelo dano emergente da mora.
Parágrafo único. Verificada a mora, poderá a maioria dos demais sócios preferir, à indenização, a exclusão do sócio remisso, ou reduzir-lhe a quota ao montante já realizado, aplicando-se, em ambos os casos, o disposto no § 1º do art. 1.031.

140 Art. 1.031 – Nos casos em que a sociedade se resolver em relação a um sócio, o valor da sua quota, considerada pelo montante efetivamente realizado, liquidar-se-á, salvo disposição contratual em contrário, com base na situação patrimonial da sociedade, à data da resolução, verificada em balanço especialmente levantado.
§ 1º – O capital social sofrerá a correspondente redução, salvo se os demais sócios suprirem o valor da quota.
§ 2º – A quota liquidada será paga em dinheiro, no prazo de noventa dias, a partir da liquidação, salvo acordo, ou estipulação contratual em contrário.

141 Art. 1.024 – ver nota de rodapé 123.

142 Art. 1.023 – Se os bens da sociedade não lhe cobrirem as dívidas, respondem os sócios pelo saldo, na proporção em que participem das perdas sociais, salvo cláusula de responsabilidade solidária.

sócios poderá ser pactuada no instrumento societário, e, se tal for acordado, qualquer sócio poderá ser obrigado pela totalidade da dívida, subrogando-se nos direitos de credor e voltando-se regressivamente contra os demais.

Até mesmo o sócio que ingressa na sociedade após sua constituição responde pelas dívidas sociais anteriores à sua admissão (art. 1.025[143]).

Havendo "cessão de quotas com substituição do sócio", cedente e cessionário ficam solidariamente responsáveis pelas obrigações anteriores à averbação da alteração contratual pelo prazo de 2 (dois) anos a contar da averbação (art. 1.003[144]). As obrigações contraídas após a averbação são da responsabilidade do cessionário.

Com relação aos *credores da sociedade*, merece especial destaque que a sociedade simples é uma sociedade de pessoas, sendo exigido o consentimento dos demais para a substituição de sócios. A penhora e alienação judicial de quotas de um sócio poderia ensejar o ingresso de terceiro na sociedade.

Pela disciplina legal atual, a cessão da quota, embora sujeita aos credores particulares do sócio, não enseja a entrada deles na sociedade, nem mesmo temporariamente. A opção legal faz recair a execução de credores do sócio, na ausência de outros bens, sobre o direito dele nos lucros, ou sobre o direito dele no patrimônio social em caso de liquidação, com depósito em juízo, em 90 dias, do valor em dinheiro equivalente à sua parte na sociedade (art. 1.026, parágrafo único[145]).

---

[143] Art. 1.025 – O sócio, admitido em sociedade já constituída, não se exime das dívidas sociais anteriores à admissão.

[144] Art. 1.003 – A cessão total ou parcial de quota, sem a correspondente modificação do contrato social com o consentimento dos demais sócios, não terá eficácia quanto a estes e à sociedade.

Parágrafo único. Até dois anos depois de averbada a modificação do contrato, responde o cedente solidariamente com o cessionário, perante a sociedade e terceiros, pelas obrigações que tinha como sócio.

[145] Art. 1.026 – O credor particular de sócio pode, na insuficiência de outros bens do devedor, fazer recair a execução sobre o que a este couber nos lucros da sociedade, ou na parte que lhe tocar em liquidação.

Parágrafo único. Se a sociedade não estiver dissolvida, pode o credor requerer a liquidação da quota do devedor, cujo valor, apurado na forma do art. 1.031, será depositado em dinheiro, no juízo da execução, até noventa dias após aquela liquidação.

As deliberações sociais sobre os negócios sociais, quando atribuídas aos sócios, serão tomadas por maioria de votos, contados segundo o valor das quotas de cada um. De ser ressaltada a exigência da unanimidade para decisões que impliquem modificação do contrato social quanto às matérias do art. 997[146].

Se ocorrer empate, a maioria será determinada pelo maior número de sócios (art. 1.010, § 2º[147]). Tal regra traz uma alteração muito séria no critério de aferição da vontade da maioria, porquanto o que se levará em conta, na hipótese de empate, é o número de cabeças dos sócios, inobstante a participação no capital social dos mesmos. Assim, se tivermos uma sociedade constituída de 6 sócios, sendo um detentor de uma quota cujo valor é de 50%, e outros 5 cujas respectivas quotas são de 10% cada uma, havendo o empate, o sócio majoritário não decidirá necessariamente.

O *administrador* (a nova lei não utiliza a palavra gerente) deverá concretizar a vontade social, expressa pela maioria ou pela una-

---

[146] Art. 997 – A sociedade constitui-se mediante contrato escrito, particular ou público, que, além de cláusulas estipuladas pelas partes, mencionará:

I – nome, nacionalidade, estado civil, profissão e residência dos sócios, se pessoas naturais, e a firma ou a denominação, nacionalidade e sede dos sócios, se jurídicas;

II – denominação, objeto, sede e prazo da sociedade;

III – capital da sociedade, expresso em moeda corrente, podendo compreender qualquer espécie de bens, suscetíveis de avaliação pecuniária;

IV – a quota de cada sócio no capital social, e o modo de realizá-la;

V – as prestações a que se obriga o sócio, cuja contribuição consista em serviços;

VI – as pessoas naturais incumbidas da administração da sociedade, e seus poderes e atribuições;

VII – a participação de cada sócio nos lucros e nas perdas;

VIII – se os sócios respondem, ou não, subsidiariamente, pelas obrigações sociais.

Parágrafo único. É ineficaz em relação a terceiros qualquer pacto separado, contrário ao disposto no instrumento do contrato.

[147] Art. 1.010 – Quando, por lei ou pelo contrato social, competir aos sócios decidir sobre os negócios da sociedade, as deliberações serão tomadas por maioria de votos, contados segundo o valor das quotas de cada um.

§ 1º – Para formação da maioria absoluta são necessários votos correspondentes a mais de metade do capital.

§ 2º – Prevalece a decisão sufragada por maior número de sócios no caso de empate, e, se este persistir, decidirá o juiz.

§ 3º – Responde por perdas e danos o sócio que, tendo em alguma operação interesse contrário ao da sociedade, participar da deliberação que a aprove graças a seu voto.

nimidade, conforme o caso, cabendo a esta a gerência da sociedade, para o que deverá tomar decisões de menor magnitude.

Não há proibição para que a administração das sociedades simples se dê por pessoa jurídica. Mas não poderão ser administradores os condenados a pena que vede, ainda que temporariamente, o acesso a cargos públicos, ou por crime falimentar, de prevaricação, peita ou suborno (corrupção ativa ou passiva), concussão, peculato, atos contra a economia popular, contra o sistema financeiro nacional, contra as normas de defesa da concorrência, contra as relações de consumo, a fé pública ou a propriedade, enquanto perdurarem os efeitos da condenação (art. 1.011, § 1º[148]), além de outros impedimentos decorrentes de leis específicas.

O critério de aferição do "bom administrador" (art. 1.011) foi transplantado literalmente da Lei das Sociedades Anônimas (art. 153[149]), com devassável subjetivismo a ser definido caso a caso, condizente com padrão mínimo de zelo, competência, diligência e boa-fé que o cargo requer.

A sua destituição só poderá dar-se por justa causa reconhecida judicialmente, a pedido de qualquer dos sócios (art. 1.020[150]). A declaração judicial se faz necessária porquanto a unanimidade exigida

---

[148] Art. 1.011 – O administrador da sociedade deverá ter, no exercício de suas funções, o cuidado e a diligência que todo homem ativo e probo costuma empregar na administração de seus próprios negócios.

§ 1º – Não podem ser administradores, além das pessoas impedidas por lei especial, os condenados a pena que vede, ainda que temporariamente, o acesso a cargos públicos; ou por crime falimentar, de prevaricação, peita ou suborno, concussão, peculato; ou contra a economia popular, contra o sistema financeiro nacional, contra as normas de defesa da concorrência, contra as relações de consumo, a fé pública ou a propriedade, enquanto perdurarem os efeitos da condenação.

§ 2º – Aplicam-se à atividade dos administradores, no que couber, as disposições concernentes ao mandato.

[149] Lei 6.404/1973 (Lei das Sociedades Anônimas): "Art. 153 – O administrador da companhia deve empregar, no exercício de suas funções, o cuidado e diligência que todo homem ativo e probo costuma empregar na administração dos seus próprios negócios.

[150] Art. 1.020 – Os administradores são obrigados a prestar aos sócios contas justificadas de sua administração, e apresentar-lhes o inventário anualmente, bem como o balanço patrimonial e o de resultado econômico.

para a substituição do sócio, no caso, não seria alcançada. Seria uma exceção à regra da unanimidade, porém acarretando um lapso temporal que poderá significar problemas para a sociedade até o final deslinde do processo.

Os atos do administrador são atos da sociedade. Se praticados, porém, excedendo os limites outorgados aos poderes de administração, não vincularão a sociedade. Isso ocorrerá se tais limites foram provados por limitação inscrita ou averbada no Registro de Empresas ou por conhecimento de terceiro (punida a má-fé do terceiro neste caso) ou caso se trate de ato estranho ao objeto social.

A doutrina e a jurisprudência consagram a dissolução parcial – *resolução* – como forma de preservar a continuidade do empreendimento. Assim, a sociedade se resolve apenas com relação a um sócio, continuando a sua existência jurídica, ainda que isso acarrete a unipessoalidade temporária, que no novo Código Civil é admitida apenas por 180 dias (art. 1.051, II e parágrafo único[151]).

A *exclusão* do sócio é um direito da sociedade, independentemente de previsão contratual, que tenta proteger-se contra os que poderão pôr em risco a existência da sociedade ou a continuidade dos negócios sociais. Os motivos para tal proteção podem ser determinados por grave inadimplência das obrigações sociais, incapacidade superveniente ou não integralização da participação no capital social. A sociedade é que terá legitimidade ativa para promover a ação de exclusão, e a deliberação social para tanto requererá a maioria absoluta dos sócios, o que leva à intelecção de tratar-se de voto por cabeça, e não por participação no capital social (art. 1.030 – "maioria dos demais sócios"[152]).

A *dissolução da sociedade* consiste em um processo de extinção da pessoa jurídica. Esta nasceu com o arquivamento do contrato social no Registro de Comércio, passa a realizar o seu objetivo independentemente dos sócios que a compõem, e, como sujeito de direitos que é,

---

[151] Art. 1.051 – ver nota de rodapé 96.

[152] Art. 1.030 – Ressalvado o disposto no art. 1.004 e seu parágrafo único, pode o sócio ser excluído judicialmente, mediante iniciativa da maioria dos demais sócios, por falta grave no cumprimento de suas obrigações, ou, ainda, por incapacidade superveniente.
Parágrafo único. Será de pleno direito excluído da sociedade o sócio declarado falido, ou aquele cuja quota tenha sido liquidada nos termos do parágrafo único do art. 1.026.

pratica atos necessários à consecução do objetivo social. Preconiza o novo Código Civil, como já observado anteriormente, que nos casos de dissolução da pessoa jurídica, subsistirá ela para os fins de liquidação, até que esta se conclua (art. 51).[153]

Assim, a dissolução da sociedade constitui um processo prolongado no tempo, durante o qual a pessoa jurídica perdura, ainda depois de terminada a sua atividade. É um período em que a sociedade ainda vive, não realizando porém atividades que constituíram seu objetivo social. Somente quando adimplidas as obrigações da sociedade para com terceiros, e partilhados os lucros e/ou bens remanescentes, é que estará ela em condição de deixar de respirar, deixando de viver. Tal regime jurídico reflete o primado do *princípio da preservação da empresa.*

A dissolução pode ter como *causas*: o término do prazo contratual; a deliberação dos sócios, se por prazo determinado; a deliberação da maioria absoluta dos sócios, se por prazo indeterminado; o término do prazo de 180 dias, se permanece unipessoal a sociedade; o exaurimento do objetivo social; outros casos previstos no contrato social; a declaração da falência, se sociedade empresária (arts. 1.087[154], 1.044[155] e 1.033[156]).

Se a sociedade foi contratada por *prazo determinado*, a dissolução, quando do término do prazo previsto, prescinde de nova manifestação de vontade dos sócios, devendo ser cumprida a determinação contratual. Ressalte-se, porém, que a continuação da atividade da empresa após decorrido o prazo contratualmente previsto, ou ainda a ausência de providências para que se inicie a liquidação, implicará a presunção de sua prorrogação por prazo indeterminado (art. 1.033, I), a menos que haja oposição de sócio(s). Com este dispositivo, o novo Código Civil pretende contornar a dissolução de pleno direito que ocorreria com a expiração do prazo de duração. Assim, se decorrido o prazo

---

[153] Diferentemente, o Código Civil de 1916 dispunha, em seu art. 21, que a existência da pessoa jurídica termina pela sua dissolução, por deliberação dos sócios, quando a lei determine ou por ato do governo que lhe casse a autorização para funcionar.

[154] Art. 1.087 – A sociedade dissolve-se, de pleno direito, por qualquer das causas previstas no art. 1.044.

[155] Art. 1.044 – A sociedade se dissolve de pleno direito por qualquer das causas enumeradas no art. 1.033 e, se empresária, também pela declaração da falência.

[156] Art. 1.033 – ver nota de rodapé 96.

de duração estabelecido no contrato, não precisaria ela promover o arquivamento de uma alteração contratual consignando o prolongamento da duração – até porque, se já expirado o prazo contratual, o arquivamento de tal instrumento de alteração não seria admitido a registro ante o que dispõe o art. 35, IV, Lei 8.934/1994 – Lei de Registro Público de Empresas Mercantis e Atividades Afins:

> *"Não podem ser arquivados:*
> *(...)*
> *IV. a prorrogação do contrato social, depois de findo o prazo nele fixado".*

Com a redação da nova lei, a prorrogação é automática, sobretudo no resguardo da responsabilização e validade de atos que continuaram e continuem a ser praticados perante terceiros em nome da sociedade. Tal conseqüência se impõe exatamente para evitar a perpetuação dos abusos e irresponsabilidades que nosso direito tanto já testemunhou. Resguarda-se, ainda, a possibilidade de não poder haver prorrogação contra a vontade de um ou mais sócios, pelo que garante a possibilidade de oposição, com conseqüente pedido de dissolução em juízo.

Já a *dissolução antes de findo o prazo contratual* requererá a vontade unânime dos sócios (art. 1.033, II), devendo ser ressaltada a posição da jurisprudência, que, atenta ao princípio da preservação da empresa, tem admitido a continuação da sociedade com o(s) sócio(s) dissidente(s), resguardado o requisito de haver pelo menos dois sócios para tanto.

Se *o prazo de duração previsto no contrato for indeterminado*, a maioria absoluta dos sócios poderá deliberar que a sociedade venha a ser dissolvida (art. 1.033, III). Tratando-se de sociedade de apenas dois sócios, porém, a dissolução poderá ocorrer por fatores independentes da vontade da maioria, tais como o falecimento ou a retirada voluntária de um deles, após decorrido o prazo legal de 180 (cento e oitenta) dias para a unipessoalidade extraordinária. A falta de reconstituição da pluralidade de sócios após tal período acaba sendo a terceira causa de dissolução da sociedade (art. 1.033, IV), da mesma forma que a cessação ou cassação da autorização para funcionar (art. 1.033, V). Nesta última hipótese, por iniciativa do Ministério Público, ou a pedido de quaisquer dos sócios na ausência dela, deverá ser iniciado o processo de liquidação da sociedade, no prazo de 30 (trinta) dias da comunicação da cessação da autorização pela autoridade competente (art. 1.037[157]), podendo ser nomeado interventor com poderes para requerer a liquidação judicial e administrar a sociedade até que seja nomeado liquidante (art. 1.037, parágrafo único).

O "exaurimento ou a inexeqüibilidade do objetivo social" são trazidos pelo novo Código Civil como causa de dissolução judicial da sociedade, ao lado da anulação de sua constituição por vícios que não possam perdurar ou serem sanados. Diante do caso concreto e das provas e fundamentação apresentadas, o juiz deverá decidir quanto à possibilidade de continuação da sociedade ou não (art. 1.034[158]). São exemplos de inviabilidade da sociedade a quebra da *affectio societatis* entre os sócios, a perda total ou a insuficiência do capital social.

Outras causas que venham a ser indicadas no contrato para a dissolução da sociedade, se contestadas por quaisquer dos sócios, deverão ser examinadas pelo juiz competente, dependendo de sentença judicial a declaração da dissolução societária (art. 1.035[159]).

A *falência* será causa de dissolução da sociedade empresária. Nesse caso, a liquidação será necessariamente judicial, cuja caracterização e processamento são específicos, disciplinados por legislação própria – o Decreto-Lei 7.661/1945. Por força da distinção nítida entre a pessoa da sociedade e a dos sócios que a compõem, adotada pelo nosso direito, a falência do sócio não acarreta a falência da sociedade, nem a dissolução desta. De-

---

[157] Art. 1.037 – Ocorrendo a hipótese prevista no inciso V do art. 1.033, o Ministério Público, tão logo lhe comunique a autoridade competente, promoverá a liquidação judicial da sociedade, se os administradores não o tiverem feito nos trinta dias seguintes à perda da autorização, ou se o sócio não houver exercido a faculdade assegurada no parágrafo único do artigo antecedente.
Parágrafo único. Caso o Ministério Público não promova a liquidação judicial da sociedade nos quinze dias subseqüentes ao recebimento da comunicação, a autoridade competente para conceder a autorização nomeará interventor com poderes para requerer a medida e administrar a sociedade até que seja nomeado o liquidante.

[158] Art. 1.034 – ver nota de rodapé 26.

[159] Art. 1.035 – O contrato pode prever outras causas de dissolução, a serem verificadas judicialmente quando contestadas.

clarado falido o sócio, suas quotas serão arrecadadas pela massa e o valor apurado com sua realização servirá à satisfação dos credores admitidos.

Diante de uma das causas de dissolução, a pessoa jurídica não desaparece instantaneamente. Entrará numa fase que levará à sua extinção, que é a fase da liquidação e da partilha, subsistindo a pessoa jurídica até a total realização do ativo e pagamento do passivo da sociedade, e partilha do patrimônio remanescente proporcionalmente à participação de cada sócio no capital social ou na forma determinada no contrato social ou posteriormente a ele.

Ocorrida a dissolução, *os administradores* deverão providenciar a investidura do liquidante, imediatamente, e sua atuação na administração da sociedade deverá restringir-se à gestão de negócios inadiáveis, vedadas novas operações sob pena de responsabilidade ilimitada e solidária (art. 1.036[160]).

Ocorrida a dissolução de pleno direito, *o sócio* poderá requerer a liquidação judicial (art. 1.036, parágrafo único). O liquidante, se não estiver designado no contrato social, será nomeado por deliberação dos sócios, podendo ser sócio ou não, administrador da sociedade ou não, e deverá investir-se no cargo por meio da nomeação seguindo as regras constantes do Livro "Do Direito de Empresa" (art. 1.102[161]). Sua responsabilidade rege-se pelas normas que disciplinam a responsabilidade dos administradores da sociedade liquidanda (art. 1.104[162]). Seus po-

---

[160] Art. 1.036 – Ocorrida a dissolução, cumpre aos administradores providenciar imediatamente a investidura do liquidante, e restringir a gestão própria aos negócios inadiáveis, vedadas novas operações, pelas quais responderão solidária e ilimitadamente.
Parágrafo único. Dissolvida de pleno direito a sociedade, pode o sócio requerer, desde logo, a liquidação judicial.

[161] Art. 1.102 – Dissolvida a sociedade e nomeado o liquidante na forma do disposto neste Livro, procede-se à sua liquidação, de conformidade com os preceitos deste Capítulo, ressalvado o disposto no ato constitutivo ou no instrumento da dissolução.
Parágrafo único. O liquidante, que não seja administrador da sociedade, investir-se-á nas funções, averbada a sua nomeação no registro próprio.

[162] Art. 1.104 – As obrigações e a responsabilidade do liquidante regem-se pelos preceitos peculiares às dos administradores da sociedade liquidanda.

deres estão elencados no art. 1.103[163], entre os quais encontra-se o de uso do nome social, seguido da cláusula "em liquidação" e de sua assinatura na qualidade de liquidante. Agirá sempre em nome da sociedade, cabendo a ele a representação da mesma (art. 1.105[164]).

O liquidante poderá ser destituído a qualquer tempo por justa causa, se judicialmente, ou mediante deliberação dos sócios, se eleito nos termos estabelecidos pelo art. 1.038[165] do Código Civil.

---

[163] Art. 1.103 – Constituem deveres do liquidante:

I – averbar e publicar a ata, sentença ou instrumento de dissolução da sociedade;

II – arrecadar os bens, livros e documentos da sociedade, onde quer que estejam;

III – proceder, nos quinze dias seguintes ao da sua investidura e com a assistência, sempre que possível, dos administradores, à elaboração do inventário e do balanço geral do ativo e do passivo;

IV – ultimar os negócios da sociedade, realizar o ativo, pagar o passivo e partilhar o remanescente entre os sócios ou acionistas;

V – exigir dos quotistas, quando insuficiente o ativo à solução do passivo, a integralização de suas quotas e, se for o caso, as quantias necessárias, nos limites da responsabilidade de cada um e proporcionalmente à respectiva participação nas perdas, repartindo-se, entre os sócios solventes e na mesma proporção, o devido pelo insolvente;

VI – convocar assembléia dos quotistas, cada seis meses, para apresentar relatório e balanço do estado da liquidação, prestando conta dos atos praticados durante o semestre, ou sempre que necessário;

VII – confessar a falência da sociedade e pedir concordata, de acordo com as formalidades prescritas para o tipo de sociedade liquidanda;

VIII – finda a liquidação, apresentar aos sócios o relatório da liquidação e as suas contas finais;

IX – averbar a ata da reunião ou da assembléia, ou o instrumento firmado pelos sócios, que considerar encerrada a liquidação.

Parágrafo único. Em todos os atos, documentos ou publicações, o liquidante empregará a firma ou denominação social sempre seguida da cláusula "em liquidação" e de sua assinatura individual, com a declaração de sua qualidade.

[164] Art. 1.105 – Compete ao liquidante representar a sociedade e praticar todos os atos necessários à sua liquidação, inclusive alienar bens móveis ou imóveis, transigir, receber e dar quitação.
Parágrafo único. Sem estar expressamente autorizado pelo contrato social, ou pelo voto da maioria dos sócios, não pode o liquidante gravar de ônus reais os móveis e imóveis, contrair empréstimos, salvo quando indispensáveis ao pagamento de obrigações inadiáveis, nem prosseguir, embora para facilitar a liquidação, na atividade social.

[165] Art. 1.038 – Se não estiver designado no contrato social, o liquidante será eleito por deliberação dos sócios, podendo a escolha recair em pessoa estranha à sociedade.

§ 1º – O liquidante pode ser destituído, a todo tempo:

I – se eleito pela forma prevista neste artigo, mediante deliberação dos sócios;

II – em qualquer caso, por via judicial, a requerimento de um ou mais sócios, ocorrendo justa causa.

§ 2º – A liquidação da sociedade se processa de conformidade com o disposto no Capítulo IX, deste Subtítulo.

Após os pagamentos devidos e partilha do remanescente, o liquidante deverá convocar assembléia dos sócios para a *prestação final de contas*.

A liquidação só se encerra após a aprovação das contas, com o arquivamento da ata da assembléia, extinguindo-se, então, a sociedade e a sua personalidade jurídica a partir da publicação da averbação (art. 1.109[166]).

Se, após a extinção da sociedade que assim se opera, houver credor não satisfeito, este só terá direito a exigir dos sócios, individualmente, o pagamento do seu crédito, até o limite da soma por eles recebida na partilha, com ação de perdas e danos contra o liquidante, se for o caso (art. 1.110[167]).

O procedimento da liquidação judicial deve seguir as normas processuais ditadas pelos arts. 655 a 674 do Código de Processo Civil em vigor.

Por fim, com relação à dissolução da sociedade, não pode deixar de ser mencionada a *dissolução de fato*, que acabou sendo muito comum na prática empresarial. Deixando de atender ao procedimento prescrito na lei visando à proteção dos interesses da sociedade, dos terceiros que com ela contrataram e dos sócios, os próprios sócios, além de darem ensejo a uma das causas de decretação da falência da empresa (arts. 2º, VII, e 150, III, da Lei de Falências), assumem a responsabilidade solidária e ilimitada pelos débitos da sociedade. Não obstante a ausência de previsão legal específica desta modalidade de dissolução, a responsabilização se dá pelos mecanismos de ressarcimento existentes no nosso direito, inoperante qualquer limitação que pretendam os sócios em razão do tipo societário da empresa em dissolução de fato de cujo capital participam.

---

[166] Art. 1.109 – Aprovadas as contas, encerra-se a liquidação, e a sociedade se extingue, ao ser averbada no registro próprio a ata da assembléia.
Parágrafo único. O dissidente tem o prazo de trinta dias, a contar da publicação da ata, devidamente averbada, para promover a ação que couber.

[167] Art. 1.110 – Encerrada a liquidação, o credor não satisfeito só terá direito a exigir dos sócios, individualmente, o pagamento do seu crédito, até o limite da soma por eles recebida em partilha, e a propor contra o liquidante ação de perdas e danos.

A Sociedade em Nome Coletivo

As sociedades em nome coletivo tiveram origem na Idade Média, com o desenvolvimento do comércio nas cidades italianas. Substituíram as antigas sociedades familiares, em que o patrimônio da família respondia pelas obrigações assumidas por seus membros. Embora este tipo de sociedade não tenha sido o mais antigo, foi o que primeiro teve suas normas registradas pelos estatutos das cidades italianas. Sua primeira regulamentação legal formalizou-se na Ordenança de Comércio francesa, de 1673, decretada por Luís XIV.[168]

Suas características principais podem ser assim abreviadamente indicadas:

REGÊNCIA LEGAL	• arts. 1.039 a 1.044 do Código Civil de 2002 • se omissão: normas das sociedades simples – art. 1.040
NOME	• firma ou razão social de qualquer sócio + CIA – arts. 1.041 e 1.157 • uso da firma → privativo dos que têm os poderes necessários, cf. contrato – art. 1.042, *in fine* • menção obrigatória no contrato – art. 1.041, *in fine*
SÓCIOS	• somente pessoa física – art. 1.039 • se falecimento → liquidação das cotas do falecido, salvo: – disposição contratual diversa – opção pela dissolução da sociedade – acordo com os herdeiros, regulando a substituição do falecido
RESPONSABILIDADE	• ilimitada/solidária de todos os sócios – art. 1.039 • possível os sócios limitarem entre si a responsabilidade de cada um → parágrafo único: – contrato – deliberação dos sócios
ADMINISTRAÇÃO	• privativa do sócio – art. 1.042 • vedada delegação de poderes a terceiros

[168] MARTINS, Fran. *Curso de direito comercial.* 22. ed. Rio de Janeiro: Forense, 1996. p. 247.

Dissolução	• se não empresária → de pleno direito pelas causas do art. 1.033 • se empresária – pela falência
Credor Particular do Sócio pode Pretender a Liquidação da Quota Deste?	• sim: – desde que depois da dissolução da sociedade – art. 1.043 – quando prorrogado tacitamente o prazo de duração da sociedade – quando prorrogada a sociedade e for acolhida oposição do credor no prazo de 90 dias da publicação do ato dilatório – parágrafo único

Neste tipo societário, *todos* os sócios respondem ilimitadamente pelas obrigações sociais, de forma subsidiária, devendo ser pessoas físicas. É uma sociedade pessoal, e leva-se em conta, na sua formação, a pessoa dos sócios pela responsabilidade subsidiária que assumem.

Na hipótese de falecimento do sócio, os herdeiros somente ingressarão na sociedade, ainda que contra a vontade dos sócios remanescentes, se houver cláusula contratual expressa autorizando tal ingresso.

A gerência caberá aos sócios que o contrato designar, mas somente a sócios (art. 1.042[169]). O uso da firma caberá apenas aos que detenham poderes de gerência.

A Sociedade em Comandita Simples

A sociedade em comandita é a mais antiga das sociedades comerciais. Sua origem se prende ao desenvolvimento do comércio marítimo, advindo do antigo contrato de comenda, que era aquele por meio do qual, durante a Idade Média, as pessoas abastadas, principalmente os nobres, não querendo exercer o comércio individualmente em razão de ser a atividade mercantil considerada infamante, passaram a fazê-lo indiretamente, confiando aos capitães dos navios determinadas importâncias para que fossem negociadas: se houvesse lucro, seria repartido entre os capitães dos navios e os pres-

[169] Art. 1.042 – A administração da sociedade compete exclusivamente a sócios, sendo o uso da firma, nos limites do contrato, privativo dos que tenham os necessários poderes.

tadores de capital; em caso de prejuízo, os prestadores de capital sujeitar-se-iam a perder apenas até o montante da importância dada em comenda.

Tal contrato deu origem não só às sociedades em comandita, mas também às sociedades em conta de participação. Nas sociedades em comandita, com a evolução dos tempos, os sócios que prestavam os capitais revelavam os seus nomes nos registros comerciais, tendo a responsabilidade limitada à importância com que contribuíam para o capital. Nas sociedades em conta de participação, porém, perdurou o caráter oculto dos sócios, característica que distingue este tipo societário até hoje.[170]

Estas seriam, sinoticamente, as principais características deste tipo societário:

Regência Legal	• arts. 1.045 a 1.051 do Código Civil de 2002 e, subsidiariamente, as normas da sociedade em nome coletivo
Nome	• firma ou razão social + & Cia – art. 1.157 ↓ dos sócios comanditados
Sócios	• **comanditário (ou capitalista):** – responsável somente pelo valor de suas quotas – art. 1.045, *in fine* – não pode gerir a sociedade – 1.047 – não pode ter o nome na firma/razão social – pode ser nomeado procurador da sociedade para negócios determinados e poderes especiais – art. 1.047, parágrafo único – não obrigado a repor lucros recebidos de boa-fé e cf. balanço – art. 1.049 – não pode receber lucros se houver diminuição do capital por perdas supervenientes → parágrafo único – se morte → sociedade continua com sucessores, que terão representantes, salvo disposição diversa – 1.050 • **comanditado:** – pessoa física que responde com seu patrimônio pelas obrigações sociais – art. 1.045 – mesmos direitos e deveres dos sócios da sociedade em nome coletivo – art. 1.046, parágrafo único – só ele pode administrar a sociedade – art. 1.047

[170] MARTINS, Fran. *Op. cit.* p. 254.

RESPONSABILIDADE	• **comanditário:** limitada ao valor da quota social – art. 1.045 • **comanditado:** ilimitada e solidária pelas obrigações sociais	
DISSOLUÇÃO	• de pleno direito art. 1.051	– pelas causas do art. 1.044 – pela falta de uma das categorias de sócio por mais de 180 dias – parágrafo único

Uma das características deste tipo societário é a existência de duas categorias de sócios: os comanditários ou capitalistas, meros prestadores de capital, com a responsabilidade limitada às suas contribuições de capital, sem qualquer participação na gerência da socie-dade; e os comanditados, que representam e administram a sociedade, sendo solidária e ilimitadamente responsáveis pelas obrigações sociais.

O novo Código Civil, ao estabelecer que os sócios comanditados devem ser pessoas físicas (art. 1.045[171]), deixou de limitar a possibilidade de os comanditários serem pessoas jurídicas. Da mesma forma, aos comanditários permite a lei que sejam procuradores da sociedade, com poderes específicos e especiais outorgados (art. 1.047, parágrafo único[172]), permissão esta que não tem equivalência na moderna legislação estrangeira sobre sociedades comerciais.

O novo Código Civil estabelece, ainda, que, no caso de morte do sócio comanditário, a sociedade, salvo disposição em contrato, continuará com seus sucessores, que designarão quem os represente,[173] sendo nítida a preferência pela continuidade da empresa.

[171] Art. 1.045 – Na sociedade em comandita simples tomam parte sócios de duas categorias: os comanditados, pessoas físicas, responsáveis solidária e ilimitadamente pelas obrigações sociais; e os comanditários, obrigados somente pelo valor de sua quota.
Parágrafo único. O contrato deve discriminar os comanditados e os comanditários.

[172] Art. 1.047 – Sem prejuízo da faculdade de participar das deliberações da sociedade e de lhe fiscalizar as operações, não pode o comanditário praticar qualquer ato de gestão, nem ter o nome na firma social, sob pena de ficar sujeito às responsabilidades de sócio comanditado.
Parágrafo único. Pode o comanditário ser constituído procurador da sociedade, para negócio determinado e com poderes especiais.

[173] O Código Comercial de 1850 permitia a continuação da sociedade com os herdeiros do sócio pré-morto, se houvesse dispositivo nesse sentido no contrato social (art. 335, 4).

Outra característica da sociedade em comandita é que somente os sócios comanditados podem ser gerentes da sociedade, ou, dentre eles, o(s) que for(em) designado(s) no contrato social. Silente o contrato, qualquer um ou todos os comanditados são gerentes e podem usar a firma ou razão social.

É admitido, ainda, o funcionamento da sociedade, sem sócio comanditado, por um período de 180 (cento e oitenta) dias, para tanto sendo necessário que os comanditários nomeiem um *administrador provisório*, que contudo não assumirá a condição de sócio (art. 1.051, II e parágrafo único[174]).

Sendo característica desta sociedade a responsabilidade ilimitada dos sócios comanditados, ausentes estes, a quem caberia a responsabilidade ilimitada perante terceiros durante tal período? Não houve nesse caso um cochilo do legislador?

A Sociedade Limitada

No Brasil, as sociedades por quotas de responsabilidade limitada foram introduzidas por influência do direito português e do direito alemão, que haviam estruturado este tipo societário. Foi Inglês de Souza quem deu o primeiro impulso para a aceitação desta nova forma societária, incluindo-o no Projeto de Código Comercial, que tramitou pelo Congresso a partir de 1912, visando promover a revisão do Código Comercial, sob inspiração do Código português de 1901. Nunca converteu-se em lei, entretanto. Em 1918, outro projeto de lei foi apresentado por Luís Joaquim Osório, deputado pelo Rio Grande do Sul, baseado no projeto de Inglês de Souza, e transformou-se no Decreto 3.708, de 10 de janeiro de 1919, que regulou, através de 19 artigos, até o advento do Código Civil de 2002, as sociedades por quotas de responsabilidade limitada, de memorável aceitação no direito societário brasileiro, constituindo mais de 90% das sociedades registradas no Registro do Comércio. Assim podem ser resumidas as principais características das sociedades limitadas no Código Civil de 2002:

---

[174] Art. 1.051 – ver nota de rodapé 96.

MATÉRIA	CÓDIGO CIVIL DE 2002
REGÊNCIA LEGAL	• nas omissões do novo Código Civil... → normas das sociedades simples • se previsto no contrato social → Lei das Sociedades Anônimas
CONTRATO SOCIAL	• requisitos do art. 997 (para os quais necessária votação unânime) – art. 1.054 • contrato escrito, público/particular, prazo de 30 dias para registro – art. 998
NOME SOCIAL	• admite tanto a firma ou razão social quanto a denominação social + ltda. (por extenso ou abreviado) – art. 1.158 • se omitida a indicação ltda., há responsabilidade solidária e ilimitada dos administradores que empregarem o nome sem essa indicação • se a inscrição do nome da empresa for feita com violação da lei ou do contrato, há ação anulatória para o prejudicado – art. 1.167 • cancelamento – quando cessar a atividade da empresa, ou quando terminada a liquidação – art. 1.168
SÓCIOS	• só um tipo – quotista • no mínimo dois; no máximo número indeterminado • unipessoal → possível só excepcionalmente por 180 dias – art. 1.033, IV • cônjuges → possível desde que não casados sob o regime da comunhão universal de bens ou da separação obrigatória
RESPONSABILIDADE DOS SÓCIOS	• limitada ao valor das quotas de cada sócio – ao valor da participação de cada sócio no capital social – art. 1.052 • todos respondem solidariamente pela integralização do capital social – art. 1.052 • os bens particulares dos sócios responderão pelas obrigações da sociedade em caso de abuso – art. 50
NACIONALIDADE	• nacional – art. 1.126 • estrangeira – art. 1.134

Matéria	Código Civil de 2002
Duração	• prazo determinado • prazo indeterminado
Capital Social	• subscrição total quando da constituição – art. 997, IV • dividido em quotas: iguais/desiguais – art. 1.055 • cada sócio pode deter uma ou mais quotas – art. 1.055 • cada quota é indivisível em relação à sociedade, salvo para o fim de transferência → admite-se, então, o condomínio de quota, cujos direitos somente serão exercidos pelo condômino representante ou pelo inventariante – art. 1.056 • os sócios respondem solidariamente pela avaliação dos bens conferidos ao capital social, por 5 anos a partir do registro da sociedade – art. 1.055, § 1º • vedada integralização em prestação de serviços – art. 1.055, § 2º • **cessão** – possível, desde que o contrato não a proíba, parcial ou totalmente – art. 1.057 – para: – *outro sócio*: desnecessária concordância dos demais – *terceiro*: se não houver oposição de mais de ¼ (25%) do capital social – art. 1.057 – *validade*: a partir da averbação do instrumento de cessão, com assinatura dos anuentes – *responsabilidade*: solidária do cedente com o adquirente por 2 anos – art. 1.003 • **sócio remisso** → demais sócios podem tomar para si a quota não integralizada, ou transferi-la a terceiros, excluindo o remisso (pagando a ele o que ele pagou + JM + despesas) – art. 1.058; podem também utilizar o estabelecido no art. 1.004 e parágrafo único

<table>
<tr><th>MATÉRIA</th><th>CÓDIGO CIVIL DE 2002</th></tr>
<tr><td>CAPITAL SOCIAL</td><td>• quota preferencial – não há vedação, necessária previsão no contrato – com ou sem direito a voto
• aumento → deliberação de ¾ do capital social – arts. 1.071, V e VI e 1.076, I
– com correspondente alteração do capital social – art. 1.081
– direito de preferência dos sócios – 30 dias, na proporção das quotas que detenham – § 1º
– cessão do direito de preferência – arts. 1.081, § 2º, e 1.057
– assumido o aumento → ata com aprovação da alteração do contrato – art. 1.081, § 3º
• redução – com correspondente alteração do contrato – art. 1.082:
– se perdas irreparáveis depois da integralização → com diminuição proporcional do valor nominal das quotas – art. 1.083
– se excessivo em relação ao objeto da sociedade – com restituição de parte do valor das quotas aos sócios ou dispensando as prestações ainda devidas → diminuição proporcional do valor nominal das quotas – art. 1.084 → prazo de 90 dias para oposição de credor quirografário por título líquido anterior à data da publicação da ata da redução – art. 1.084, § 1º
– ata de aprovação da redução do capital – averbação no Registro Público de Empresas Mercantis – § 3º</td></tr>
<tr><td>ADMINISTRAÇÃO</td><td>• uma ou mais pessoas conforme
• contrato social
– todos os sócios
– não-sócios
• ato em separado (art. 1.062)
– 30 dias para assinatura do termo de posse no livro de atas da administração, pena de ineficácia – § 1º
– 10 dias para averbação da nomeação no registro competente – § 2º
– poderes revogáveis – art. 1.019, parágrafo único</td></tr>
</table>

Matéria	Código Civil de 2002
Administração	• o contrato pode atribuir a administração a: – todos os sócios – a administração não se estende aos que se tornarem sócios posteriormente – art. 1.060, parágrafo único – administração separada – se contrato expresso ou silente (art. 1.013) ou conjunta (se expresso; art. 1.014). – não-sócios – necessário: – unanimidade, se capital ainda não integralizado – 2/3, no mínimo, após a integralização – art. 1.061 – poderes revogáveis – art. 1.019, parágrafo único • por pessoa jurídica – omissão do novo Código Civil – art. 997, VI • término – destituição – se foi nomeado no contrato → necessaária aprovação de 2/3 do capital social, salvo disposição contratual diversa – art. 1.063, § 1º, e 1.071, III. – término do prazo sem recondução – art. 1.063 – renúncia – eficácia desde a comunicação escrita em relação à sociedade – § 3º – eficácia desde a averbação e publicação em relação a terceiros – § 3º – necessária averbação no registro nos 10 dias seguintes – art. 1.063, § 2º • uso privativo do nome da sociedade cabe aos administradores que tenham poderes para tanto – art. 1.064 • remuneração – cf. contrato ou deliberação dos sócios → mais da metade do capital social – arts. 1.071, IV, e 1.076, II • responsabilidade → respondem com seus bens se agirem: – com abuso da personalidade jurídica da sociedade – art. 50 – em desacordo com decisão da maioria, respondem perante a sociedade – art. 1.013, § 2º – com culpa, responderão perante a sociedade e terceiros – art. 1.016 – responsabilidade pessoal e solidária com a sociedade – pelos atos praticados antes da averbação da nomeação na Junta Comercial – art. 1.012

Matéria	Código Civil de 2002
Resolução da Sociedade em Relação a Sócio	• **retirada de sócio** – conforme contrato social – *se omisso o contrato*: art. 1.029 – se prazo indeterminado: notificação com 60 dias de antecedência mínima – se prazo determinado: provando justa causa, em processo judicial – *direito de dissidência*: art. 1.077 ou, se for o caso, arts. 1.031 e 1.114 • **exclusão de sócio** – por *maioria dos sócios* em assembléia ou reunião especial, assegurado amplo direito de defesa ao acusado – art. 1.085 – por *justa causa*: por atos que possam pôr em risco a continuidade da empresa – art. 1.085 – por *falência do sócio*: exclusão de pleno direito – art. 1.030, parágrafo único – por *liquidação judicial da quota requerida pelo credor do só cio* – arts. 1.030, parágrafo único, e 1.026, parágrafo único • **exclusão judicial** – iniciativa da maioria dos demais sócios – por falta grave no cumprimento das obrigações – art. 1.030 – por ato de inegável gravidade, pondo em risco a continuidade da empresa – desde que prevista a exclusão por justa causa em contrato – assegurado o comparecimento e o direito de defesa do sócio excluído – art. 1.085 • **falecimento de sócios** – cf. contrato social – art. 1.028 – se omisso – liquidação da participação do falecido – valor pago aos herdeiros – admissão dos herdeiros se houver concordância dos demais sócios – sócios poderão deliberar sobre a dissolução da sociedade – até 2 anos do arquivamento da alteração contratual respondem pelas obrigações sociais anteriores – art. 1.032 • **definição do valor das quotas em caso de resolução:** – cf. contrato social – art. 1.031 – se omisso, critério legal: cf. situação patrimonial da sociedade à data da resolução, apurada em balanço especial – pagamento: 90 dias a partir da liquidação; capital reduzido ou reposto pelos demais sócios, salvo acordo ou disposição contratual diversa – art. 1.031

<table>
<tr><th>Matéria</th><th>Código Civil de 2002</th></tr>
<tr><td>Deliberações dos Sócios</td><td>
• tomadas em | reunião simples (até 10 sócios) – art. 1.072 | assembléia (obrigatória se mais de 10 sócios)
• obrigatórias em hipóteses expressas – arts. 1.071 e 1.010
• cinco diferentes quóruns de deliberação possíveis:
– unanimidade:
– para designação de administradores não sócios – art. 1.061
– para aprovação da matéria indicada no art. 997 – art. 999
– três quartos:
– para modificação do contrato social – art. 1.071, V
– para incorporação, fusão, dissolução da sociedade ou cessação do estado de sua liquidação da sociedade – art. 1.071, VI
– dois terços: destituição de administrador nomeado no contrato, salvo disposição contratual diversa – art. 1.063, § 1º
• maioria absoluta
– para nomear administrador por ato separado – art. 1.076, II
– para destituição de administradores – art. 1.076, II, salvo se nomeado no contrato ou disposição contratual diversa – art. 1.063, § 1º
– para determinar a forma de remuneração dos administradores – art. 1.076, II
– para pedido de concordata – art. 1.076, II, e 1.072, § 4º
– para exclusão de sócio – art. 1.085
• maioria simples: demais casos sem previsão contratual diversa – art. 1.076, III
• critérios de sufrágio
– maioria de votos pelo valor das quotas – art. 1.010
– maioria absoluta – mais da metade do capital
– se empate – maior número de sócios – por cabeça – § 2º
– persistindo o empate – Judiciário decide – § 2º
– vedado o voto para o sócio a quem a matéria votada se refira diretamente – art. 1.074, § 2º
• vinculação
– todos os sócios, ainda que ausentes à assembléia ou dissidentes – art. 1.072
– responsabilidade ilimitada dos sócios que aprovem deliberações infringentes da lei ou do contrato – art. 1.080
</td></tr>
</table>

MATÉRIA	CÓDIGO CIVIL DE 2002
ÓRGÃOS SOCIAIS	• **Reunião de sócios** – se sociedade com até 10 sócios – art. 1.072 – *regência pelo contrato e/ou pelas regras estabelecida* para a assembléia de sócios – art. 1.079 • **Assembléia de sócios** – obrigatória se mais de 10 sócios – art. 1.072 – convocada: – pelos administradores – art. 1.072 – por sócio – art. 1.073, I – pelo Conselho Fiscal – art. 1.073, II – mesa diretora – indicada pelos presentes – art. 1.075 – dispensada convocação se todos estiverem presentes ou se houver acordo unânime por escrito dos sócios – § 2º • **Conselho Fiscal** – órgão não obrigatório, instituído no contrato – art. 1.066 – mínimo 3 conselheiros, residentes ou não no país – sócios minoritários, com pelo menos 20% do capital social, poderão eleger um conselheiro – § 2º – competência – examinar documentos, denunciar erros, fraudes ou crimes, praticar os atos de liquidação etc. – art. 1.069 – responsabilidade – igual à dos administradores – art. 1.070
DISSOLUÇÃO	• **causas** – término do prazo – arts. 1.033, 1.044 e 1.087 – deliberação dos sócios, se prazo determinado – *id.* – deliberação maioria absoluta dos sócios, se prazo indet. – após 180 dias, se só com um sócio – *id.* – exaurido ou inviável o objetivo social – *id.* – outros casos previstos no contrato social – *id.* – falência da sociedade empresária – art. 1.044 • **procedimento** – judicial – extrajudicial • **fases** – liquidação – partilha – averbação da ata de aprovação das contas do liquidante – extinção da personalidade jurídica – *extinção da sociedade*

As regras atinentes às agora denominadas sociedades limitadas estão inseridas no Livro pertinente ao Direito da Empresa, dentro do Título "Da Sociedade" (tanto *não empresárias* quanto *empresárias*).

Quanto à *regência supletiva* das limitadas, o novo Código Civil inovou totalmente. O revogado Decreto 3.708 dispunha, no seu art. 18, que para o que não estivesse regulado no "estatuto" social, seriam observadas, na parte aplicável, as disposições da Lei das Sociedades Anônimas. Tinha-se a idéia, pelo menos pela interpretação literal, de que a aplicação subsidiária dar-se-ia apenas em caso de omissões do contrato social, tendo sido ampliada tal possibilidade pela doutrina e jurisprudência.

O novo texto, disciplinando esse tipo societário em 35 artigos, dispõe expressamente que a sociedade limitada rege-se, nas omissões deste capítulo, pelas normas das sociedades simples (art. 1.053), admitindo a regência supletiva das normas da Lei das Sociedades Anônimas apenas diante de previsão contratual (parágrafo único do art. 1.053). A primeira referência supletiva, pois, é do texto da lei para o próprio texto da lei, ou seja, omisso o Código Civil de 2002 quanto à regência das sociedades limitadas, a lacuna será preenchida pelas normas do próprio Código Civil dedicadas à sociedade simples, demandando maior conhecimento e especificidade na redação do contrato social de uma sociedade limitada, que teve seu campo de disciplina ampliado. O descuido na referência à aplicação supletiva da Lei das Sociedades Anônimas, pelo menos em princípio, impedirá uma prática que sempre acompanhou as sociedades limitadas em nosso direito.

Tal supletividade pela sociedade simples tem suscitado veementes inconformismos. Nesse sentido, "Negar o perfil oscilante e maleável das limitadas, engessando-as sob o manto da lei acionária, não é o desejável. Mas também não é correto que, após ditar-lhe uma estrutura orgânica ao molde da sociedade anônima, pretenda-se abrandar a supressão da autonomia da vontade (própria das sociedades contratuais) levada a cabo, mediante o recurso à sociedade simples".[175]

---

[175] FRANCO, Vera Helena de Mello. O triste fim das sociedades limitadas no novo Código Civil, *Revista de Direito Mercantil*, n. 123, p. 81-85.

Com relação ao *contrato social*, confirmando a supletividade das normas das sociedades simples para as sociedades limitadas, o novo Código Civil guindou a matéria elencada nos sete dos oito incisos do art. 997[176] – nome e qualificação dos sócios, denominação, sede, objeto e prazo, capital social, quotas do capital social, os administradores (pessoas naturais investidas dos poderes de administração), participação dos sócios nos lucros e perdas, e a responsabilidade dos sócios pelas obrigações sociais (com exceção do inciso V, que cristaliza hipótese vedada à sociedade limitada pelo art. 1.055, § 2º[177]) – à importância de cláusulas que demandam a unanimidade dos sócios para sua alteração.

Quanto ao instrumento societário constitutivo, mantendo as formas pública e privada para sua formalização, estipula prazo para o registro no órgão competente (arts. 998[178], 1.150[179] e 1.166[180]), o que antes não havia sido regulamentado para este tipo societário.

No tocante ao *nome comercial*, manteve o novo Código Civil a possibilidade de constituir-se o mesmo de firma ou razão social e/ou denominação social acrescida da palavra *limitada*, abreviada ou por extenso, determinando, de forma idêntica ao que estipulava o Decreto 3.708/1919, em seu art. 3º, § 2º, que se, omitido tal dado, restará determinada a responsabilidade solidária e ilimitada dos administradores que assim empregarem a firma ou razão da sociedade

[176] Art. 997 – ver nota de rodapé 146.

[177] Art. 1.055 – O capital social divide-se em quotas, iguais ou desiguais, cabendo uma ou diversas a cada sócio.

§ 1º – Pela exata estimação de bens conferidos ao capital social respondem solidariamente todos os sócios, até o prazo de cinco anos da data do registro da sociedade.

§ 2º – É vedada contribuição que consista em prestação de serviços.

[178] Art. 998 – Nos trinta dias subseqüentes à sua constituição, a sociedade deverá requerer a inscrição do contrato social no Registro Civil das Pessoas Jurídicas do local de sua sede.

§ 1º – O pedido de inscrição será acompanhado do instrumento autenticado do contrato, e, se algum sócio nele houver sido representado por procurador, o da respectiva procuração, bem como, se for o caso, da prova de autorização da autoridade competente.

§ 2º – Com todas as indicações enumeradas no artigo antecedente, será a inscrição tomada por termo no livro de registro próprio, e obedecerá a número de ordem contínua para todas as sociedades inscritas.

[179] Art. 1.150 – ver nota de rodapé 27.

[180] Art. 1.166 – ver nota de rodapé 100.

(art. 1.158[181]), cabendo, ainda, a qualquer prejudicado pelo uso do nome em violação à lei ou ao contrato, a ação anulatória da inscrição do nome comercial (art. 1.167[182]).

Quanto à *responsabilidade dos sócios quotistas* neste tipo societário, o art. 2º do Decreto 3.708/1919 dispunha que a responsabilidade dos sócios era limitada à importância total do capital social. O novo Código Civil dispõe que a responsabilidade de cada sócio é restrita ao valor de suas quotas, mas todos respondem solidariamente pela integralização do capital social. Mantida, portanto, a garantia da limitação da responsabilidade, estabelecendo nítida distinção entre o patrimônio da sociedade, representado pelo seu capital, e o patrimônio pessoal dos sócios, que em princípio não pode ser alcançado nem executado em razão de dívidas e obrigações sociais. A responsabilidade dos sócios é limitada e não solidária, ou seja, cada sócio somente responde pela parte do capital que integralizou. Enquanto não totalmente integralizado o capital, os sócios assumem a responsabilidade solidária entre si pelo montante que faltar para a complementação do capital subscrito (limite legal). No ensinamento de Villemor do Amaral, não integralizado o capital, "é preciso que os sócios o integrem, um por todos e todos por um, a fim de que, então, se tenha fixada a responsabilidade de todos, que é limitada ao capital social, real e efetivamente realizado".[183]

A *nacionalidade da empresa* é questão primordial na definição das normas que deverão ser aplicadas na regência das sociedades. A *sociedade nacional* é a sociedade organizada de conformidade com a lei

---

[181] Art. 1.158 – Pode a sociedade limitada adotar firma ou denominação, integradas pela palavra final "limitada" ou a sua abreviatura.

§ 1º – A firma será composta com o nome de um ou mais sócios, desde que pessoas físicas, de modo indicativo da relação social.

§ 2º – A denominação deve designar o objeto da sociedade, sendo permitido nela figurar o nome de um ou mais sócios.

§ 3º – A omissão da palavra "limitada" determina a responsabilidade solidária e ilimitada dos administradores que assim empregarem a firma ou a denominação da sociedade.

[182] Art. 1.167 – Cabe ao prejudicado, a qualquer tempo, ação para anular a inscrição do nome empresarial feita com violação da lei ou do contrato.

[183] AMARAL, Hermano de Villemor do. *Das sociedades limitadas*. 2. ed. Rio de Janeiro: F. Briguet & Cia., 1938. p. 131.

brasileira e que tem sua sede de administração no Brasil (art. 1.126[184]). Assim, uma empresa multinacional, se constituída no Brasil, sob um dos tipos societários previstos em nosso direito, atendendo aos requisitos de existência e validade das leis brasileiras, será considerada sociedade nacional e será regida pela legislação brasileira, ainda que seus sócios ou acionistas controladores residam no exterior. A mudança de nacionalidade requer a unanimidade dos sócios (art. 1.127[185]).

A *sociedade estrangeira* é aquela constituída de acordo com as leis de seu país de origem e que tem neste sua sede e administração. Qualquer que seja seu objeto social, para funcionar no Brasil, precisará de autorização do Poder Executivo. Tal autorização não será necessária se a sociedade estrangeira realizar negócios com empresas ou sociedades nacionais que sejam celebrados em seu próprio país, ou no exterior. Também não será necessária autorização se a sociedade estrangeira participar do capital de sociedade anônima nacional, constituída sob a lei brasileira.

Com relação ao *capital social*, deve o mesmo ser subscrito quando da constituição da sociedade (art. 997, IV[186]), dividido em quotas que não precisarão ser iguais, como ocorria anteriormente, podendo cada sócio deter uma ou mais quotas (art. 1.055[187]). O valor nominal das quotas deverá ser fixado no contrato social. Mantida a indivisibilidade das quotas em relação à sociedade, a nova lei prevê o condomínio de quotas, cujos direitos serão exercidos ou pelo representante ou pelo inventariante (art. 1.056[188]).

---

[184] Art. 1.126 – É nacional a sociedade organizada de conformidade com a lei brasileira e que tenha no País a sede de sua administração.
Parágrafo único. Quando a lei exigir que todos ou alguns sócios sejam brasileiros, as ações da sociedade anônima revestirão, no silêncio da lei, a forma nominativa. Qualquer que seja o tipo da sociedade, na sua sede ficará arquivada cópia autêntica do documento comprobatório da nacionalidade dos sócios.

[185] Art. 1.127 – Não haverá mudança de nacionalidade de sociedade brasileira sem o consentimento unânime dos sócios ou acionistas.

[186] Art. 997 – ver nota de rodapé 146.

[187] Art. 1.055 – ver nota de rodapé 177.

[188] Art. 1.056 – A quota é indivisível em relação à sociedade, salvo para efeito de transferência, caso em que se observará o disposto no artigo seguinte.
§ 1º – No caso de condomínio de quota, os direitos a ela inerentes somente podem ser exercidos pelo condômino representante, ou pelo inventariante do espólio de sócio falecido.
§ 2º – Sem prejuízo do disposto no art. 1.052, os condôminos de quota indivisa respondem solidariamente pelas prestações necessárias à sua integralização.

A *contribuição para o capital social* poderá dar-se em bens (instituída a responsabilidade solidária do sócio pela exatidão da avaliação por cinco anos da data do registro da sociedade – art. 1.055, § 1º[189]), ou dinheiro, vedada a contribuição por prestação de serviços (§ 2º), tal como já estabelecia a lei revogada (art. 4º do Decreto 3.708/1919).

A *cessão de quotas* a outro sócio independe de concordância dos demais, e a terceiros só será permitida se inexistente oposição de pelo menos um quarto (25%) do capital social. A validade da cessão, em relação à sociedade e a terceiros, dar-se-á a partir da averbação do respectivo instrumento, com a concordância requerida para os demais sócios.

A *não integralização das quotas* dá aos demais sócios a faculdade de excluir o primitivo titular, tomando suas quotas para si ou transferindo-as a terceiros, com devolução do que seja devido ao sócio excluído (art. 1.058[190]).

O aumento do capital social requer a aprovação de ¾ do capital social, com correspondente alteração do contrato social. O direito de preferência dos sócios na participação do aumento deverá ser exercido em até 30 dias, na proporção das quotas que possuírem. O novo Código Civil prevê, expressamente, a cessão do direito de preferência (arts. 1.081[191], § 2º, e 1.057[192])

---

[189] Art. 1.055 – ver nota de rodapé 177.

[190] Art. 1.058 – Não integralizada a quota de sócio remisso, os outros sócios podem, sem prejuízo do disposto no art. 1.004 e seu parágrafo único, tomá-la para si ou transferi-la a terceiros, excluindo o primitivo titular e devolvendo-lhe o que houver pago, deduzidos os juros da mora, as prestações estabelecidas no contrato mais as despesas.

[191] Art. 1.081 – Ressalvado o disposto em lei especial, integralizadas as quotas, pode ser o capital aumentado, com a correspondente modificação do contrato.

§ 1º – Até trinta dias após a deliberação, terão os sócios preferência para participar do aumento, na proporção das quotas de que sejam titulares.

§ 2º – À cessão do direito de preferência, aplica-se o disposto no *caput* do art. 1.057.

§ 3º – Decorrido o prazo da preferência, e assumida pelos sócios, ou por terceiros, a totalidade do aumento, haverá reunião ou assembléia dos sócios, para que seja aprovada a modificação do contrato".

[192] Art. 1.057 – Na omissão do contrato, o sócio pode ceder sua quota, total ou parcialmente, a quem seja sócio, independentemente de audiência dos outros, ou a estranho, se não houver oposição de titulares de mais de um quarto do capital social. *(cont. ➤)*

A *redução do capital*, ou por perdas irreparáveis após a integralização ou pela excessividade diante do objeto social, será feita mediante restituição de parte do valor das quotas aos sócios, ou pela dispensa das prestações ainda devidas, com diminuição proporcional, em ambos os casos, do valor nominal das quotas (art. 1.084[193]). Possibilidade de oposição do credor quirografário anterior à data da redução, no prazo de 90 dias da publicação da ata que aprovou a redução, por título líquido anterior a essa data. Ausente impugnação, portanto após decorrido o prazo de 90 dias para tanto, deverá ser averbada a ata que deliberou a redução no Registro competente.

O valor das *quotas sociais* poderá ser igual ou desigual para os quotistas, cabendo uma ou diversas a cada sócio, sendo que, em qualquer hipótese, as primitivas serão distintas das posteriormente adquiridas. Para as limitadas, portanto, passou a ser aceito o critério de "quotas de cada sócio", o que não era previsto no Decreto 3.708/1919. Essa pluralidade de quotas facilita a cessão das mesmas a sócios e a terceiros, bem como o mecanismo dos aumentos de capital.

Diante do problema da responsabilização dos atos praticados envolvendo a sociedade, a solidariedade de todos os sócios pela exata estimação dos bens conferidos ao capital significa um avanço salutar (art. 1.055, § 1º[194]).

➤ Parágrafo único. A cessão terá eficácia quanto à sociedade e terceiros, inclusive para os fins do parágrafo único do art. 1.003, a partir da averbação do respectivo instrumento, subscrito pelos sócios anuentes".

[193] Art. 1.084 – No caso do inciso II do art. 1.082, a redução do capital será feita restituindo-se parte do valor das quotas aos sócios, ou dispensando-se as prestações ainda devidas, com diminuição proporcional, em ambos os casos, do valor nominal das quotas.

§ 1º – No prazo de noventa dias, contado da data da publicação da ata da assembléia que aprovar a redução, o credor quirografário, por título líquido anterior a essa data, poderá opor-se ao deliberado.

§ 2º – A redução somente se tornará eficaz se, no prazo estabelecido no parágrafo antecedente, não for impugnada, ou se provado o pagamento da dívida ou o depósito judicial do respectivo valor.

§ 3º – Satisfeitas as condições estabelecidas no parágrafo antecedente, proceder-se-á à averbação, no Registro Público de Empresas Mercantis, da ata que tenha aprovado a redução.

[194] Art. 1.055 – ver nota de rodapé 177.

A vedação da integralização em prestação de serviços distancia as limitadas das sociedades simples, acentuando os diferentes regimes jurídicos que as orientam. O *condomínio de quotas*, embora admitido, somente permite o exercício de seus direitos pelo representante do "grupo", o mesmo ocorrendo quanto ao espólio do sócio falecido, que deverá ser representado pelo inventariante.

Com relação à *cessão das quotas*, é esta permitida, total ou parcialmente, *a quem seja sócio*, independentemente da manifestação dos demais, ou *a terceiros*, desde que não haja oposição de titulares de mais de um quarto do capital social. O Decreto anterior nada dispunha a respeito. Agora, resta para o contrato social a regulamentação da cessão de quotas, que terá eficácia em relação à sociedade e a terceiros, a partir do registro no órgão público competente (art. 1.057, parágrafo único[195]). O cedente, porém, tem *responsabilidade solidária com o adquirente*, perante a sociedade e terceiros, pelo período de 2 (dois) anos a partir da averbação da alteração formalizadora da cessão (art. 1.003[196]).

O novo Código Civil não inseriu, para as limitadas, as *quotas preferenciais*, que constituiriam instrumento de grande valia na composição de parcerias ou *joint ventures*. Também não foram inseridos no novo texto o *usufruto* e a *penhora de quotas*, institutos reconhecidos pela doutrina, pelas Juntas Comerciais e pela jurisprudência, e que constituem solução necessária para muitos litígios. Nem o Código Comercial nem o Decreto 3.708/1919 dispuseram sobre a matéria.

Com relação à *administração da sociedade*, o aumento da gama de seleção de administradores fez com que se ampliassem as possibilidades de ocupantes da administração societária, com a cautela da necessidade de aprovação unânime dos sócios enquanto não integralizado o capital (em razão da responsabilidade solidária pela integralização – art. 1.052[197]), e se já completada a integralização (desaparecendo a solidária) de dois terços dos votos dos detentores do capital (art. 1.061[198]).

---

[195] Art. 1.057 – ver nota de rodapé 192.

[196] Art. 1.003 – ver nota de rodapé 144.

[197] Art. 1.052 – Na sociedade limitada, a responsabilidade de cada sócio é restrita ao valor de suas quotas, mas todos respondem solidariamente pela integralização do capital social.

[198] Art. 1.061 – Se o contrato permitir administradores não sócios, a designação deles dependerá de aprovação da unanimidade dos sócios, enquanto o capital não estiver integralizado, e de dois terços, no mínimo, após a integralização.

Poderão administrar a sociedade uma ou mais pessoas,[199] sócias ou não sócias, designadas ou no contrato social ou por ato separado (art. 1.060[200]).

Os escritores divergem ao examinar a possibilidade de uma pessoa jurídica desempenhar a gerência de uma sociedade por responsabilidade limitada. Para Halperin, nada impede tal desempenho não apenas porque não há dispositivo proibindo, como também por não ser possível criar uma incapacidade para a pessoa jurídica por via de interpretação, pois trata-se de matéria de exceção, de interpretação restritiva. A pessoa jurídica – sociedade – gerente exerce a gerência por meio de seus órgãos ou representantes legais, e estes podem delegar as funções a terceiros, da mesma maneira que a pessoa física. No entanto, a gerência será sempre exercida pela pessoa jurídica.[201] Trata-se de importante questão atualmente, em razão da tendência, no Mercado Comum Europeu, da concentração ou consórcio das sociedades comerciais para se fortalecer e enfrentar a concorrência de empresas economicamente mais expressivas. Na França, a reforma da Lei de Sociedades Comerciais pretendia admitir expressamente a possibilidade de as pessoas jurídicas serem gerentes. No Brasil, considerando a necessidade econômica que a concentração vai adquirindo como forma de atender encargos impossíveis de serem suportados isoladamente, tem aumentado a conveniência de o contrato social da nova sociedade determinar o exercício da gerência pelo gerente de uma das sociedades-sócias, nos moldes do modelo francês.

Para Nelson Abrão, considerando o caráter eminentemente pessoal e imediato do exercício da administração das sociedades em geral, e da gerência em particular, só pode ser admitida a pessoa física na gerência da sociedade.[202] Para Modesto Carvalhosa, a maioria da doutrina ad-

---

[199] O novo Código Civil não acolheu expressamnete a possibilidade do exercício da administração da sociedade por pessoa jurídica (art. 997, VI), já admitida por jurisprudência específica.

[200] Art. 1.060 – A sociedade limitada é administrada por uma ou mais pessoas designadas no contrato social ou em ato separado.
Parágrafo único. A administração atribuída no contrato a todos os sócios não se estende de pleno direito aos que posteriormente adquiram essa qualidade".

[201] PEIXOTO, Carlos Fulgêncio da Cunha. *A sociedade por cotas de responsabilidade limitada*. 2. ed. Rio de Janeiro: Forense. 1958. v. I, p. 302.

[202] ABRAÃO, Nelson. *Sociedade por quotas de responsabilidade limitada*. São Paulo: Revista dos Tribunais, 1989. p. 108-109.

mitia a possibilidade de a pessoa jurídica assumir a gerência de uma sociedade limitada, com base sobretudo na analogia ao art. 60, § 5º, da Lei de Falências (Decreto-Lei 7.661/45)[203], que permite que o síndico da falência seja pessoa jurídica. Para o grande mestre, o Código Civil de 2002 não impede que haja pessoas jurídicas, mormente outras sociedades, sócias de uma sociedade por quotas de responsabilidade limitada. Mas no art. 1.054[204], ao invocar a aplicação do art. 997 às sociedades limitadas, impõe sejam pessoas físicas ou naturais os administradores da sociedade limitada, por força do inciso VI deste mesmo artigo. O renomado comercialista justifica a posição do novo Código Civil pela estrutura dada à administração das sociedades limitadas, em que se passa a permitir que a gerência seja atribuída não apenas aos sócios mas também a terceiros, evitando que um sócio pessoa jurídica "tenha" que exercer a gerência. Entende reforçado seu pensamento, ainda, pela estrutura organizacional semelhante à das sociedades anônimas que se pretende dar à limitada, pelo que, por mais esta razão, não se admitiria a administração por pessoa jurídica (a Lei das Sociedades Anônimas prevê a administração somente por pessoas naturais – art. 146). Por fim, elenca a exigência do art. 1.062, § 2º[205] – indicação dos elementos de qualificação no ato em separado de nomeação do administrador da limitada – como um entrave à aceitação de pessoa jurídica, que não poderia apresentar

---

[203] Decreto-Lei 7.661/1945 (Lei de Falências): "Art. 60 – O síndico será escolhido entre os maiores credores do falido, residentes ou domiciliados no fôro da falência, de reconhecida idoneidade moral e financeira. (...)

§ 5º – Se o síndico nomeado for pessoa jurídica, declarar-se-á no termo de que trata o art. 62 o nome de seu representante, que não poderá ser substituído sem licença do juiz.

[204] Art. 1.054 – O contrato mencionará, no que couber, as indicações do art. 997, e, se for o caso, a firma social.

[205] Art. 1.062 – O administrador designado em ato separado investir-se-á no cargo mediante termo de posse no livro de atas da administração.

§ 1º – Se o termo não for assinado nos trinta dias seguintes à designação, esta se tornará sem efeito.

§ 2º – Nos dez dias seguintes ao da investidura, deve o administrador requerer seja averbada sua nomeação no registro competente, mencionando o seu nome, nacionalidade, estado civil, residência, com exibição de documento de identidade, o ato e a data da nomeação e o prazo de gestão.

sua qualificação.[206] Certamente a jurisprudência bem como a evolução doutrinária deverão indicar o melhor caminho.

A outorga de poderes de administração, porém, se dá à pessoa do administrador, de modo que não se transmite a quem porventura adquira as quotas deste. Corroborando tal intelecção, o parágrafo único do art. 1.060[207] dispõe expressamente que, se a administração da socie-dade for atribuída a todos os sócios, ela não se estenderá de pleno direito a quem venha posteriormente a ser sócio.

A investidura no cargo de administrador dar-se-á por termo de posse no livro de atas da administração, sendo que, não assinado o termo dentro de 30 (trinta) dias após a designação, esta perderá a eficácia.

O contrato social ou o ato separado especificarão as condições e abrangência dos mandatos outorgados aos administradores, devendo ser arquivadas na Junta Comercial tanto a *nomeação* quanto a *recondução* ou a *cessação* do exercício do cargo administrativo.

Os administradores, nos quatro meses seguintes ao término do exercício social, deverão *prestar contas de sua gestão* aos demais sócios (em geral, na assembléia anual, ou na forma determinada pelo contrato), juntamente com a apresentação dos balanços patrimonial e de resultado econômico e do inventário (art. 1.065[208]).

A administração cessa com a *destituição* (conforme o contrato ou o ato separado), ou pelo término do prazo do mandato sem recondução (art. 1.063[209]), ou pela renúncia do sócio (válida perante a sociedade a

---

[206] CARVALHOSA, Modesto. *Comentários ao Código Civil* – Do direito de empresa. São Paulo: Saraiva, 2003. v. 13, p. 110.

[207] Art. 1.060 – ver nota de rodapé 200.

[208] Art. 1.065 – Ao término de cada exercício social, proceder-se-á à elaboração do inventário, do balanço patrimonial e do balanço de resultado econômico.

[209] Art. 1.063 – O exercício do cargo de administrador cessa pela destituição, em qualquer tempo, do titular, ou pelo término do prazo se, fixado no contrato ou em ato separado, não houver recondução.

§ 1º – Tratando-se de sócio nomeado administrador no contrato, sua destituição somente se opera pela aprovação de titulares de quotas correspondentes, no mínimo, a dois terços do capital social, salvo disposição contratual diversa.

§ 2º – A cessação do exercício do cargo de administrador deve ser averbada no registro competente, mediante requerimento apresentado nos dez dias seguintes ao da ocorrência.

§ 3º – A renúncia de administrador torna-se eficaz, em relação à sociedade, desde o momento em que esta toma conhecimento da comunicação escrita do renunciante; e, em relação a terceiros, após a averbação e publicação.

partir da comunicação escrita entregue, e perante terceiros a partir da averbação e publicação no Registro competente), devendo a cessação ser averbada nos 10 dias seguintes ao ato (ou à formalização deste) que determinou o término do mandato de administração (art. 1.063, § 2º).

Pela regência supletiva das regras das sociedades simples, a sociedade limitada não responderá por atos estranhos ao objeto social praticados em seu nome por seus administradores (art. 1.015, parágrafo único, III[210]), tendo sido, assim, admitida pela primeira vez no texto legal a teoria *ultra vires* (a pessoa jurídica só responde por atos que, praticados em seu nome, sejam compatíveis com o objeto social, cabendo à pessoa física que agiu em nome da sociedade a responsabilidade por atos desarmônicos com seus objetivos).

Quando a regência supletiva for o regime das sociedades anônimas, previsto em contrato, a sociedade sempre responderá pelos atos praticados em seu nome, cabendo-lhe a via de regresso contra o sócio que praticou o ato não coincidente com o objeto social (arts. 158 e 159 da Lei das Sociedades Anônimas[211]).

---

[210] Art. 1.015 – No silêncio do contrato, os administradores podem praticar todos os atos pertinentes à gestão da sociedade; não constituindo objeto social, a oneração ou a venda de bens imóveis depende do que a maioria dos sócios decidir.
Parágrafo único. O excesso por parte dos administradores somente pode ser oposto a terceiros se ocorrer pelo menos uma das seguintes hipóteses:
I – se a limitação de poderes estiver inscrita ou averbada no registro próprio da sociedade;
II – provando-se que era conhecida do terceiro;
III – tratando-se de operação evidentemente estranha aos negócios da sociedade.

[211] Lei 6.404/1976 (Lei das Sociedades Anônimas): "Art. 158 – O administrador não é pessoalmente responsável pelas obrigações que contrair em nome da sociedade e em virtude de ato regular de gestão; responde, porém, civilmente, pelos prejuízos que causar, quando proceder:
I – dentro de suas atribuições ou poderes, com culpa ou dolo;
II – com violação da lei ou do estatuto.
§ 1º – O administrador não é responsável por atos ilícitos de outros administradores, salvo se com eles for conivente, se negligenciar em descobri-los ou se, deles tendo conhecimento, deixar de agir para impedir a sua prática. Exime-se de responsabilidade o administrador dissidente que faça consignar sua divergência em ata de reunião do órgão de administração ou, não sendo possível, dela dê ciência imediata e por escrito ao órgão da administração, no conselho fiscal, se em funcionamento, ou à assembléia-geral.
§ 2º – Os administradores são solidariamente responsáveis pelos prejuízos causados em virtude do não cumprimento dos deveres impostos por lei para assegurar o funcionamento normal da companhia, ainda que, pelo estatuto, tais deveres não caibam a todos eles. *(cont. ➤)*

De todo modo, se *agir com culpa*, o administrador responderá perante a sociedade e terceiros (art. 1.016[212]), bem assim se exercer seus poderes em desacordo com a decisão da maioria, respondendo pelo abuso perante a sociedade (art. 1.013, § 2º[213]), aplicável judicialmente, em sendo o caso, a desconsideração da pessoa jurídica (art. 50[214]).

➤ § 3º – Nas companhias abertas, a responsabilidade de que trata o § 2º ficará restrita, ressalvado o disposto no § 4º, aos administradores que, por disposição do estatuto, tenham atribuição específica de dar cumprimento àqueles deveres.

§ 4º – O administrador que, tendo conhecimento do não cumprimento desses deveres por seu predecessor, ou pelo administrador competente nos termos do § 3º, deixar de comunicar o fato a assembléia-geral, tornar-se-á por ele solidariamente responsável.

§ 5º – Responderá solidariamente com o administrador quem, com o fim de obter vantagem para si ou para outrem, concorrer para a prática de ato com violação da lei ou do estatuto.

Art. 159 – Compete à companhia, mediante prévia deliberação da assembléia-geral, a ação de responsabilidade civil contra o administrador, pelos prejuízos causados ao seu patrimônio.

§ 1º – A deliberação poderá ser tomada em assembléia-geral ordinária e, se prevista na ordem do dia, ou for conseqüência direta de assunto nela incluído, em assembléia-geral extraordinária.

§ 2º – O administrador ou administradores contra os quais deva ser proposta ação ficarão impedidos e deverão ser substituídos na mesma assembléia.

§ 3º – Qualquer acionista poderá promover a ação, se não for proposta no prazo de 3 (três) meses da deliberação da assembléia-geral.

§ 4º – Se a assembléia deliberar não promover a ação, poderá ela ser proposta por acionistas que representem 5% (cinco por cento), pelo menos, do capital social.

§ 5º – Os resultados da ação promovida por acionista deferem-se à companhia, mas esta deverá indenizá-lo, até o limite daqueles resultados, de todas as despesas em que tiver incorrido, inclusive correção monetária e juros dos dispêndios realizados.

§ 6º – O juiz poderá reconhecer a exclusão da responsabilidade do administrador, se convencido de que este agiu de boa-fé e visando ao interesse da companhia.

§ 7º – A ação prevista neste artigo não exclui a que couber ao acionista ou terceiro diretamente prejudicado por ato de administrador."

[212] Art. 1.016 – Os administradores respondem solidariamente perante a sociedade e os terceiros prejudicados, por culpa no desempenho de suas funções.

[213] Art. 1.013 – A administração da sociedade, nada dispondo o contrato social, compete separadamente a cada um dos sócios.

§ 1º – Se a administração competir separadamente a vários administradores, cada um pode impugnar operação pretendida por outro, cabendo a decisão aos sócios, por maioria de votos.

§ 2º – Responde por perdas e danos perante a sociedade o administrador que realizar operações, sabendo ou devendo saber que estava agindo em desacordo com a maioria.

[214] Art. 50 – ver nota de rodapé 113.

A exclusão do sócio minoritário poderá dar-se por decisão da maioria dos sócios reunidos em assembléia especial ou em reunião comum conforme o número de sócios, assegurado amplo direito de comparecimento e de defesa ao acusado (art. 1.085[215]). A exclusão poderá ser determinada por justa causa que implique risco à continuidade da empresa (art. 1.085), ou pela declaração da falência do sócio, operando de pleno direito (art. 1.030, parágrafo único[216]), ou em decorrência da liquidação judicial da quota por credor do sócio (arts. 1.030, parágrafo único, e 1.026, parágrafo único). A exclusão judicial requer a decisão da maioria dos demais sócios (art. 1.030), e será fundamentada ou na falta grave no adimplemento de obrigações de sócio ou na prática de ato grave que ameace a continuidade da empresa (art. 1.030).

Em caso de *falecimento do sócio*, a resolução da sociedade será regida pelo que dispuser o contrato social a respeito (art. 1.028[217]). Se omisso, promover-se-á a liquidação da participação do falecido com pagamento aos herdeiros ou a admissão dos mesmos ante a concordância expressa dos demais sócios, possível sempre a deliberação pela dissolução da sociedade. Os herdeiros responderão, por dois anos a partir da averbação da ata consignando a resolução quanto ao falecido, pelas obrigações sociais anteriores ao falecimento e posteriores a este, mas anteriores à averbação do instrumento societário respectivo (art. 1.032[218]).

---

[215] Art. 1.085 – Ressalvado o disposto no art. 1.030, quando a maioria dos sócios, representativa de mais da metade do capital social, entender que um ou mais sócios estão pondo em risco a continuidade da empresa, em virtude de atos de inegável gravidade, poderá excluí-los da sociedade, mediante alteração do contrato social, desde que prevista neste a exclusão por justa causa.
Parágrafo único. A exclusão somente poderá ser determinada em reunião ou assembléia especialmente convocada para esse fim, ciente o acusado em tempo hábil para permitir seu comparecimento e o exercício do direito de defesa.

[216] Art. 1.030 – ver nota de rodapé 152.

[217] Art. 1.028 – No caso de morte de sócio, liquidar-se-á sua quota, salvo:
I – se o contrato dispuser diferentemente;
II – se os sócios remanescentes optarem pela dissolução da sociedade;
III – se, por acordo com os herdeiros, regular-se a substituição do sócio falecido.

[218] Art. 1.032 – A retirada, exclusão ou morte do sócio, não o exime, ou a seus herdeiros, da responsabilidade pelas obrigações sociais anteriores, até dois anos após averbada a resolução da sociedade; nem nos dois primeiros casos, pelas posteriores e em igual prazo, enquanto não se requerer a averbação.

Em caso de resolução, o valor das quotas envolvidas será determinado de acordo com o que dispuser o contrato (art. 1.031[219]) ou segundo o critério legal, conforme a situação patrimonial da sociedade à data da resolução, apurada em balanço especial. O pagamento deve ser feito em 90 (noventa) dias da liquidação, com a correspondente redução do capital social ou reposição pelos demais sócios.

Assuntos de maior interesse para a sociedade sujeitam-se ao processo de *deliberação dos sócios* (art. 1.010[220]). Esta deliberação poderá ser obrigatória nas hipóteses expressas, não taxativas, previstas no art. 1.071[221], cujo âmbito de abrangência poderá ser ampliado pelo contrato social.

As deliberações dos sócios poderão ser tomadas em simples *reunião* (nas sociedades limitadas de menor porte, com até dez sócios – art. 1.072, *caput* e § 6º[222]) ou em *assembléia de quotistas* (obrigatória

[219] Art. 1.031 – ver nota de rodapé 140.

[220] Art. 1.010 – ver nota de rodapé 147.

[221] Art. 1.071 – Dependem da deliberação dos sócios, além de outras matérias indicadas na lei ou no contrato:

I – a aprovação das contas da administração;

II – a designação dos administradores, quando feita em ato separado;

III – a destituição dos administradores;

IV – o modo de sua remuneração, quando não estabelecido no contrato;

V – a modificação do contrato social;

VI – a incorporação, a fusão e a dissolução da sociedade, ou a cessação do estado de liquidação;

VII – a nomeação e destituição dos liquidantes e o julgamento das suas contas;

VIII – o pedido de concordata.

[222] Art. 1.072 – As deliberações dos sócios, obedecido o disposto no art. 1.010, serão tomadas em reunião ou em assembléia, conforme previsto no contrato social, devendo ser convocadas pelos administradores nos casos previstos em lei ou no contrato.

§ 1º – A deliberação em assembléia será obrigatória se o número dos sócios for superior a dez.

§ 2º – Dispensam-se as formalidades de convocação previstas no § 3º do art. 1.152, quando todos os sócios comparecerem ou se declararem, por escrito, cientes do local, data, hora e ordem do dia.

§ 3º – A reunião ou a assembléia tornam-se dispensáveis quando todos os sócios decidirem, por escrito, sobre a matéria que seria objeto delas.

§ 4º – No caso do inciso VIII do artigo antecedente, os administradores, se houver urgência e com autorização de titulares de mais da metade do capital social, podem requerer concordata preventiva.

§ 5º – As deliberações tomadas de conformidade com a lei e o contrato vinculam todos os sócios, ainda que ausentes ou dissidentes.

§ 6º – Aplica-se às reuniões dos sócios, nos casos omissos no contrato, o disposto na presente Seção sobre a assembléia.

quando o número de sócios for superior a dez), dispensando-se a necessidade de reunião ou de assembléia se os sócios decidirem por escrito sobre a matéria (art. 1.072, § 3º).

Em razão da importância das matérias deliberadas, cinco quóruns deliberativos foram estabelecidos no novo Código Civil:

a. *unanimidade*, para designação de administradores não sócios se o capital ainda não estiver integralizado (art. 1.061[223]), para modificação da matéria indicada no art. 997 (art. 999[224]);
b. *três quartos do capital social* para a modificação do capital social (descompasso entre o estabelecido na parte final do *caput* do art. 999 e o inciso I do art. 1.076[225]), para a incorporação, fusão, dissolução da sociedade ou cessação de sua liquidação (art. 1.076, I);
c. *dois terços* do capital social para a destituição de administrador nomeado no contrato, saldo disposição contratual diversa (art. 1.063, § 1º[226]);
d. *maioria absoluta do capital social* (art. 1.010, § 1º[227]) para a designação de administrador por ato separado, para a destituição de administradores, para determinar o modo de remuneração dos administradores quando não estabelecido no contrato, para o pedido de concordata da sociedade (art. 1.076, II), para exclusão de sócio se

---

[223] Art. 1.061– ver nota de rodapé 198.

[224] Art. 999 – As modificações do contrato social, que tenham por objeto matéria indicada no art. 997, dependem do consentimento de todos os sócios; as demais podem ser decididas por maioria absoluta de votos, se o contrato não determinar a necessidade de deliberação unânime. Parágrafo único. Qualquer modificação do contrato social será averbada, cumprindo-se as formalidades previstas no artigo antecedente.

[225] Art. 1.076 – Ressalvado o disposto no art. 1.061 e no § 1º do art. 1.063, as deliberações dos sócios serão tomadas:

I – pelos votos correspondentes, no mínimo, a três quartos do capital social, nos casos previstos nos incisos V e VI do art. 1.071;

II – pelos votos correspondentes a mais de metade do capital social, nos casos previstos nos incisos II, III, IV e VIII do art. 1.071;

III – pela maioria de votos dos presentes, nos demais casos previstos na lei ou no contrato, se este não exigir maioria mais elevada.

[226] Art. 1.063 – ver nota de rodapé 209.

[227] Art. 1.010 – ver nota de rodapé 147.

prevista a exclusão por justa causa em contrato (art. 1.085[228]) e para decidir sobre os negócios da sociedade (art. 1.010 e § 1º);

e. *maioria simples* nos demais casos previstos em lei ou no contrato, se este não determinar *quorum* qualificado específico (art. 1.076, III).

As deliberações tomadas de conformidade com a lei e o contrato vinculam todos os sócios, até mesmo os ausentes à assembléia e os dissidentes (arts. 1.077[229], 1.031[230] e 1.032[231]). Em sendo as deliberações infringentes da lei ou do contrato, a responsabilidade dos que as aprovaram torna-se ilimitada (art. 1.080[232]).

O critério de sufrágio é estabelecido pelo novo Código Civil da seguinte maneira:

a. as deliberações serão tomadas por maioria de votos, contados segundo o valor das quotas de cada um;
b. para a formação da maioria absoluta, são necessários votos correspondentes a mais da metade do capital;
c. no caso de empate, os votos serão considerados pelo maior número de sócios (por cabeça, portanto);
d. persistindo o empate, caberá ao Judiciário a decisão (art. 1.010);
e. é vedado o voto (pessoal ou por mandatário) ao sócio a quem se refira, diretamente, a matéria votada (art. 1.074, § 2º[233]).

---

[228] Art. 1.085 – ver nota de rodapé 215.

[229] Art. 1.077 – Quando houver modificação do contrato, fusão da sociedade, incorporação de outra, ou dela por outra, terá o sócio que dissentiu o direito de retirar-se da sociedade, nos trinta dias subseqüentes à reunião, aplicando-se, no silêncio do contrato social antes vigente, o disposto no art. 1.031.

[230] Art. 1.031 – ver nota de rodapé 140.

[231] Art. 1.032 – ver nota de rodapé 218.

[232] Art. 1.080 – As deliberações infringentes do contrato ou da lei tornam ilimitada a responsabilidade dos que expressamente as aprovaram.

[233] Art. 1.074 – A assembléia dos sócios instala-se com a presença, em primeira convocação, de titulares de no mínimo três quartos do capital social, e, em segunda, com qualquer número.

§ 1º – O sócio pode ser representado na assembléia por outro sócio, ou por advogado, mediante outorga de mandato com especificação dos atos autorizados, devendo o instrumento ser levado a registro, juntamente com a ata.

§ 2º – Nenhum sócio, por si ou na condição de mandatário, pode votar matéria que lhe diga respeito diretamente.

As deliberações dos quotistas poderão ser tomadas em reunião simples, tratando-se de sociedade com até dez sócios, devendo o contrato dispor sobre os critérios a serem adotados, aplicando-se, na omissão, as regras estabelecidas para a assembléia dos sócios (arts. 1.072[234] e 1.079[235]). O procedimento para a reunião simples é menos formal, e diz respeito a sociedades limitadas menos complexas (sendo mais próximo da disciplina que caracterizou as sociedades por cotas de responsabilidade limitada do regime anterior).

A *assembléia de quotistas* não é um órgão permanente da sociedade. Seu funcionamento ocorrerá sempre que promovida a convocação para que a sociedade delibere e decida sobre os negócios sociais. A formalidade de sua instalação é obrigatória para as sociedades com mais de dez sócios (art. 1.072, § 1º). Para sua convocação e realização, são exigidos procedimentos formais, de modo semelhante ao do regime estabelecido para as sociedades anônimas. A *convocação* deverá ser promovida pelos administradores, nos casos previstos em lei ou no contrato (art. 1.072). Se estes retardarem a convocação por mais de 60 (sessenta) dias, o sócio poderá providenciar a convocação; bem como os titulares de, no mínimo, 1/5 (20%) do capital social, na hipótese de não ser atendido, em 8 (oito) dias, o pedido de convocação fundamentado e indicativo da matéria a ser tratada (art. 1.073, I[236]). A convocação poderá ser promovida pelo Conselho Fiscal se a diretoria retardar por mais de 30 (trinta) dias a convocação anual ou na hipótese de motivos graves e urgentes (art. 1.069, V[237]). Se a assembléia for regularmente convocada, as decisões tomadas vinculam todos os sócios da sociedade, inclusive o sócio ausente e o só-

---

[234] Art. 1.072 – ver nota de rodapé 222.

[235] Art. 1.079 – Aplica-se às reuniões dos sócios, nos casos omissos no contrato, o estabelecido nesta Seção sobre a assembléia, obedecido o disposto no § 1º do art. 1.072.

[236] Art. 1.073 – A reunião ou a assembléia podem também ser convocadas:

I – por sócio, quando os administradores retardarem a convocação, por mais de sessenta dias, nos casos previstos em lei ou no contrato, ou por titulares de mais de um quinto do capital, quando não atendido, no prazo de oito dias, pedido de convocação fundamentado, com indicação das matérias a serem tratadas;

II – pelo Conselho Fiscal, se houver, nos casos a que se refere o inciso V do art. 1.069.

[237] Art. 1.069 – Além de outras atribuições determinadas na lei ou no contrato social, aos membros do Conselho Fiscal incumbem, individual ou conjuntamente, os deveres seguintes: *(cont. ➤)*

cio dissidente que discordar da deliberação (art. 1.080[238]). A convocação da assembléia, porém, será *dispensada* sempre que a totalidade dos sócios se manifestar sobre a matéria que nela seria tratada ou pelo comparecimento ou por decisão escrita subscrita por eles (art. 1.072, §§ 2º e 3º[239]).

O *quorum de instalação* mínimo se dá com 3/4 (três quartos) do capital social, em primeira convocação, e com qualquer número em segunda (art. 1.074[240]).

A assembléia deve realizar-se uma vez por ano, pelo menos, no término do exercício social (art. 1.078[241]), e dela será lavrada a respectiva

---

➤ I – examinar, pelo menos trimestralmente, os livros e papéis da sociedade e o estado da caixa e da carteira, devendo os administradores ou liquidantes prestar-lhes as informações solicitadas;

II – lavrar no livro de atas e pareceres do Conselho Fiscal o resultado dos exames referidos no inciso I deste artigo;

III – exarar no mesmo livro e apresentar à assembléia anual dos sócios parecer sobre os negócios e as operações sociais do exercício em que servirem, tomando por base o balanço patrimonial e o de resultado econômico;

IV – denunciar os erros, fraudes ou crimes que descobrirem, sugerindo providências úteis à sociedade;

V – convocar a assembléia dos sócios se a diretoria retardar por mais de trinta dias a sua convocação anual, ou sempre que ocorram motivos graves e urgentes;

VI – praticar, durante o período da liquidação da sociedade, os atos a que se refere este artigo, tendo em vista as disposições especiais reguladoras da liquidação.

[238] Art. 1.080 – ver nota de rodapé 232.

[239] Art. 1.072 – ver nota de rodapé 222.

[240] Art. 1.074 – ver nota de rodapé 233.

[241] Art. 1.078 – A assembléia dos sócios deve realizar-se ao menos uma vez por ano, nos quatro meses seguintes ao término do exercício social, com o objetivo de:

I – tomar as contas dos administradores e deliberar sobre o balanço patrimonial e o de resultado econômico;

II – designar administradores, quando for o caso;

III – tratar de qualquer outro assunto constante da ordem do dia.

§ 1º – Até trinta dias antes da data marcada para a assembléia, os documentos referidos no inciso I deste artigo devem ser postos, por escrito, e com a prova do respectivo recebimento, à disposição dos sócios que não exerçam a administração.

§ 2º – Instalada a assembléia, proceder-se-á à leitura dos documentos referidos no parágrafo antecedente, os quais serão submetidos, pelo presidente, a discussão e votação, nesta não podendo tomar parte os membros da administração e, se houver, os do conselho fiscal.

§ 3º – A aprovação, sem reserva, do balanço patrimonial e do de resultado econômico, salvo erro, dolo ou simulação, exonera de responsabilidade os membros da administração e, se houver, os do conselho fiscal.

§ 4º – Extingue-se em dois anos o direito de anular a aprovação a que se refere o parágrafo antecedente.

ata, que deverá ser levada à averbação no órgão registrário competente nos 20 (vinte) dias seguintes à sua realização (art. 1.075, §§ 1º e 2º[242]).

O *Conselho Fiscal* é órgão facultativo cuja instituição deverá ser prevista expressamente no contrato social (art. 1.066[243]), sendo apropriado para organizações mais complexas, com número expressivo de sócios. Sua competência precípua é a de fiscalizar os atos dos administradores da sociedade. Deverá ser constituído de 3 (três) membros, no mínimo, e de número indeterminado, no máximo. A eleição destes membros e de seus suplentes requer a maioria do capital social (art. 1.076, II[244]), e seu mandato será anual, salvo cessação anterior (art. 1.067[245]). São requisitos de elegibilidade do conselheiro: ser residente no país, sócio ou não, com os impedimentos estabelecidos para os empresários (art. 1.011, § 1º[246]). O conselheiro não poderá fazer parte de outro órgão da sociedade ou de outra sociedade por ela controlada, não podendo ser empregado dela ou de quaisquer de seus administradores, nem cônjuge ou parente destes, até o terceiro grau (art. 1.066, § 1º[247]).

---

[242] Art. 1.075 – A assembléia será presidida e secretariada por sócios escolhidos entre os presentes.

§ 1º – Dos trabalhos e deliberações será lavrada, no livro de atas da assembléia, ata assinada pelos membros da mesa e por sócios participantes da reunião, quantos bastem à validade das deliberações, mas sem prejuízo dos que queiram assiná-la.

§ 2º – Cópia da ata autenticada pelos administradores, ou pela mesa, será, nos vinte dias subseqüentes à reunião, apresentada ao Registro Público de Empresas Mercantis para arquivamento e averbação.

§ 3º – Ao sócio, que a solicitar, será entregue cópia autenticada da ata.

[243] Art. 1.066 – Sem prejuízo dos poderes da assembléia dos sócios, pode o contrato instituir Conselho Fiscal composto de três ou mais membros e respectivos suplentes, sócios ou não, residentes no País, eleitos na assembléia anual prevista no art. 1.078.

§ 1º – Não podem fazer parte do Conselho Fiscal, além dos inelegíveis enumerados no § 1º do art. 1.011, os membros dos demais órgãos da sociedade ou de outra por ela controlada, os empregados de quaisquer delas ou dos respectivos administradores, o cônjuge ou parente destes até o terceiro grau.

§ 2º – É assegurado aos sócios minoritários, que representarem pelo menos um quinto do capital social, o direito de eleger, separadamente, um dos membros do conselho fiscal e o respectivo suplente.

[244] Art. 1.076 – ver nota de rodapé 225.

[245] Art. 1.067 – O membro ou suplente eleito, assinando termo de posse lavrado no livro de atas e pareceres do Conselho Fiscal, em que se mencione o seu nome, nacionalidade, estado civil, residência e a data da escolha, ficará investido nas suas funções, que exercerá, salvo cessação anterior, até a subseqüente assembléia anual.

Parágrafo único. Se o termo não for assinado nos trinta dias seguintes ao da eleição, esta se tornará sem efeito.

[246] Art. 1.011 – ver nota de rodapé 148.

[247] Art. 1.066 – ver nota de rodapé 243.

Eleitos, deverão os conselheiros assinar o termo de posse dentro dos 30 (trinta) dias subseqüentes ao da eleição, sob pena de perda da eficácia da eleição (art. 1.067, parágrafo único).

O Conselho Fiscal tem atribuição específica (art. 1.069[248]) – não obstante poderes atribuídos na lei ou no contrato social, vedada a identidade de atribuição já outorgada a outro órgão da sociedade –, e sua responsabilidade é regida pelas mesmas regras que disciplinam a responsabilidade dos administradores (arts. 1.070[249] e 1.016[250]).

A *dissolução da sociedade limitada* se dá, de pleno direito, por quaisquer das causas previstas no art. 1.044[251], que, reportando-se aos motivos elencados no art. 1.033[252], acresce a falência para as sociedades empresárias (art. 1.087[253]). Isto significa que a dissolução da sociedade limitada é regida pelas normas da sociedade simples, já esposadas anteriormente no capítulo a ela atinente, e cujos pontos principais aqui recordamos com o mesmo intuito de facilitar a compreensão do assunto:

a. a dissolução de fato é uma modalidade sem previsão legal, ocorrendo quando deixa-se de atender ao procedimento prescrito na lei visando à proteção dos interesses da sociedade, dos terceiros que com ela contrataram e dos sócios, ensejando a decretação da falência da empresa (arts. 2º, VII, 150, III, da Lei de Falências[254]), com a conse-

---

[248] Art. 1.069 – ver nota de rodapé 237.

[249] Art. 1.070 – As atribuições e poderes conferidos pela lei ao Conselho Fiscal não podem ser outorgados a outro órgão da sociedade, e a responsabilidade de seus membros obedece à regra que define a dos administradores (art. 1.016).
Parágrafo único. O Conselho Fiscal poderá escolher para assisti-lo no exame dos livros, dos balanços e das contas, contabilista legalmente habilitado, mediante remuneração aprovada pela assembléia dos sócios.

[250] Art. 1.016 – ver nota de rodapé 212.

[251] Art. 1.044 – ver nota de rodapé 155.

[252] Art. 1.033 – ver nota de rodapé 96.

[253] Art. 1.087 – ver nota de rodapé 154.

[254] Decreto-Lei 7.661/1945 (Lei de Falências): "Art. 2º – Caracteriza-se, também, a falência, se o comerciante: (...)
VII – ausenta-se sem deixar representante para administrar o negócio, habilitado com recursos suficientes para pagar os credores; abandona o estabelecimento; oculta-se ou tenta ocultar-se, deixando furtivamente o seu domicílio. (...)"
"Art. 150 – A concordata pode ser rescindida: (...)
III – pelo abandono do estabelecimento; (...)"

qüente responsabilidade solidária e ilimitada pelos débitos da sociedade. Tal responsabilização se resolve pelos mecanismos de ressarcimento existentes em nosso direito;

b. somente após o adimplemento das obrigações da sociedade para com terceiros, e partilhados os lucros e/ou bens remanescentes, é que ocorrerá a efetiva extinção da sociedade. A atuação do liquidante deverá restringir-se à gestão dos negócios inadiáveis, vedadas novas operações, sob pena de responsabilidade ilimitada e solidária (art. 1.036[255]). O liquidante poderá estar indicado no contrato social, ou poderá ser nomeado por deliberação dos sócios, podendo ser sócio ou não, administrador da sociedade ou não, e sua responsabilidade rege-se pelas normas que disciplinam a responsabilidade dos administradores das sociedades em liquidação (arts. 1.102[256] e 1.104[257]), representando a sociedade e usando o nome da mesma seguido da cláusula "em liquidação" e de sua assinatura como liquidante (art. 1.105[258]). A sua destituição poderá dar-se judicialmente, por justa causa, ou mediante deliberação dos sócios, se eleito nos termos estabelecidos no Código Civil (art. 1.038[259]). Sua gestão deve encerrar-se com uma prestação final de contas, mediante assembléia especialmente convocada. Com a aprovação das contas, encerra-se a liquidação, extinguindo-se a sociedade e sua personalidade jurídica a partir da publicação da averbação respectiva (art. 1.109[260]);

c. nos termos previstos nos arts. 1.087[261], 1.044[262] e 1.033[263], a dissolução pode ter como causas: o término do prazo contratual; a deliberação unânime dos sócios; se por prazo indeterminado, a deliberação da maioria absoluta dos sócios; o término do prazo de 180 dias se permanecer a unipessoalidade extraordinária; o exaurimento do

---

255 Art. 1.036 – ver nota de rodapé 160.

256 Art. 1.102– ver nota de rodapé 161.

257 Art. 1.104 – ver nota de rodapé 162.

258 Art. 1.105 – ver nota de rodapé 164.

259 Art. 1.038 – ver nota de rodapé 165.

260 Art. 1.109 – ver nota de rodapé 166.

261 Art. 1.087 – ver nota de rodapé 154.

262 Art. 1.044 – ver nota de rodapé 155.

263 Art. 1.033 – ver nota de rodapé 96.

objetivo social; demais casos previstos no contrato social; em sendo sociedade empresária, a declaração da falência;

d. tornando-se inexeqüível ou exaurido o objetivo social, com o exame das provas e evidências apresentadas, caberá decisão judicial quanto à continuação da sociedade ou não (art. 1.034[264]), da mesma forma que na hipótese de ocorrência de outras causas de dissolução indicadas no contrato (art. 1.035[265]);

e. a dissolução antes de findo o prazo contratual demandará a unanimidade para sua validade (art. 1.033, II[266]), devendo ser lembrada a admissão, pela jurisprudência, da continuação da sociedade com sócio(s) dissidente(s), resguardado o requisito da pluralidade para tanto (mínimo de dois);

f. em se tratando de sociedade contratada por prazo determinado, dispõe o Código Civil de 2002 que a continuação da atividade da empresa após decorrido o prazo contratualmente previsto, ou a omissão para a iniciativa da liquidação implicarão a presunção de prorrogação do prazo por tempo indeterminado (art. 1.033, I), a menos que haja oposição de sócio(s), evitando-se a dissolução de pleno direito que ocorreria com a expiração do prazo de duração. Dá-se, assim, a prorrogação automática do prazo contratual, visando primordialmente ao resguardo da responsabilização e à validade de atos que tenham sido, ou que venham a ser, praticados em nome da sociedade. Com a hipótese de oposição, e possível pedido de dissolução em juízo, resguardou o novo Código Civil a possibilidade de não poder haver prorrogação contra a vontade de um ou mais sócios.

A Sociedade Anônima

A sociedade anônima é o tipo societário em que o capital é dividido em ações, obrigando-se cada sócio ou acionista somente pelo preço das ações

[264] Art. 1.034 – ver nota de rodapé 26.
[265] Art. 1.035 – ver nota de rodapé 159.
[266] Art. 1.033 – ver nota de rodapé 96.

que subscrever ou adquirir. Esta sociedade, por expressa determinação do novo Código Civil, continua a ser regida por lei especial, a Lei das Sociedades Anônimas (Lei 6.404/1976), com aplicação subsidiária das disposições do Código Civil de 2002 (normas gerais do direito obrigacional e societário que são) nos casos de omissão (art. 1.089[267]). A aplicação subsidiária das normas gerais do Código Civil às sociedades anônimas se justifica, ainda, pelos princípios constitucionais que informam o Direito de Empresa tal como estatuído no novo Código Civil, principalmente o da função social da empresa, consubstanciado no art. 170, *caput*, da Constituição brasileira.

Na caracterização de sociedade empresária, o Código Civil de 2002 não deixou de corroborar a norma contida no art. 2º, § 2º, da Lei das Sociedades Anônimas,[268] estabelecendo que "*independentemente de seu objeto, considera-se empresária a sociedade por ações*" (art. 982, § único[269]).

Dispõe, também, o novo Código Civil quanto ao nome da sociedade, determinando que a sociedade anônima opera sob a denominação designativa do objeto social, integrada pelas expressões "sociedade anônima" ou "companhia", por extenso ou abreviadamente, podendo ainda constar o nome do fundador, acionista ou pessoa que haja concorrido para o bom êxito da formação da empresa (art. 1.160[270]).

No capítulo referente à escrituração, o Código Civil de 2002 também faz referências expressas às ações, ao determinar que o seu valor e o dos títulos de renda fixa pode ser determinado com base na respectiva cotação na Bolsa de Valores, e os não cotados serão considerados pelo seu valor de aquisição (art. 1.187, III[271]). Prevê, ainda, o novo Código, que os

---

[267] Art. 1.089 – ver nota de rodapé 131.

[268] Lei 6.404/1976 (Lei das Sociedades Anônimas): "Art. 2º – ver nota de rodapé 103.

[269] Art. 982 – ver nota de rodapé 61.

[270] Art. 1.160 – A sociedade anônima opera sob denominação designativa do objeto social, integrada pelas expressões "sociedade anônima" ou "companhia", por extenso ou abreviadamente.
Parágrafo único – Pode constar da denominação o nome do fundador, acionista, ou pessoa que haja concorrido para o bom êxito da formação da empresa.

[271] Art. 1.187 – Na coleta dos elementos para o inventário serão observados os critérios de avaliação a seguir determinados: *(cont. ➤)*

juros pagos aos acionistas da sociedade anônima, no período antecedente ao início das operações sociais, à taxa não superior a 12% (doze por cento) ao ano, fixada no estatuto, poderão figurar no ativo, desde que anteriormente à sua amortização (art. 1.187, parágrafo único, II).

A Sociedade em Comandita por Ações

A sociedade em comandita por ações, muito pouco utilizada em nosso país, é aquela em que o capital é dividido em ações, respondendo os acionistas apenas pelo valor das ações subscritas. Este tipo societário é regido pelas normas relativas às sociedades anônimas (Lei 6.404/1976, arts. 280 a 284), com as alterações estabelecidas nos arts. 1.090[272] e

---

➤ I – os bens destinados à exploração da atividade serão avaliados pelo custo de aquisição, devendo, na avaliação dos que se desgastam ou depreciam com o uso, pela ação do tempo ou outros fatores, atender-se à desvalorização respectiva, criando-se fundos de amortização para assegurar-lhes a substituição ou a conservação do valor;

II – os valores mobiliários, matéria-prima, bens destinados à alienação, ou que constituem produtos ou artigos da indústria ou comércio da empresa, podem ser estimados pelo custo de aquisição ou de fabricação, ou pelo preço corrente, sempre que este for inferior ao preço de custo, e quando o preço corrente ou venal estiver acima do valor do custo de aquisição, ou fabricação, e os bens forem avaliados pelo preço corrente, a diferença entre este e o preço de custo não será levada em conta para a distribuição de lucros, nem para as percentagens referentes a fundos de reserva;

III – o valor das ações e dos títulos de renda fixa pode ser determinado com base na respectiva cotação da Bolsa de Valores; os não cotados e as participações não acionárias serão considerados pelo seu valor de aquisição;

IV – os créditos serão considerados de conformidade com o presumível valor de realização, não se levando em conta os prescritos ou de difícil liqüidação, salvo se houver, quanto aos últimos, previsão equivalente.

Parágrafo único. Entre os valores do ativo podem figurar, desde que se preceda, anualmente, à sua amortização:

I – as despesas de instalação da sociedade, até o limite correspondente a dez por cento do capital social;

II – os juros pagos aos acionistas da sociedade anônima, no período antecedente ao início das operações sociais, à taxa não superior a doze por cento ao ano, fixada no estatuto;

III – a quantia efetivamente paga a título de aviamento de estabelecimento adquirido pelo empresário ou sociedade.

[272] Art. 1.090 – A sociedade em comandita por ações tem o capital dividido em ações, regendo-se pelas normas relativas à sociedade anônima, sem prejuízo das modificações constantes deste Capítulo, e opera sob firma ou denominação.

1.092[273] do Código Civil de 2002. Os diretores, necessariamente acionistas administradores da empresa, respondem subsidiária e ilimitadamente pelas obrigações da sociedade. Em havendo mais de um diretor, entre eles se estabelece a responsabilidade solidária, após esgotados os bens sociais. Os diretores são nomeados no contrato social, e seu mandato será sempre por prazo indeterminado, só sendo destituídos por acionistas que representem 2/3 do capital social (art. 1.091, § 2º[274]), permanecendo a sua responsabilidade subsidiária e ilimitada pelas obrigações sociais contraídas sob sua administração (§ 3º).

Quando as decisões da assembléia geral da sociedade em comandita por ações versarem sobre mudança do objeto essencial da sociedade, prorrogação do prazo de duração, aumento ou diminuição do capital social, criação de debêntures ou de partes beneficiárias, estas só serão válidas se tiverem o consentimento dos diretores. Constituindo a administração da sociedade, por ela respondendo, portanto, ilimitadamente, ainda que minoritários, deverão ter a possibilidade de concordar ou não com decisões de maior relevância para a sociedade (art. 1.092, em eco com o art. 283 da Lei das Sociedades Anônimas[275]). Os atos enumerados nestes artigos poderão implicar maiores responsabilidades para os diretores ou gerentes, em razão da responsabilidade subsidiária que assumem.

---

[273] Art. 1.092 – A assembléia geral não pode, sem o consentimento dos diretores, mudar o objeto essencial da sociedade, prorrogar-lhe o prazo de duração, aumentar ou diminuir o capital social, criar debêntures, ou partes beneficiárias.

[274] Art. 1.091 – Somente o acionista tem qualidade para administrar a sociedade e, como diretor, responde subsidiária e ilimitadamente pelas obrigações da sociedade.

§ 1º – Se houver mais de um diretor, serão solidariamente responsáveis, depois de esgotados os bens sociais.

§ 2º – Os diretores serão nomeados no ato constitutivo da sociedade, sem limitação de tempo, e somente poderão ser destituídos por deliberação de acionistas que representem no mínimo dois terços do capital social.

§ 3º – O diretor destituído ou exonerado continua, durante dois anos, responsável pelas obrigações sociais contraídas sob sua administração.

[275] Lei 6.404/1976 (Sociedades Anônimas): "Art. 283 – A assembléia-geral não pode, sem o consentimento dos diretores ou gerentes, mudar o objeto essencial da sociedade, prorrogar-lhe o prazo de duração, aumentar ou diminuir o capital social, emitir debêntures ou criar partes beneficiárias nem aprovar a participação em grupo de sociedade. (Redação dada pela Lei nº 9.457, de 5.5.1997)". Mantida no art. 1.092 do Código Civil de 2002, com supressão de aprovação da participação em grupo da sociedade.

A Sociedade Cooperativa

A sociedade cooperativa é definida no nosso direito pelo art. 3º da Lei 5.764/1971, que determina:

> *"Celebram contrato de sociedade cooperativa as pessoas que reciprocamente se obrigam a contribuir com bens ou serviços para o exercício de uma atividade econômica, de proveito comum, sem objetivo de lucro".*

A Lei 5.764/1971 define a Política Nacional de Cooperativismo, institui o regime jurídico das sociedades cooperativas, dá outras providências,[276] e estabelece em seu art. 4º as principais características deste tipo de sociedade.

---

[276] Lei 5.764/1971 (Lei das Sociedades Cooperativas): "Art. 4º – ver nota de rodapé 104.
(...)
Art. 11 – As sociedades cooperativas serão de responsabilidade limitada, quando a responsabilidade do associado pelos compromissos da sociedade se limitar ao valor do capital por ele subscrito.
Art. 12 – As sociedades cooperativas serão de responsabilidade ilimitada, quando a responsabilidade do associado pelos compromissos da sociedade for pessoal, solidária e não tiver limite.
(...)
Art. 18 – Verificada, no prazo máximo de 60 (sessenta) dias, a contar da data de entrada em seu protocolo, pelo respectivo órgão executivo federal de controle ou órgão local para isso credenciado, a existência de condições de funcionamento da cooperativa em constituição, bem como a regularidade da documentação apresentada, o órgão controlador devolverá, devidamente autenticadas, 2 (duas) vias à cooperativa, acompanhadas de documentos dirigidos à Junta Comercial do Estado, onde a entidade estiver sediada, comunicando a aprovação do ato constitutivo da requerente. (...)
§ 2º – A falta de manifestação do órgão controlador no prazo a que se refere este artigo implicará a aprovação do ato constitutivo e o seu subseqüente arquivamento na Junta Comercial respectiva. (...)
§ 6º – Arquivados os documentos na Junta Comercial e feita a respectiva publicação, a cooperativa adquire personalidade jurídica, tornando-se apta a funcionar.
§ 7º – A autorização caducará, independentemente de qualquer despacho, se a cooperativa não entrar em atividade dentro do prazo de 90 (noventa) dias contados da data em que forem arquivados os documentos na Junta Comercial.
§ 8º – Cancelada a autorização, o órgão de controle expedirá comunicação à respectiva Junta Comercial, que dará baixa nos documentos arquivados."

O Código Civil de 2002, ao elencar as características deste tipo societário dentre as regras gerais de regulação da sociedade cooperativa:

a. estabelece que o capital social é variável, podendo ser dispensado (deixou de lado a característica da adesão voluntária);
b. fixa o número mínimo de sócios em função da necessidade de composição da administração da sociedade, e mantém o número máximo ilimitado (despreza a limitação da impossibilidade técnica de prestação de serviço);
c. mantém a limitação do valor da soma de quotas do capital social que cada sócio poderá tomar (despreza a faculdade de fixar a proporcionalidade conforme a conveniência da sociedade);
d. mantém a intransferibilidade das quotas do capital a terceiros estranhos à sociedade, ainda que por herança – caráter personalíssimo do contrato de sociedade cooperativa;
e. mantém o *quorum* de instalação da assembléia geral em função do número de presentes, e não do capital social representado;
f. mantém a singularidade de voto para cada sócio nas deliberações sociais, ainda que inexistente o capital social, qualquer que seja a participação societária do mesmo (despreza a possibilidade do critério da proporcionalidade para cooperativas centrais, federações e confederações de cooperativas);
g. estabelece a distribuição dos resultados, proporcionalmente ao valor das operações efetuadas pelo sócio com a sociedade, podendo ser atribuído juro fixo ao capital realizado;
h. mantém a indivisibilidade do fundo de reserva entre os sócios, mesmo em caso de dissolução da sociedade;
i. despreza o estabelecido nos incisos IX, X e XI do art. 4º, reproduzido na nota 32 deste livro.

O estatuto da sociedade cooperativa deverá estabelecer se será limitada ou ilimitada a responsabilidade dos sócios pelas obrigações sociais. Admite uma categoria de sócios com responsabilidade limitada – hipótese em que o sócio responde apenas pelo valor de suas quotas e pelo prejuízo decorrente de operações das quais participou diretamente – e outra com responsabilidade ilimitada – o sócio responde com seu patrimônio pessoal pela execução das dívidas sociais (art. 1.095[277]).

Deve ser ressaltado que o Código Civil de 2002 manteve a classificação de sociedade simples para a cooperativa, independentemente do seu objeto (art. 982, parágrafo único[278]). E dispõe, quanto ao nome, que a sociedade cooperativa funcione sob denominação integrada pelo vocábulo "cooperativa" (art. 1.159[279]), bem como determina que a sociedade em que houver sócios de responsabilidade ilimitada operará sob firma, na qual somente poderão figurar os nomes desses sócios de responsabilidade ilimitada (art. 1.157[280]).

Apesar de sua natureza de sociedade simples, necessariamente, os documentos constitutivos da cooperativa deverão ser arquivados na Junta Comercial estadual, nos termos do disposto no art. 18 e seus parágrafos da lei especial de regência da matéria, que determina, no § 6º, a aquisição da personalidade jurídica deste tipo societário por ocasião do arquivamento dos seus documentos na Junta Comercial.[281]

Mesmo diante da disciplina do art. 1.150[282] do novo Código Civil, que determina que as sociedades simples vinculam-se ao Registro Civil das Pessoas Jurídicas, entendemos que a ressalva estabelecida

---

[277] Art. 1.095 – Na sociedade cooperativa, a responsabilidade dos sócios pode ser limitada ou ilimitada.

§ 1º – É limitada a responsabilidade na cooperativa em que o sócio responde somente pelo valor de suas quotas e pelo prejuízo verificado nas operações sociais, guardada a proporção de sua participação nas mesmas operações.

§ 2º – É ilimitada a responsabilidade na cooperativa em que o sócio responde solidária e ilimitadamente pelas obrigações sociais.

[278] Art. 982 – ver nota de rodapé 61.

[279] Art. 1.159 – A sociedade cooperativa funciona sob denominação integrada pelo vocábulo "cooperativa".

[280] Art. 1.157 – A sociedade em que houver sócios de responsabilidade ilimitada operará sob firma, na qual somente os nomes daqueles poderão figurar, bastando para formá-la aditar ao nome de um deles a expressão "e companhia" ou sua abreviatura.

Parágrafo único. Ficam solidária e ilimitadamente responsáveis pelas obrigações contraídas sob a firma social aqueles que, por seus nomes, figurarem na firma da sociedade de que trata este artigo.

[281] Cf. ainda, Jornada STJ 69 – *As sociedades cooperativas são sociedades simples sujeitas a inscrição nas Juntas Comerciais.*

[282] Art. 1.150 – ver nota de rodapé 27.

no art. 1.093[283] coloca a regência da cooperativa primeiramente sob a lei especial. Tal intelecção se confirma ante a determinação da aplicação subsidiária, às sociedades cooperativas, das normas aplicáveis às sociedades simples, desde que preservadas as características estabelecidas no art. 1.094[284] (art. 1.096[285]).

As Sociedades Coligadas

Este capítulo foi inicialmente denominado de "sociedades ligadas", expressão que acabou sendo afastada, por ser estranha ao direito societário. (A Lei 6.404/1976, Lei das Sociedades Anônimas, já disciplina a matéria, nos seus arts. 243 a 264, sob o título "Sociedades coligadas, controladoras e controladas").

O Código Civil de 2002 incluiu as sociedades, que acabou denominando apenas de coligadas, no último rol de tipos societários que elenca, a partir da classificação das sociedades em personificadas e não-personificadas. Não se trata, porém, de mais um tipo societário, como pode parecer. Sociedade coligada não constitui novo tipo societário, mas sim o estado em que uma sociedade pode se encontrar

[283] Art. 1.093 – A sociedade cooperativa reger-se-á pelo disposto no presente Capítulo, ressalvada a legislação especial.

[284] Art. 1.094 – São características da sociedade cooperativa:

I – variabilidade, ou dispensa do capital social;

II – concurso de sócios em número mínimo necessário a compor a administração da sociedade, sem limitação de número máximo;

III – limitação do valor da soma de quotas do capital social que cada sócio poderá tomar;

IV – intransferibilidade das quotas do capital a terceiros estranhos à sociedade, ainda que por herança;

V – *quorum*, para a assembléia geral funcionar e deliberar, fundado no número de sócios presentes à reunião, e não no capital social representado;

VI – direito de cada sócio a um só voto nas deliberações, tenha ou não capital a sociedade, e qualquer que seja o valor de sua participação;

VII – distribuição dos resultados, proporcionalmente ao valor das operações efetuadas pelo sócio com a sociedade, podendo ser atribuído juro fixo ao capital realizado;

VIII – indivisibilidade do fundo de reserva entre os sócios, ainda que em caso de dissolução da sociedade.

[285] Art. 1.096 – No que a lei for omissa, aplicam-se as disposições referentes à sociedade simples, resguardadas as características estabelecidas no art. 1.094.

em função de suas relações de controle, subordinação ou participação com outras sociedades.

Para Rubens Requião, o fenômeno econômico da constituição de grupos societários, posterior à Segunda Grande Guerra, é conseqüência da concentração econômica das empresas, ante as necessidades do desenvolvimento tecnológico dos processos de produção e pesquisa, bem como do domínio da supremacia dos mercados de produção e de consumo, e demandou a conceituação jurídica do fenômeno econômico. O pioneirismo no estabelecimento de um sistema legal disciplinador dos grupos econômicos coube ao direito alemão, que na lei que regulou a sociedade anônima, de 1965, estabeleceu um capítulo para a matéria, cujas linhas mestras inspiraram o direito brasileiro a respeito, na elaboração da Lei 6.404/1976.

É assim que temos:

a. grupos de fato – sociedades que mantém entre si laços empresariais por meio de participação acionária, sem necessidade de se organizarem juridicamente. Relacionam-se segundo o regime legal de sociedades isoladas, sob a forma de coligadas, controladoras e controladas, no sentido de não terem necessidade de maior estrutura organizacional; e

b. grupos de direito – que importam numa convenção, formalizada no Registro de Comércio, tendo por objeto uma organização composta de companhias mas com disciplina própria, sendo reconhecidas pelo direito.[286]

Os grupos de fato acabam por aglutinar sociedades, mantendo suas estruturas, sem organização jurídica do grupo. O Código Civil de 2002 preocupou-se com estes grupos no âmbito das sociedades.

Define o art. 1.097[287] do Código Civil vigente as *sociedades coligadas* como sendo aquelas que, em suas relações de capital, são *controladas*, *filiadas*, ou de *simples participação*, na forma dos arts. 1.098 a 1.101. Como se vê, o novo Código Civil adota uma definição em sentido amplo

[286] REQUIÃO, Rubens. *Curso de direito comercial*. 20. ed. São Paulo: Saraiva, 1995. p. 217.

[287] Art. 1.097 – ver nota de rodapé 132.

de sociedade coligada, envolvendo relação de controle, e outra em sentido estrito, em que inexiste vinculação entre as sociedades do grupo.

sociedades coligadas	• controlada • coligada ou filiada • de simples participação

A *sociedade controlada* é aquela de cujo capital outra sociedade possua a maioria dos votos nas deliberações dos quotistas ou da assembléia geral e o poder de eleger a maioria dos administradores. Ou, ainda, aquela cujo controle, referido no artigo antecedente, esteja em poder de outra, mediante ações ou quotas possuídas por sociedades ou sociedades por esta já controladas (art. 1.098[288]).

O conceito de controle é que orienta a espécie legal. E tal conceito é fornecido pelo texto da Lei das Sociedades Anônimas, em seu art. 116:

> *"Entende-se por acionista controlador a pessoa, natural ou jurídica, ou o grupo de pessoas vinculadas por acordo de voto, ou sob controle comum, que:*
>
> *a. é titular de direitos de sócio que lhe assegurem, de modo permanente, a maioria dos votos nas deliberações da assembléia geral e o poder de eleger a maioria dos administradores da companhia; e*
>
> *b. usa efetivamente seu poder para dirigir as atividades sociais e orientar o funcionamento dos órgãos da companhia.*
>
> *Parágrafo único: O acionista controlador deve usar o poder com o fim de fazer a companhia realizar o seu objeto e cumprir sua função social, e tem deveres e responsabilidades para com os demais acionistas da empresa, os que nela traba-*

[288] Art. 1.098 – ver nota de rodapé 132.

lham e para com a comunidade em que atua, cujos direitos e interesses deve lealmente respeitar e atender."

Portanto, para que se identifique o poder de controle, é necessário que se trate de maioria da participação societária, titularidade com direito a voto, e que tal situação majoritária seja usada para dirigir a sociedade.

Quando ocorrer a relação de controle direto de uma sociedade para outra, teremos a hipótese descrita no inciso I do art. 1.098[289]. Quando, porém, a relação de controle for indireta, entre a sociedade controlada e a controladora, havendo ainda outras sociedades participantes do capital da controlada (§ 2º do art. 243 da Lei das Sociedades Anônimas[290]), teremos a hipótese do inciso II do art. 1.098.

A *sociedade coligada* ou *filiada*, para o novo Código Civil, é aquela de cujo capital outra sociedade participa com 10% (dez por cento) ou mais, do capital da outra, sem controlá-la. Mera reprodução do § 1.º do art. 243 da Lei das Sociedades Anônimas (art. 1.099[291]).

E *de simples participação* será a sociedade de cujo capital outra sociedade possua menos de 10% (dez por cento) do capital com direito de voto (art. 1.100[292]).

Às definições dos grupos de fato, o novo Código Civil nada acrescenta. Dispõe ainda que a participação de uma sociedade em outra, de que é sócia, é vedada se for de montante superior ao das próprias reservas, excluída a legal, nos termos do balanço, salvo disposição especial de lei.

---

[289] Art. 1.098 – ver nota de rodapé 132.

[290] Lei 6.404/1973 (Lei das Sociedades Anônimas): "Art. 243 – O relatório anual da administração deve relacionar os investimentos da companhia em sociedades coligadas e controladas e mencionar as modificações ocorridas durante o exercício.

§ 1º – São coligadas as sociedades quando uma participa, com 10% (dez por cento) ou mais, do capital da outra, sem controlá-la.

§ 2º – Considera-se controlada a sociedade na qual a controladora, diretamente ou através de outras controladas, é titular de direitos de sócio que lhe assegurem, de modo permanente, preponderância nas deliberações sociais e o poder de eleger a maioria dos administradores. (...)"

[291] Art. 1.099 – ver nota de rodapé 132.

[292] Art. 1.100 – ver nota de rodapé 132.

Ora, o art. 244[293] da Lei das Sociedades Anônimas veda a participação recíproca entre a companhia e suas coligadas ou controladas. E a Lei das Sociedades Anônimas é lei especial em relação ao Código Civil, que ressalva a disposição da lei especial, no início do art. 1.101.

A lei especial veda, expressamente, a participação recíproca, e em seus §§ 4º e 5º estabelece prazos de seis meses e de um ano para a sociedade desfazer-se das ações que importem em participação recíproca, com suspensão do direito de voto das ações do capital da controladora, de propriedade da controlada (art. 244, § 2º).

A participação societária recíproca constitui uma burla ao princípio da integridade do capital social que visa à garantia dos credores. A troca de participação não é real, tornando-se juridicamente inviável entre a controladora e suas controladas ou coligadas.

A vedação é total, excepcionada, porém, quando autorizada a aquisição das próprias ações, ou seja, aquisição para permanência em tesouraria ou para cancelamento (art. 244, § 1º). Mas tais ações, se excederem o valor dos lucros ou das reservas, sofrendo redução, deverão ser alienadas dentro do prazo de seis meses.

Ainda que a participação recíproca venha a ocorrer em caso de fusão, incorporação ou cisão, ou de aquisição de controle de outra socieda-

---

[293] Lei 6.404/1973 (Lei das Sociedades Anônimas): "Art. 244 – É vedada a participação recíproca entre a companhia e suas coligadas ou controladas.

§ 1º – O disposto neste artigo não se aplica ao caso em que ao menos uma das sociedades participa de outra com observância das condições em que a lei autoriza a aquisição das próprias ações (artigo 30, § 1º, alínea b).

§ 2º – As ações do capital da controladora, de propriedade da controlada, terão suspenso o direito de voto.

§ 3º – O disposto no § 2º do artigo 30, aplica-se à aquisição de ações da companhia aberta por suas coligadas e controladas.

§ 4º – No caso do § 1º, a sociedade deverá alienar, dentro de 6 (seis) meses, as ações ou quotas que excederem do valor dos lucros ou reservas, sempre que esses sofrerem redução.

§ 5º – A participação recíproca, quando ocorrer em virtude de incorporação, fusão ou cisão, ou da aquisição, pela companhia, do controle de sociedade, deverá ser mencionada nos relatórios e demonstrações financeiras de ambas as sociedades, e será eliminada no prazo máximo de 1 (um) ano; no caso de coligadas, salvo acordo em contrário, deverão ser alienadas as ações ou quotas de aquisição mais recente ou, se da mesma data, que representem menor porcentagem do capital social.

§ 6º – A aquisição de ações ou quotas de que resulte participação recíproca com violação ao disposto neste artigo importa responsabilidade civil solidária dos administradores da sociedade, equiparando-se, para efeitos penais, à compra ilegal das próprias ações."

de, deverá ser mencionada nos relatórios e demonstrações financeiras, e deverá ser eliminada dentro do prazo máximo de um ano (art. 244, § 5º).

Ocorrendo a aquisição de ações ou quotas de que resulte a participação recíproca, incidirá a responsabilidade civil solidária dos administradores da sociedade, como se de aquisição ilegal das próprias ações se tratasse, em violação à disciplina legal específica.

Na pauta da imputabilidade que tanto preocupou nosso legislador, é necessário lembrar que, em se tratando de grupos de empresas, a possibilidade de burla dos direitos e interesses de acionistas minoritários e dos credores é muito oportunizada. Por tal razão, o art. 245[294] da Lei das Sociedades Anônimas declara não poderem os administradores, em prejuízo da companhia, favorecer sociedade coligada, controladora ou controlada, cumprindo-lhes zelar para que as operações entre as sociedades, se houver, observem condições estritamente comutativas, ou com pagamento compensatório adequado, respondendo perante a companhia pelas perdas e danos resultantes de atos praticados com infração ao texto legal.

Pelo art. 246[295], ainda, fica estabelecida a responsabilização por perdas e danos causados por violação dos arts. 116 e 117 da lei societária.

---

[294] Lei 6.404/1973 (Lei das Sociedades Anônimas): "Art. 245 – Os administradores não podem, em prejuízo da companhia, favorecer sociedade coligada, controladora ou controlada, cumprindo-lhes zelar para que as operações entre as sociedades, se houver, observem condições estritamente comutativas, ou com pagamento compensatório adequado; e respondem perante a companhia pelas perdas e danos resultantes de atos praticados com infração ao disposto neste artigo".

[295] Lei 6.404/1973 (Lei das Sociedades Anônimas): "Art. 246 – A sociedade controladora será obrigada a reparar os danos que causar à companhia por atos praticados com infração ao disposto nos arts. 116 e 117".

"Art. 116 – Entende-se por acionista controlador a pessoa, natural ou jurídica, ou o grupo de pessoas vinculadas por acordo de voto, ou sob controle comum, que:

a) é titular de direitos de sócio que lhe assegurem, de modo permanente, a maioria dos votos nas deliberações da assembléia geral e o poder de eleger a maioria dos administradores da companhia; e
b) usa efetivamente seu poder para dirigir as atividades sociais e orientar o funcionamento dos órgãos da companhia.

Parágrafo único. O acionista controlador deve usar o poder com o fim de fazer a companhia realizar o seu objeto e cumprir sua função social, e tem deveres e responsabilidades para com os demais acionistas da empresa, os que nela trabalham e para com a comunidade em que atua, cujos direitos e interesses deve lealmente respeitar e atender."

"Art. 117 – O acionista controlador responde pelos danos causados por atos praticados com abuso de poder. (...)"

O novo Código Civil poderia ter aproveitado a oportunidade para disciplinar melhor, complementando, os grupos de fato e os mecanismos de coibição de fraudes, mas não o fez.

Operações Societárias

Também nesta matéria, trata-se de tema já disciplinado minudentemente no texto da Lei Societária, sem apresentar melhor disciplina com o novo Código Civil.

Na verdade, são operações de reorganização das empresas, que poderão ou não envolver uma ou mais sociedades anônimas. São manifestações da flexibilidade desse ramo societário, que tradicionalmente integrou o Direito Comercial, até o advento do Código Civil de 2002. O estímulo às incorporações e fusões, para o agrupamento de empresas, com formação dos grandes conglomerados econômicos, integra a política econômica governamental no enfrentamento da economia de grande escala, e aquisição de melhores condições de competição no mercado nacional e internacional.

Havendo o envolvimento de uma ou mais sociedades anônimas no procedimento de reorganização de empresas, incidirá a Lei Societária especial, que disciplina a matéria nos arts. 220 a 234. Não havendo a participação de sociedade anônima, a disciplina aplicável será a do Código Civil vigente, que trata do assunto nos arts. 1.113 a 1.122.

O Código Civil de 2002 não define o que seja transformação. É o art. 220 da Lei das Sociedades Anônimas que o faz, dispondo que:

> *"A transformação é a operação pela qual a sociedade passa, independentemente de dissolução e liquidação, de um tipo para outro".*

O instrumento de transformação de uma sociedade não depende de sua dissolução ou liquidação, e seguirá as normas estabelecidas em relação ao tipo societário para o qual a transformação será feita (art. 1.113[296]). Dependerá da unanimidade dos sócios, salvo se prevista no ato constitutivo, restando o exercício do direito de dissidência, com as conseqüências previstas no art. 1.031[297] (art. 1.114[298]). Esta operação societária não afetará os direitos dos credores (art. 1.115[299]), que continuarão com as mesmas garantias até integral pagamento dos seus créditos, vigorando as garantias que o tipo societário anterior lhe oferecia (art. 222[300], *in fine*, da Lei das Sociedades Anônimas). Vislumbra-se a possibilidade de prejuízo aos credores, por exemplo, numa limitação potencial da responsabilidade na transformação de uma sociedade em nome coletivo em limitada, ou numa sociedade por ações. A responsabilidade em relação ao credor anterior seria limitada, e isso poderia prejudicá-lo.

Na hipótese de falência da sociedade transformada, ela somente produzirá efeitos em relação aos sócios que estariam sujeitos a tais efeitos, por pedido de credores anteriores à transformação.

A disciplina do novo Código Civil transplanta a da lei especial, deixando de mencionar a faculdade de renúncia ao direito de retirada, no contrato social, na hipótese de transformação (parágrafo único do art. 221 da Lei das Sociedades Anônimas).

---

[296] Art. 1.113 – O ato de transformação independe de dissolução ou liquidação da sociedade, e obedecerá aos preceitos reguladores da constituição e inscrição próprios do tipo em que vai converter-se.

[297] Art. 1.031– ver nota de rodapé 140.

[298] Art. 1.114 – A transformação depende do consentimento de todos os sócios, salvo se prevista no ato constitutivo, caso em que o dissidente poderá retirar-se da sociedade, aplicando-se, no silêncio do estatuto ou do contrato social, o disposto no art. 1.031.

[299] Art. 1.115 – A transformação não modificará nem prejudicará, em qualquer caso, os direitos dos credores.

Parágrafo único. A falência da sociedade transformada somente produzirá efeitos em relação aos sócios que, no tipo anterior, a eles estariam sujeitos, se o pedirem os titulares de créditos anteriores à transformação, e somente a estes beneficiará.

[300] Lei 6.404/1973 (Lei das Sociedades Anônimas): "Art. 222 – A transformação não prejudicará, em caso algum, os direitos dos credores, que continuarão, até o pagamento integral dos seus créditos, com as mesmas garantias que o tipo anterior de sociedade lhes oferecia.

Parágrafo único. A falência da sociedade transformada somente produzirá efeitos em relação aos sócios que, no tipo anterior, a eles estariam sujeitos, se o pedirem os titulares de créditos anteriores à transformação, e somente a estes beneficiará".

O art. 227 da Lei das Sociedades Anônimas diz:

> *"A incorporação é a operação pela qual uma ou mais sociedades são absorvidas por outra, que lhes sucede em todos os direitos e obrigações"*,

podendo ser utilizada esta operação por qualquer tipo societário (art. 223). Não há o surgimento de sociedade nova, sendo absorvidas as incorporadas, que se extinguem.

O novo Código Civil, ao estabelecer que é uma operação em que uma ou várias sociedades são absorvidas por outra, estabelece que a incorporadora sucede as incorporadas em todos os direitos e obrigações, devendo todas aprová-la na forma estabelecida para os tipos envolvidos (art. 1.116[301]). Além disso, a incorporadora deverá aprovar as bases da operação e a alteração do contrato social (art. 1.117[302]). Houve, na redação deste artigo, um lapso do legislador, que se referiu à incorporada em vez de incorporadora – o ato constitutivo que sofre reforma não é o da incorporada, e sim o da incorporadora, bem como as bases do projeto deverão ser aprovadas pela incorporadora. Ao deliberar sobre a incorporação, a sociedade incorporadora deverá nomear peritos para a avaliação do patrimônio líquido da incorporada (§ 2º).

Com a aprovação dos atos da incorporação, a incorporadora declarará extinta a incorporada, com a conseqüente averbação no Registro (art. 1.118[303]), sucedendo a incorporada para todos os efeitos.

---

[301] Art. 1.116 – Na incorporação, uma ou várias sociedades são absorvidas por outra, que lhes sucede em todos os direitos e obrigações, devendo todas aprová-la, na forma estabelecida para os respectivos tipos.

[302] Art. 1.117 – A deliberação dos sócios da sociedade incorporada deverá aprovar as bases da operação e o projeto de reforma do ato constitutivo.

§ 1º – A sociedade que houver de ser incorporada tomará conhecimento desse ato, e, se o aprovar, autorizará os administradores a praticar o necessário à incorporação, inclusive a subscrição em bens pelo valor da diferença que se verificar entre o ativo e o passivo.

§ 2º – A deliberação dos sócios da sociedade incorporadora compreenderá a nomeação dos peritos para a avaliação do patrimônio líquido da sociedade, que tenha de ser incorporada.

[303] Art. 1.118 – Aprovados os atos da incorporação, a incorporadora declarará extinta a incorporada, e promoverá a respectiva averbação no registro próprio.

A *fusão* é a operação pela qual se unem duas ou mais sociedades, para formar sociedade nova, que lhes sucederá em todos os direitos e obrigações (art. 228 da Lei das Sociedades Anônimas[304]). Tal operação determina a extinção das sociedades que se unem, para formar sociedade nova, que a elas sucederá nos direitos e obrigações (art. 1.119[305]).

A decisão sobre a fusão cabe às sociedades que pretendem unir-se (art. 1.120, *caput*[306]), que aprovarão o projeto do contrato social da nova sociedade, o plano de distribuição do capital social e nomearão os peritos para avaliação dos patrimônios envolvidos. Os sócios só poderão votar o laudo do patrimônio de sociedade de que não façam parte (art. 1.120, § 3º). Constituída a nova sociedade, deve ser averbada a fusão (art. 1.121[307]), bem como a inscrição da sociedade nova constituída, no Registro competente.

---

[304] Lei 6.404/1973 (Lei das Sociedades Anônimas): "Art. 228 – A fusão é a operação pela qual se unem duas ou mais sociedades para formar sociedade nova, que lhes sucederá em todos os direitos e obrigações.

§ 1º – A assembléia-geral de cada companhia, se aprovar o protocolo de fusão, deverá nomear os peritos que avaliarão os patrimônios líquidos das demais sociedades.

§ 2º – Apresentados os laudos, os administradores convocarão os sócios ou acionistas das sociedades para uma assembléia-geral, que deles tomará conhecimento e resolverá sobre a constituição definitiva da nova sociedade, vedado aos sócios ou acionistas votar o laudo de avaliação do patrimônio líquido da sociedade de que fazem parte.

§ 3º – Constituída a nova companhia, incumbirá aos primeiros administradores promover o arquivamento e a publicação dos atos da fusão."

[305] Art. 1.119 – A fusão determina a extinção das sociedades que se unem, para formar sociedade nova, que a elas sucederá nos direitos e obrigações.

[306] Art. 1.120 – A fusão será decidida, na forma estabelecida para os respectivos tipos, pelas sociedades que pretendam unir-se.

§ 1º – Em reunião ou assembléia dos sócios de cada sociedade, deliberada a fusão e aprovado o projeto do ato constitutivo da nova sociedade, bem como o plano de distribuição do capital social, serão nomeados os peritos para a avaliação do patrimônio da sociedade.

§ 2º – Apresentados os laudos, os administradores convocarão reunião ou assembléia dos sócios para tomar conhecimento deles, decidindo sobre a constituição definitiva da nova sociedade.

§ 3º – É vedado aos sócios votar o laudo de avaliação do patrimônio da sociedade de que façam parte.

[307] Art. 1.121 – Constituída a nova sociedade, aos administradores incumbe fazer inscrever, no registro próprio da sede, os atos relativos à fusão.

A inserção da hipótese de *reunião* ou *assembléia de sócios* no texto dos parágrafos do art. 1.120 decorreu de emenda no Senado. A operação de fusão deverá ser aprovada por sócios que representem, no mínimo, três quartos do capital social (art. 1.076, I[308]).

A redação do anteprojeto omitiu a palavra "cisão" do título deste Capítulo, e nenhuma norma foi redigida definindo o conceito e os procedimentos para esta operação societária. Por emenda no Senado, incluiu-se a palavra "cisão" no título e no teor do art. 1.122, *caput*, e "cindida" no § 3º, mas a norma sobre esta operação continuou inexistente. Da mesma forma, nas hipóteses de modificação do contrato social aventadas pelo art. 1.077[309], foi omitida a cisão. Mas é possível haver cisão de sociedade sem a correspondente modificação do contrato social da cindida, com transferência da parcela patrimonial do ativo e da correspondente parcela patrimonial do passivo.

Não parece ter sido intencional, porém, a omissão do legislador neste artigo, segundo se depreende da leitura do art. 229 da Lei das Sociedades Anônimas[310]:

> *"A cisão é a operação pela qual a companhia transfere parcelas do seu patrimônio para uma ou mais sociedades, constituídas para esse fim ou já existentes, extinguindo-se a companhia cindida, se houver versão de todo o seu patrimônio, ou dividindo-se o seu capital, se parcial a versão".*

---

[308] Art. 1.076 – ver nota de rodapé 225.

[309] Art. 1.077 – ver nota de rodapé 229.

[310] Lei 6.404/1973 (Lei das Sociedades Anônimas): "Art. 229, § 1º – Sem prejuízo do disposto no artigo 233, a sociedade que absorver parcela do patrimônio da companhia cindida sucede a esta nos direitos e obrigações relacionados no ato da cisão; no caso de cisão com extinção, as sociedades que absorverem parcelas do patrimônio da companhia cindida sucederão a esta, na proporção dos patrimônios líquidos transferidos, nos direitos e obrigações não relacionados.

§ 2º – Na cisão com versão de parcela do patrimônio em sociedade nova, a operação será deliberada pela assembléia-geral da companhia à vista de justificação que incluirá as informações de que tratam os números do artigo 224; a assembléia, se a aprovar, nomeará os peritos que avaliarão a parcela do patrimônio a ser transferida, e funcionará como assembléia de constituição da nova companhia.

§ 3º – A cisão com versão de parcela de patrimônio em sociedade já existente obedecerá às disposições sobre incorporação (artigo 227). *(cont. ➤)*

Os direitos dos credores não poderão ser prejudicados em decorrência das operações de reestruturação societária. O credor que se sentir prejudicado poderá ingressar, no prazo de 90 dias, com ação anulatória da operação societária. Os administradores da sociedade reclamada poderão elidir a anulação da operação com a consignação em pagamento do crédito reclamado (art. 229, § 1º), se líquido o seu valor. No caso de iliquidez, com o depósito do valor da dívida, ficará suspenso o juízo até final definição do valor devido (art. 229, § 2º).

Na hipótese de falência da sociedade incorporadora, da sociedade nova ou da cindida, qualquer credor anterior terá direito a pedir a separação dos patrimônios, visando ao pagamento dos créditos pelas respectivas massas (art. 229, § 3º).

Com a falha da disciplina do novo Código Civil, deixou de estar previsto também o direito de retirada dos sócios da cindida. O art. 230[311] da Lei das Sociedades Anônimas também não o menciona. De se destacar, por fim, que tanto a fusão quanto a incorporação e a cisão poderão resultar na extinção de uma das sociedades envolvidas na operação, o que configuraria *hipótese de extinção sem liquidação*, pois o patrimônio total é transferido para a sociedade incorporadora, ou a resultante de fusão ou cisão.

Da disciplina estabelecida no Código Civil de 2002 sente-se a preocupação com o minoritário, no plano da informação, pelo que passou a ser exigida ampla publicidade para transparência destas informações por meio dos laudos, avaliações, exposição dos documentos aos acionistas, etc...

➤ § 4º – Efetivada a cisão com extinção da companhia cindida, caberá aos administradores das sociedades que tiverem absorvido parcelas do seu patrimônio promover o arquivamento e publicação dos atos da operação; na cisão com versão parcial do patrimônio, esse dever caberá aos administradores da companhia cindida e da que absorver parcela do seu patrimônio.

§ 5º – As ações integralizadas com parcelas de patrimônio da companhia cindida serão atribuídas a seus titulares, em substituição às extintas, na proporção das que possuíam; a atribuição em proporção diferente requer aprovação de todos os titulares, inclusive das ações sem direito a voto. (Redação dada pela Lei nº 9.457, de 5.5.1997)."

[311] Lei 6.404/1973 (Lei das Sociedades Anônimas): "Art. 230 – Nos casos de incorporação ou fusão, o prazo para exercício do direito de retirada, previsto no art. 137, inciso II, será contado a partir da publicação da ata que aprovar o protocolo ou justificação, mas o pagamento do preço de reembolso somente será devido se a operação vier a efetivar-se. *(Redação dada pela* Lei nº 9.457, de 5.5.1997)."

A Sociedade Dependente de Autorização

O art. 18 do Código Civil de 1916 apenas fazia menção genérica à autorização governamental para o registro constitutivo da pessoa jurídica.

O Código Civil de 2002 disciplina a matéria, reproduzindo, em cópia quase fiel, a redação dos arts. 59 a 73 do Decreto-Lei 2.627, de 26/09/1940. Tal Decreto-Lei antecedeu a atual Lei das Sociedades Anônimas, que manteve expressamente em vigor tais dispositivos, mesmo posteriormente às alterações introduzidas pela Lei 10.303/2001.

Com esse regime normativo, empresas que dependem de autorização governamental para sua constituição, em virtude de relevantes razões de interesse público (seguradoras, empresas aéreas, bancos, instituições financeiras etc.), deverão obter do Poder Executivo federal autorização para posterior arquivamento de seus instrumentos societários no órgão competente (art. 1.123[312]). Não iniciada a atividade nos doze meses subseqüentes à outorga da autorização, deixará de ter validade, impedindo a constituição e atividade da empresa (art. 1.124[313]). A infringência a disposição de ordem pública ou a prática de atos contrários aos fins declarados no seu estatuto, constatados mediante atividade de fiscalização do Poder Público, justificarão a cassação da autorização concedida tanto a empresa nacional quanto a empresa estrangeira (art. 1.125[314]).

O conceito de sociedade nacional foi retirado da Constituição Federal de 1988 pela Emenda Constitucional 6, de 15/08/1995. A Câmara dos Deputados rejeitou emenda que suprimia a inclusão deste conceito no Código Civil, de autoria do então senador Fernando Henrique Cardoso, e manteve o texto do projeto inicial, que trazia o

[312] Art. 1.123 – A sociedade que dependa de autorização do Poder Executivo para funcionar reger-se-á por este título, sem prejuízo do disposto em lei especial.
Parágrafo único. A competência para a autorização será sempre do Poder Executivo federal.

[313] Art. 1.124 – Na falta de prazo estipulado em lei ou em ato do poder público, será considerada caduca a autorização se a sociedade não entrar em funcionamento nos doze meses seguintes à respectiva publicação.

[314] Art. 1.125 – Ao Poder Executivo é facultado, a qualquer tempo, cassar a autorização concedida a sociedade nacional ou estrangeira que infringir disposição de ordem pública ou praticar atos contrários aos fins declarados no seu estatuto.

conceito do art. 171 da Constituição Federal de 1988, e o do art. 60 do Decreto-Lei 2.627/1940 (mantido em vigor pela Lei 6.404/1976), que estabelece que (art. 1.126 do Código Civil de 2002)

> *"É nacional a sociedade organizada de conformidade com a lei brasileira e que tenha no País a sede de sua administração.*
>
> *Parágrafo único. Quando a lei exigir que todos ou alguns sócios sejam brasileiros, as ações da sociedade anônima revestirão, no silêncio da lei, a forma nominativa. Qualquer que seja o tipo da sociedade, na sua sede ficará arquivada cópia autêntica do documento comprobatório da nacionalidade dos sócios".*

O princípio regente da nacionalidade é o do local da sede da empresa e o da lei de constituição.

A sociedade é *nacional* quando constituída de acordo com a lei brasileira, e com sede e atividade no Brasil. Sua organização e funcionamento regem-se pela nossa legislação, ainda que os sócios residam no exterior. Para a alteração da nacionalidade da sociedade, requer a lei a unanimidade dos sócios, dada a importância das implicações que dela decorrem.

A sociedade é *estrangeira* quando constituída de acordo com a lei de seu país de origem, nele tendo sua sede e administração. Sempre depende de autorização do Poder Executivo para funcionar e, uma vez autorizada a funcionar no Brasil, ficará sujeita às leis e aos tribunais brasileiros em relação aos atos ou operações praticados no Brasil (art. 1.137[315]). Além disso, qualquer alteração em seus atos constitutivos dependerá de aprovação do Poder Executivo para produzir efeitos em território nacional (art. 1.139).

A sociedade estrangeira adotará no Brasil o nome que tiver no seu país de origem, podendo acrescentar as palavras "do Brasil" ou

---

[315] Art. 1.137 – A sociedade estrangeira autorizada a funcionar ficará sujeita às leis e aos tribunais brasileiros, quanto aos atos ou operações praticados no Brasil.
Parágrafo único. A sociedade estrangeira funcionará no território nacional com o nome que tiver em seu país de origem, podendo acrescentar as palavras "do Brasil" ou "para o Brasil".

"para o Brasil" (art. 1.137). As publicações atinentes às sociedades estrangeiras serão feitas nos órgãos oficiais da União e do Estado onde tiverem sucursais, filiais ou agências (art. 1.152, § 2º[316]).

A sociedade estrangeira pode transformar-se em nacional – nacionalizar-se – transferindo sua sede para o Brasil (art. 1.141[317]).

Para os grupos de sociedades, a Lei das Sociedades Anônimas estabelece que a sociedade controladora deve ser brasileira (art. 265, § 1º[318]). Estabelece, também, que a nacionalidade do grupo será brasileira, ou sob controle brasileiro do capital (critério do controle, portanto), se a sua sociedade de comando estiver sob o controle de: a) pessoas naturais residentes ou domiciliadas no Brasil; b) pessoas jurídi-

---

[316] Art. 1.152 – Cabe ao órgão incumbido do registro verificar a regularidade das publicações determinadas em lei, de acordo com o disposto nos parágrafos deste artigo.

§ 1º – Salvo exceção expressa, as publicações ordenadas neste Livro serão feitas no órgão oficial da União ou do Estado, conforme o local da sede do empresário ou da sociedade, e em jornal de grande circulação.

§ 2º – As publicações das sociedades estrangeiras serão feitas nos órgãos oficiais da União e do Estado onde tiverem sucursais, filiais ou agências.

§ 3º – O anúncio de convocação da assembléia de sócios será publicado por três vezes, ao menos, devendo mediar, entre a data da primeira inserção e a da realização da assembléia, o prazo mínimo de oito dias, para a primeira convocação, e de cinco dias, para as posteriores.

[317] Art. 1.141 – Mediante autorização do Poder Executivo, a sociedade estrangeira admitida a funcionar no País pode nacionalizar-se, transferindo sua sede para o Brasil.

§ 1º – Para o fim previsto neste artigo, deverá a sociedade, por seus representantes, oferecer, com o requerimento, os documentos exigidos no art. 1.134, e ainda a prova da realização do capital, pela forma declarada no contrato, ou no estatuto, e do ato em que foi deliberada a nacionalização.

§ 2º – O Poder Executivo poderá impor as condições que julgar convenientes à defesa dos interesses nacionais.

§ 3º – Aceitas as condições pelo representante, proceder-se-á, após a expedição do decreto de autorização, à inscrição da sociedade e publicação do respectivo termo.

[318] Lei 6.404/1973 (Lei das Sociedades Anônimas): "Art. 265 – A sociedade controladora e suas controladas podem constituir, nos termos deste Capítulo, grupo de sociedades, mediante convenção pela qual se obriguem a combinar recursos ou esforços para a realização dos respectivos objetos, ou a participar de atividades ou empreendimentos comuns.

§ 1º – A sociedade controladora, ou de comando do grupo, deve ser brasileira, e exercer, direta ou indiretamente, e de modo permanente, o controle das sociedades filiadas, como titular de direitos de sócio ou acionista, ou mediante acordo com outros sócios ou acionistas.

§ 2º – A participação recíproca das sociedades do grupo obedecerá ao disposto no artigo 244.

cas de direito público interno; c) sociedade ou sociedades brasileiras que, direta ou indiretamente, estejam sob controle das pessoas referidas nas letras *a* e *b* (art. 269, VII e parágrafo único, da Lei das Sociedades Anônimas[319]).

A Sociedade e a Teoria da Desconsideração da Pessoa Jurídica

Sua Origem

O surgimento dessa teoria está vinculado à preocupação tanto da doutrina quanto da jurisprudência, que a partir do século XIX passaram a buscar meios idôneos visando coibir a utilização da pessoa jurídica para fins diversos daqueles tipicamente considerados pelos legisladores.

Há quem considere a *teoria da soberania*, desenvolvida pelo alemão Haussmann,[320] citado por pero Verrucoli, como a precursora da aplicação da desconsideração da pessoa jurídica.

---

[319] Lei 6.404/1973 (Lei das Sociedades Anônimas): "Art. 269 – O grupo de sociedades será constituído por convenção aprovada pelas sociedades que o componham, a qual deverá conter: (...)

VII – a declaração da nacionalidade do controle do grupo; (...)

Parágrafo único. Para os efeitos do número VII, o grupo de sociedades considera-se sob controle brasileiro se a sua sociedade de comando está sob o controle de:

a) pessoas naturais residentes ou domiciliadas no Brasil;
b) pessoas jurídicas de direito público interno; ou
c) sociedade ou sociedades brasileiras que, direta ou indiretamente, estejam sob o controle das pessoas referidas nas alíneas a e b."

[320] Esta teoria não se baseava em nenhuma norma expressa nos ordenamentos em que foi criada e desenvolvida, consistindo, na verdade, em uma afirmação de princípios considerados de maior importância histórica. Ela visava responsabilizar o controlador de uma sociedade de capitais pelas obrigações assumidas pela sociedade controlada e por ela não satisfeitas, voltando a atenção, destarte, mais ao conteúdo substancial das relações em detrimento da sua estrutura formal. Tal teoria, porém, apesar de significar uma evolução considerável, não teve maiores repercussões no plano prático (*apud* VERRUCOLI, Piero. *Il superamento della personalità giuridica delle società di capitali nella "common law" e nella "civil law"*, Milano: Giuffrè, 1964).

Indica-se, porém, o âmbito da *common law*, principalmente a norte-americana, como tendo sido o início do desenvolvimento da desconsideração da pessoa jurídica pela jurisprudência.

Assim, em 1809, o *Justice* Marshall admitiu o conhecimento do caso *Bank of the United States v. Deveaux*, com a intenção de preservar a jurisdição das cortes federais sobre as *corporations*, tendo em vista o art. 3º, seção 2, da Constituição Federal americana, que limita a jurisdição das Cortes federais às controvérsias entre cidadãos de diferentes Estados. Nesse caso, foi aplicada a teoria da desconsideração com base na nacionalidade dos acionistas. A doutrina foi violentamente contra a decisão, mas ela constituiu o *leading case* da Doutrina do *Disregard*, em que as Cortes federais "*levantaram o véu [da pessoa jurídica] e consideraram as características dos sócios individuais*".[321]

Posteriormente, na Inglaterra, em 1897, ocorreu o famoso caso *Salomon v. Salomon & Co.*,[322] tido por muitos autores como o primeiro caso de aplicação da *Disregard Doctrine*. Muito embora a decisão tenha dado início à aplicação da teoria da desconsideração no direito inglês, constituiu um fator de desestímulo para o seu desenvolvimento, porquanto o princípio da distinção entre pessoas jurídicas e a responsabilidade patrimonial nele consagrado passou a ser rigorosamente aplicado desde então, com raras exceções.[323]

---

[321] WORMSER, Maurice. Piercing the veil of corporate entity. *Columbia Law Review*: Columbia, n. 12, p. 498, 1912.

[322] *Salomon v. Salomon & Co.* [1897] A.C. 22 – Salomon tinha o negócio de venda de couro e manufatura de botas. Em 1892 ele constituiu uma sociedade anônima para tocar o negócio. O estatuto social foi assinado por Salomon, sua mulher, sua filha e quatro filhos. Cada um subscreveu uma cota. A sociedade pagou a Salomon £ 38.782 pelo negócio, sendo £ 10.000 em debêntures, garantidas por garantia flutuante, 20.000 ações de £ 1 cada uma e £ 8.782 em dinheiro. A companhia acabou passando por tempos difíceis e entrou em liquidação. Os débitos de credores sem garantia chegou ao total de £ 8.000, e o ativo da companhia era de aproximadamente £ 6.000. Os credores sem garantia exigiram o ativo remanescente, alegando que a companhia era mero agente de Salomon. A House of Lords decidiu que a companhia era distinta e separada da pessoa do sócio. As debêntures eram válidas, portanto Salomon é que era o titular do ativo remanescente como parte do pagamento das debêntures com garantia que ele detinha.

[323] Merece ser citado o caso *Gilford Motor Company v. Horne* [1933] Ch. 935 – Mr. Horne havia sido empregado de Gilford e, como tal Mr. Horne, se viesse a exercer comércio *(cont. ➤)*

Merece também ser citado que Robert Clarck[324] aponta a teoria da desconsideração da personalidade jurídica como instrumento complementar ao Estatuto das Fraudes, que vem do direito inglês, da época do reinado de Charles II, em 1677. É um diploma legal que encontra semelhanças com o direito europeu da época – ao que parece, o objetivo, tanto do direito inglês quanto do direito continental, era o de garantir o cumprimento das promessas, que constitui um dos elementos importantes da discussão da *Disregard Doctrine*. Daí os alemães chamarem-na de *Haftungsdurchsgriff*.[325]

Assim sendo, a teoria da desconsideração da pessoa jurídica vem se desenvolvendo a partir do século XIX, havendo obras de vulto como as de Serick e Verrucoli a respeito, algumas leis que tomam essa teoria por base e inúmeras decisões judiciais, tanto na esfera nacional quanto alienígena, que determinaram a sua aplicação.

Diante do desenvolvimento que a teoria adquiriu em seu uso, passou a ser referida por várias expressões, citando-se, por exemplo: *piercing the corporate veil, lifting the corporate veil*, nos direitos inglês e americano, *superamento della personalità giuridica*, no direito italiano, *Durchsgriff der juristichen Person*, no direito alemão, *teoría de la penetración ou desestimación de la personalidad*, no direito argentino, *mise à l'écart de la personnalité morale*, no direito francês.

➤ semelhante, em seu nome, não poderia captar a clientela de Gilford. Mr. Horne demitiu-se da empresa de Gilford, e passou a exercer atividade semelhante, sob a forma de sociedade anônima, regularmente constituída. Passou a enviar circulares com sua propaganda a clientes de Gilford. Este entrou na justiça com pedido de liminar para impedir Horne de fazê-lo, em razão da concorrência que daí advinha. Horne defendeu-se dizendo que não era ele que estava concorrendo com Gilford, mas sim sua companhia, e esta não tinha a proibição de competir. A medida foi dada, determinando que Horne (tanto a pessoa física quanto a jurídica) parassem imediatamente o envio de circulares aos clientes de Gilford, porquanto a estrutura da pessoa jurídica não poderia ser usada para evasão de responsabilidades legais.

[324] CLARCK, Robert Charles. *Corporate law*. Boston/Toronto: Little, Brown & Company, 1986.

[325] *Haftung* = responsabilidade; *Durchsgriff* = separação entre sócios e sociedade (teoria da, não conseguindo alcançar a responsabilidade). Para a teoria da separação entre sócios e sociedade, a *Durchsgriff* não permite que se alcance a responsabilidade, pois a pessoa jurídica nada mais é do que uma construção abreviada, um complexo de relações jurídicas, que existe por força do regramento jurídico.

O direito inglês foi o primeiro a ter o postulado da teoria da desconsideração como norma jurídica. O *Companies Act*, de 1929, estabelecia na seção 279, que "se no curso da liquidação de sociedade constata-se que um seu negócio foi concluído com o objetivo de perpetrar uma fraude contra credores, dela ou de terceiros, ou mesmo uma fraude de outra natureza, a corte, a pedido dos liquidantes, credor ou interessado, pode declarar, se considerar cabível, que toda pessoa que participou, de forma consciente, da referida operação fraudulenta será direta e ilimitadamente responsável pela obrigação, ou mesmo pela totalidade do passivo da sociedade".[326]

Tributa-se a existência deste dispositivo às repercussões do caso *Salomon*, até mesmo na reforma e consolidação do *Companies Act*, em 1948, como também em 1986, na edição do *Insolvency Act*.[327]

Nos Estados Unidos, não se tem notícia de norma que tenha comando correspondente ao postulado da teoria da desconsi-deração. Entretanto, a partir do século XVI, o direito americano passou a dispor de instrumentos normativos que visam à coibição da fraude: o *Statute of 13 Elizabeth*, de 1570,[328] o *Uniform Fraudulent Conveyance Act* (UFCA), de 1919, e a reforma do mesmo, do que resultou o *Uniform Fraudulent Transactions Act* (UFTA), que foi sendo adotado aos poucos pelas legislações estaduais. Há ainda o *Bankruptcy Code*, que, ao lado dos demais estatutos repressores dos negócios fraudulentos, dispensaria uma aplicação específica da teoria da desconsideração ou ainda sua inserção como mais uma norma jurídica a respeito.[329]

No direito brasileiro, o primeiro dispositivo legal a se referir expressamente à desconsideração da pessoa jurídica foi o art. 28 do Código de Defesa do Consumidor, que estabelece que

> *"O juiz poderá desconsiderar a personalidade jurídica da sociedade quando, em detrimento do consumidor, houver abuso*

---

[326] BASTID, Suzanne; DAVID, René; LUCHAIRE, François. *La personnalité morale et ses limites.* Études de droit comparé et de droit international public. Paris: LGDJ, 1960. p. 77.

[327] *Apud* VERRUCOLI, Piero. Il superamento della personalità giuridica delle società di capitali nella "common lauv e nella "civil law". Milano: Giuffrè, 1964. nota 1, p. 92-93.

[328] EPSTEIN, David G. *Debtor-creditor law*. St. Paul (Minn.): West Publishing Co., 1991. p. 64-73.

[329] Cf. CLARCK, Robert Charles. *Op. cit.* nota 2, p. 35-39.

de direito, excesso de poder, infração da lei, fato ou ato ilícito ou violação dos estatutos ou contrato social. A desconsideração também será efetivada quando houver falência, estado de insolvência, encerramento ou inatividade da pessoa jurídica provocados por má administração.

(...)

§ 5º – Também poderá ser desconsiderada a pessoa jurídica sempre que sua personalidade for, de alguma forma, obstáculo ao ressarcimento de prejuízos causados aos consumidores".

Em razão de sua imperfeição sob a ótica da teoria da desconsideração, este dispositivo cria um descompasso entre a sua letra e a elaboração doutrinária da teoria ao deixar de citar a palavra "fraude" (que é o principal fundamento para a desconsideração), o que tem gerado incertezas e equívocos.

Seu Significado

Dentre as pessoas jurídicas de direito privado enumeradas no Código Civil, a teoria da desconsideração tem sido aplicada apenas às sociedades e, mais especificamente, às sociedades comerciais (usando ainda a terminologia anterior à do novo Código) sob a forma anônima, ou sob a forma de cotas de responsabilidade limitada. No caso das *off shores*,[330] também se

[330] As *off shore companies* são sociedades empresárias constituídas e estabelecidas em país estrangeiro. O interessado adquire a participação societária de uma sociedade sediada em outro país, passando a controlá-la. Note-se que, em alguns lugares – geralmente conhecidos como *paraísos fiscais* por oferecerem uma política de tributação menos gravosa para o contribuinte –, o direito vigente admite a constituição de sociedades cujo capital social é totalmente representado por ações ao portador, bem como objeto social muito amplo. Advogados, nestes países, costumam possuir, em seus escritórios, ampla carteira de clientes-sociedades, regularmente constituídas segundo a lei local, com o objetivo de alienar o respectivo controle aos estrangeiros interessados. Uma vez adquiridas as ações ao portador representativas do capital social da *off shore company*, o devedor transfere para o domínio da pessoa jurídica os seus principais bens, como imóveis, veículos e quotas ou ações de sociedades brasileiras. Os que vierem a adquirir já serão também registrados em nome da pessoa jurídica estrangeira. Em seu próprio nome acaba não se encontrando nenhum bem de expressão econômica. Podem servir, embora não necessariamente, como vários outros tipos de sociedade, de instrumento para fraudes ou abusos.

vislumbra a possível aplicação da teoria da desconsideração. Não há, tanto na literatura nacional quanto na estrangeira, caso de desconsideração da personalidade jurídica de fundação.

A ausência de casos de desconsideração da personalidade jurídica de fundações de direito privado e de fundações, autarquias e outras pessoas jurídicas de direito público se justifica, certamente, pelos tipos de responsabilidade que alcançam os administradores desses entes, em relação aos quais mais propriamente seriam aplicadas as regras que informam o instituto do *trust* anglo-americano,[331] ou ainda a teoria do *agency*,[332] igualmente própria daqueles sistemas.

Deve ser lembrado que a teoria da desconsideração tem origem em países nos quais apenas as companhias adquirem personalidade jurídica: os Estados Unidos e a Inglaterra. Tem sido estudada nos países em que, além das companhias, as sociedades por cotas de responsabilidade limitada e as de comandita por ações também são personificadas. Nesses países, diz-se que a companhia foi "incorporada", donde fica a idéia de que ganhou "corpo", não material, mas "corpo fictício", do que resulta compreensível que se veja a pessoa jurídica como um "cidadão", com domicílio, nacionalidade e até raça.

A teoria da desconsideração não se confunde com a responsabilidade pessoal dos sócios, administradores e diretores. Na responsabili-

[331] *Trust* = uma entidade jurídica criada pelo outorgante para o benefício de beneficiários designados sob as leis do *Estate* e do instrumento de *trust* válido. O *trustee* detém uma responsabilidade fiduciária para gerenciar o ativo do *trust* e a renda para o benefício econômico de todos os beneficiários. Em geral, o *trust* consiste de uma associação ou organização de pessoas ou companhias que tenham o objetivo de poder, ou a tendência de criar um monopólio, controle de produção, interferir com o curso livre de comércio ou transporte, ou fixar e regular o suprimento e o preço de mercadorias. Na história do desenvolvimento econômico, o *trust* era originariamente um mecanismo pelo qual várias companhias se uniam na mesma linha de negócios para obter vantagens mútuas, eliminando competição destrutiva, controlando o fluxo de suas mercadorias, regulando e mantendo seu preço, mas preservando simultaneamente sua existência individual, sem nenhuma consolidação ou fusão. Tal mecanismo consistia da eleição de um comitê central ou quadro composto de presidentes ou gerentes gerais de companhias diferentes, com a transferência para eles da maioria dos títulos de cada uma das companhias (cf. *Black's law dictionary*, St. Paul (Minn.): West Publishing Co., 1991).

[332] *Agency* = é a relação de confiança que resulta da manifestação de consentimento de uma pessoa para com outra, a qual irá atuar no interesse daquela e sujeito ao seu controle e consentimento para que como tal possa agir (cf. *Black's law dictionary. Op. cit.*).

dade pessoal, estes respondem pelas dívidas da sociedade quando agem com excesso de poder ou contrariam dispositivos legais, estatutários ou contratuais, pois de alguma forma agiram de maneira ilícita e por isso são responsabilizados pessoalmente. A pessoa jurídica, nesses casos, não teve sua finalidade desviada ou manipulada, mas o diretor, gerente ou o sócio no exercício de sua função, atuou de maneira contrária ao contrato, aos estatutos sociais ou à lei, havendo necessidade de prova dessa prática.

A personalidade jurídica e a responsabilidade são figuras diferentes, não havendo qualquer margem para vincular a personalidade jurídica à exclusão de responsabilidade do sócio. A autonomia patrimonial da pessoa jurídica torna a responsabilidade dos sócios estranha à responsabilidade social.

O efeito maior da personificação das sociedades é o de criar um novo sujeito de direito, do que decorre a separação entre patrimônio da sociedade e patrimônios dos sócios, limitando, portanto, a responsabilidade patrimonial dos sócios em face das obrigações da sociedade. Ao aplicar a teoria da desconsideração da pessoa jurídica, é preciso saber se se trata de imputar a alguém responsabilidade por obrigação de outrem (como ocorre na fiança) ou se o que existe é o reconhecimento de que a obrigação não é da pessoa jurídica e sim de seus membros.

A dificuldade na aplicação da teoria da desconsideração é que não há regras precisas para determinar quando se deve reconhecer ou ignorar a separação patrimonial. Fica o assunto, na verdade, ao sabor do legislador e da jurisprudência, sob fundamentos de conveniência e eqüidade, verificados caso a caso.

É comum, porém, que a responsabilidade ilimitada seja reconhecida nas companhias em face do sócio tirano (único acionista ou detentor de controle supermajoritário), pois confunde-se o seu interesse e o da sociedade. A posição do sócio tirano ilustra os resultados a que se pode chegar diante da responsabilidade dos sócios que abusam da própria posição de poder nas sociedades de capital, com a aplicação de princípios e esquemas lógico-tradicionais.

Sociedade e sócios, sem dúvida, continuam sujeitos jurídicos distintos entre si. Determinar a responsabilidade do sócio tirano pelas obrigações da sociedade implica em chamar um sujeito a responder pelo débito do outro. O mesmo ocorre com o sócio oculto que responde ilimitadamente pelas obrigações da sociedade. O que se visa é punir quem se oculta maliciosamente atrás da pessoa jurídica para o suposto fim de escapar a qualquer responsabilidade patrimonial.

Ao estabelecer a nítida distinção entre os sócios e a sociedade, a doutrina determina serem dois os sujeitos de direito, constituindo os bens da pessoa a garantia de seus credores. Ou seja, o sistema não permite que as pessoas limitem sua responsabilidade patrimonial diante de seus credores. Ao separar os sujeitos, busca-se a limitação da responsabilidade. Deve ser lembrado o ensinamento de Ascarelli: *"quando se diz responsabilidade limitada do sócio deve-se ter presente que a palavra se refere a obrigações da sociedade, pois que, em face desta, por suas obrigações, o sócio responde sempre ilimitadamente"*.[333]

Portanto, a aplicação da teoria da desconsideração justifica-se quando se constata a ocorrência de abuso, devendo-se voltar às regras do direito comum se tal pressuposto inexistir.

Ainda com base nas observações de Ascarelli, deve ser lembrado que a existência de uma sociedade não pode servir para alcançar um escopo ilícito; a existência de uma sociedade não pode servir para burlar as normas e as obrigações que dizem respeito a seus sócios; e a existência de uma coligação de sociedade não pode servir para burlar as normas e as obrigações que dizem respeito a uma das sociedades coligadas.[334] É exatamente essa contradição aos princípios básicos informadores do ordenamento jurídico que cria a necessidade de protegê-lo, sendo que "seria contrário ao próprio conceito de pessoa jurídica permitir seu uso com fins e propósitos que subvertessem tal conceito".[335]

Todas estas asseverações indicam, por outro lado, a necessidade de não se extremar a separação entre sociedade e sócios, analisando-a sempre com cautela, sendo modelar a decisão do Tribunal de Alçada Civil de São Paulo, ao determinar que "a assertiva de que a pessoa

---

[333] ASCARELLI, Tullio. *Sociedades y asociaciones mercantiles.* Tradução Santiago Sentís Melendo. Buenos Aires: Ediar, 1947. p?

[334] ASCARELLI, Tullio. Questões a respeito das sociedades coligadas. In: ASCARELLI, Tullio. *Problemas das sociedades anônimas e direito comparado*. 2. ed. São Paulo: Saraiva, 1969. p. 88-94 e 490.

[335] WORMSER, Maurice. *Op. cit.* p. 496-518.

da sociedade não se confunde com as pessoas dos sócios é um princípio jurídico, mas não pode ser um tabu, a entravar a própria ação do Estado, na realização da perfeita e boa justiça, que outra não é a atitude de juiz procurando esclarecer os fatos para ajustá-los ao direito".[336]

O ordenamento jurídico, assim, tem reagido contra o desvio de função do instituto da pessoa jurídica através da aplicação da teoria da sua desconsideração. Mas não tem sido este o único meio de reação do sistema jurídico. Há, ainda, a figura do negócio indireto, desenvolvida por Ascarelli, na Itália, e por Köhler e Ennecerus, na Alemanha, e que pode ser definida como sendo o negócio "em que as partes se propõem a alcançar uma finalidade que não é a finalidade típica, segundo a lei, do negócio escolhido".[337]

Ou seja, no negócio indireto ocorre a possibilidade de que, por meio dele, as partes procurem alcançar um fim que não seja aquele típico do negócio. O negócio indireto pode, assim, ser lícito ou ilícito e, neste caso, nulo, não estando a nulidade na causa, mas sim no fim perseguido pelas partes. A possibilidade de utilização indireta das sociedades é salientada por Ascarelli ao afirmar que por meio delas as partes pretendem alcançar posteriormente fins que pressupõem a efetiva existência da sociedade, mas que não são aqueles fins típicos levados em conta pelo legislador ao criar as sociedades comerciais. É assim que os sócios obtêm a distinção entre os seus patrimônios e aquele da pessoa jurídica, reunindo seus esforços para alcançar resultados que o isolamento impediria, porquanto visam conseguir fins atípicos, egoísticos, e que não foram levados em consideração pelo ordenamento jurídico ao criar as sociedades comerciais. Como afirma Garrigues, a teoria da desconsideração surgiu, então, como um recurso jurídico contra essa utilização indireta das sociedades comerciais.[338]

O desvio de função, ainda, poderá ser constatado em outro conceito, o de ABUSO DE DIREITO, ou seja, o mau uso do direito, o exercício anormal de um direito, sendo que o seu titular se desvia do

---

[336] Apelação 9247, Tribunal de Alçada Civil, *Revista dos Tribunais*, São Paulo, n. 238, p. 393-395, ago. 1955.

[337] Cf. GUARRIGUES, Joaquín. Acotaciones de un jurista sobre reforma de la empresa. In: *Hacia un nuevo derecho mercantil*. Madrid: Tecnos, 1971. p. 42.

[338] *Ibid.*, p. 43-45.

fim econômico social para o qual aquele direito foi criado. O abuso de direito tem como critério básico o critério finalista, sendo considerado em função do seu fim. O ato é normal ou abusivo conforme se demonstre o motivo legítimo ou ilegítimo (dolo, má-fé). Verrucoli concluiu pela predominância do abuso de direito na aplicação da teoria da desconsideração, se verificada a vontade de tirar proveito de uma situação que, embora não tenha sido criada fraudulentamente, permite que se aufiram vantagens indevidas. Mas nem sempre o recurso à noção de abuso de direito fundamenta a teoria da desconsideração. Por vezes a noção de simulação fraudulenta e de interesse público justificam melhor a desconsideração.[339]

Fábio Konder Comparato elaborou um estudo sobre a teoria da desconsideração, no direito brasileiro, na separação entre a pessoa jurídica e seus controladores, para verificação da nacionalidade destes.[340] Na verdade, é freqüente a utilização da teoria da desconsideração para que as qualidades das pessoas físicas que se acham encobertas na pessoa jurídica sejam atribuídas a esta, sobretudo no tocante à nacionalidade, para evitar que pessoas jurídicas nacionais sejam dominadas por detentores de capital estrangeiro.

A nacionalidade das pessoas jurídicas, quando distinta da de seus membros, pode levar a situações perigosas, principalmente em época de guerra, quando setores vitais para os interesses do Estado podem encontrar-se dominados pelo capital estrangeiro.[341]

Ainda de acordo com Verrucoli, temos justificada a aplicação da teoria da desconsideração nos casos em que se tencionou beneficiar os próprios integrantes de um grupo[342] ou proteger os interesses

---

339 Cf. DOBSON, Juan M. *El abuso de la personalidad jurídica*. Buenos Aires: Depalma, [1985]. p. 33.

340 COMPARATO, Fábio Konder. A reforma da empresa. *Revista de Direito Mercantil, Industrial, Econômico e Financeiro*, São Paulo, v. 21, n. 50, p. 57-74, abr./jun. 1983.

341 Durante a Primeira Grande Guerra, as Cortes francesas passaram a ordenar o seqüestro da participação societária, em sociedades francesas, de sócios alemães ou austro-húngaros. Na Itália, foi determinado o seqüestro de empresas em que os estrangeiros tivessem predominância ou controle. O Brasil, por meio da Lei 3.393/1917, decretou serem inimigos os estabelecimentos comerciais ou assemelhados cujo capital, na totalidade ou em sua maior parte, pertencesse a súditos inimigos, ainda que a sede fosse aqui no Brasil.

342 No caso *Kendall* v. *Kapperthal*, a teoria da desconsideração foi aplicada para impedir que os controladores de um grupo sofressem prejuízos.

dos sócios que estariam ameaçados pela identificação da pessoa jurídica se predominassem as condições determinadas na lei.

Em qualquer hipótese, a aplicação da teoria da desconsideração decorre de um desvio de função da pessoa jurídica, desejado ou não pelas partes. No primeiro caso, as partes deliberadamente utilizam a sociedade para alcançar fins diversos daqueles previstos pelo legislador. No segundo, o desvio de função não decorre da vontade das partes, que, inclusive, precisariam de proteção.

Por fim, faz-se necessário mencionar outra justificação para a aplicação da teoria da desconsideração da pessoa jurídica. Trata-se da noção de eqüidade, pois que a aplicação da teoria ocorre apenas no caso concreto, sem que seja negada a distinção entre a pessoa jurídica e as pessoas que a compõem. Na lição de Aristóteles, a eqüidade corresponde ao autenticamente justo em relação ao caso particular, ou seja, "*... é a justiça do caso dado, pela qual se explica o direito de forma a satisfazer às necessidades sociais*".[343]

Pois bem, se a aplicação de uma norma vigente resultar em efeitos diversos daqueles por ela visados, ou até mesmo contrários aos por ela previstos, então não há por que aplicá-la, sob pena de se obter um resultado contrário ao direito. É a noção de eqüidade, com o tradicional conteúdo de ser correção do excessivo rigor da lei positiva, como aponta Siches: "*... é razão suficiente para considerar uma norma como não aplicável a determinado caso singular o fato de que produziria efeitos divergentes das valorações que inspiraram aquela norma, ou das que inspiram em geral o ordenamento jurídico positivo*".[344]

Trata-se, na verdade, de avaliar o absolutismo da norma positiva, entendendo que ela não pode imaginar ou abranger exaustivamente todas as hipóteses de problemas possíveis. E, ainda que se trate de hipótese especificamente prevista em lei, sempre comportará realidades sociais concretas que poderão não ter sido previstas e que tornarão injusta a aplicação daquela norma específica, com os resultados intentados pelo legislador, naquele caso concreto que envolve circunstâncias não previstas pela norma positiva.

---

[343] *Apud* SICHES, Luiz Recaséns. *Nueva filosofía de la interpretación del derecho*. 2. ed. México: Porrúa, 1973. p. 261.

[344] *Ibid.*, p. 265.

É assim que se admite, com relação à aplicação da teoria da desconsideração da personalidade jurídica, que o juiz possa afastar a aplicação da norma positiva e, pela eqüidade, atender efetivamente à exigência de justiça, que efetivamente deve direcionar o direito. Voltando à sabedoria de Siches, o juiz deve verificar os resultados práticos que a aplicação da norma produziria em determinadas situações reais. Sempre que esses resultados mostrarem-se de acordo com as valorações que inspiram a ordem jurídica positiva, deve-se aplicar a norma em questão. Caso contrário, ou seja, quando a norma ao ser aplicada produzir efeitos que contradigam os valores segundo os quais se modelou a ordem jurídica, tal norma não deve ser aplicada à situação concreta.

Ao empregar a teoria da desconsideração da pessoa jurídica, o juiz estará considerando os resultados práticos da aplicação da norma (que considera a pessoa jurídica distinta da pessoa natural de seus membros), e, verificando que tais resultados estariam em contradição com os valores segundo os quais foi modelado o ordenamento jurídico positivo, decidirá, por esse motivo, afastar a sua utilização, sem que disso decorra arbitrariedade ou comprometimento dos valores de certeza e segurança. Com base, assim, nos valores que informam o ordenamento jurídico, constatará que a aplicação da norma estaria contrariando aqueles valores, e decidirá então pela não aplicação dos mesmos ao caso concreto em exame.

Concluindo, temos que:

<table>
<tr>
<td>A REGRA é a consideração da personalidade jurídica, cujo substrato tem determinados fins previstos e estimados pela lei.</td>
<td>A EXCEÇÃO é o afastamento da consideração da personalidade jurídica, cujos fundamentos seriam:
• o desvio da finalidade que o ordenamento jurídico previu por seu intermédio;
• o prejuízo ao Estado ou à coletividade nele organizada que a personalidade jurídica poderia causar;
• a ocorrência de efeitos contrários aos valores que inspiram o ordenamento jurídico.</td>
</tr>
</table>

Diante do que foi anteriormente comentado, fica evidente que é extremamente delicado formular um conceito único da teoria que abranja todas as hipóteses normalmente tidas como justificadoras da desconsideração.

É inegável que esta consiste em afastar ou subestimar os efeitos da personificação jurídica em casos concretos, penetrando na estrutura formal das pessoas jurídicas em questão, verificando-lhes o verdadeiro substrato, visando impedir que simulações e fraudes sejam cometidas por intermédio destas estruturas, bem como visando solucionar todos os casos em que o respeito ao tipo societário formal pudesse levar a soluções contrárias à sua função e aos princípios consagrados pelo ordenamento jurídico.

A teoria da desconsideração assegura, dessa forma, que a estrutura da sociedade que implique responsabilidade limitada possa ser desconsiderada apenas naquele caso concreto, e que assim seja atingida a personalidade jurídica do sócio, tanto pessoa natural quanto pessoa jurídica, responsabilizando-o, se for esta a verdade das circunstâncias fáticas do caso, pela fraude ou pelo abuso de direito, bem como nos casos em que se esconde atrás da personalidade jurídica da sociedade para evitar obrigação existente, tirar vantagem da lei, exercer o monopólio, proteger a desonestidade ou o crime. É a idéia da busca da justiça que tem de preponderar na aplicação da teoria.

Levanta-se momentaneamente a barreira que separa a pessoa jurídica da sociedade das pessoas físicas ou jurídicas de seus sócios, buscando a apuração da verdade, do que foi efetivamente praticado em nome da pessoa jurídica, para então haver o justo julgamento, que protegerá até mesmo os próprios sócios, se este for o judicioso resultado que da apuração dos fatos resultar.

A Teoria da Desconsideração da Pessoa Jurídica no Direito Brasileiro

Ao falarmos da *Disregard Doctrine* no direito brasileiro, não devemos nos esquecer de que se trata da aplicação de uma teoria afeita ao sistema da *common law*, e que portanto tem sua utilização dificultada no sistema da *civil law*.

Na verdade, nosso ordenamento positivo consagra o princípio da separação entre sociedade e sócios, já expresso no art. 20 do antigo Código Civil, erigindo a impenetrabilidade da personalidade jurídica como axioma absoluto.

Mas tem havido reações contra essa concepção, à medida em que conseqüências por ela não previstas e desejadas se verificam. O marco inicial do estudo sistemático da teoria da desconsideração entre nós foi o trabalho de Rubens Requião, apresentado em 1969,[345] a partir do qual a atenção dos juristas brasileiros voltou-se para o assunto.

O papel do juiz em relação à aplicação da teoria da desconsideração da personalidade jurídica foi destacado com muito acerto por Ramalhete ao afirmar que "*leis não são o Direito nem o esgotam. Apenas manifestam-no. São portanto passíveis de receber interpretação construtiva, para dedução da norma pelo aplicador*".[346]

A jurisprudência pátria tem-se mostrado, há tempos, consciente da necessidade do exame das circunstâncias do caso concreto para a aplicação da desconsideração. Desde decisões anteriores,[347] até posições atuais cediças têm determinado a utilização da desconsideração da personalidade jurídica na obtenção de resultados justos. Assim é que o Min. Nilson Naves, em voto aprovado por maioria pela 3ª Câmara do STJ, no REsp 4685/1990, decidiu que:

---

[345] REQUIÃO, Rubens. Abuso de direito e fraude através da personalidade jurídica. *Revista dos Tribunais*, São Paulo, v. 410, p. 12-24, dez. 1969.

[346] RAMALHETE, Clóvis. Sistema de legalidade na desconsideração da personalidade jurídica. *Revista Forense*, Rio de Janeiro, n. 293, p. 79-82, 1986.

[347] Como, por exemplo, a da Apelação Cível 9342, do TJMT – "o juiz, ante o fato de que a pessoa jurídica é utilizada para fins contrários ao direito, pode, em casos específicos, desconsiderar a personalidade jurídica e equiparar o sócio e a sociedade para coibir o abuso de direito". Outra decisão a respeito foi a do Acórdão da 1ª Câmara do 2º TACSP, em que foi relator o Juiz Lair Loureiro, em embargos de terceiro interpostos por sócio cotista de um posto de gasolina, em razão da penhora de um automóvel que o sócio declarava ser de sua propriedade particular. Apesar de indicar o distrato social, verificou-se que o sócio continuava trabalhando na sociedade, fazendo concluir que houvera um distrato simulado, de molde a prejudicar os interesses da mulher e dos filhos, o que não poderia prevalecer. Fundamentando-se, inclusive, na teoria da *disregard* e do abuso de direito, foi mantida a penhora (RT 484/149).

> "AVALISTA – LITIGÂNCIA DE MÁ-FÉ DO AVALIZADO.
> Responde o avalista, do mesmo modo que o avalizado, pelo que emerja do título. Não pode ser responsabilizado, entretanto, pela conduta processual do avalizado. Assim, não é possível exigir-lhe o pagamento, devido em decorrência da litigância de má-fé daquele. Sócio – Sociedade por quotas de responsabilidade limitada. Não se pode cobrar do sócio dívida da sociedade. Inaplicabilidade da doutrina da desconsideração da pessoa jurídica."

A preocupação do direito com a fundamentação legal fez com que, antes do advento do Código Civil de 2002, se recorresse às regras gerais de eficácia do ato jurídico – a do fim ilícito (art. 82 do Código Civil de 1916), a do regime legal de nulidade (art. 145 do Código Civil de 1916), e de anulabilidade (arts. 86 a 102 do Código Civil de 1916), como princípios que autorizam a desconsideração e que permitem identificar eventual fim ilícito dos sócios de uma pessoa jurídica, com a substituição da vontade da sociedade pela do sócio, punindo-o sem desconstituir a pessoa jurídica.

No direito pátrio, ainda, são hipóteses de desconsideração os casos de defeitos dos atos jurídicos, principalmente a fraude, o dolo e a simulação. Tais hipóteses, embora não sendo próprias da desconsideração, como tal têm sido consideradas, pois que é marcante a resistência dos nossos tribunais em negar a incidência da regra do art. 20 do Código Civil anterior.

Apesar da resistência da jurisprudência, há hipóteses legais em que se vislumbra, no direito pátrio, a possibilidade de aplicação da teoria da desconsideração, embora nem sempre tenham caracterizado hipóteses exclusivas de desconsideração. São elas

a. Constituição da República Federativa do Brasil, de 1988:

> *"Art. 176 – As jazidas, em lavra ou não, e demais recursos minerais e os potenciais de energia hidráulica constituem propriedade distinta da do solo, para efeito de exploração ou aproveitamento, e pertencem à União, garantida ao concessionário a propriedade do produto da lavra.*

> *§ 1º – A pesquisa e a lavra de recursos minerais e o aproveitamento dos potenciais a que se refere o* caput *deste artigo somente poderão ser efetuados mediante autorização ou concessão da União, no interesse nacional, por brasileiros ou empresa constituída sob as leis brasileiras e que tenha sua sede e administração no País, na forma da lei, que estabelecerá as condições específicas quando essas atividades se desenvolverem em faixa de fronteira ou terras indígenas."*

> *"Art. 222 – A propriedade de empresa jornalística e de radiodifussão sonora e de sons e imagens é privativa de brasileiros natos ou naturalizados há mais de 10 (dez) anos, ou de pessoas jurídicas constituídas sob as leis brasileiras e que tenham sede no País.*
>
> *§ 1º – Em qualquer caso, pelo menos 70% (setenta por cento) do capital total e do capital votante das empresas jornalísticas e de radiodifusão sonora e de sons de imagens deverá pertencer, direta ou indiretamente, a brasileiros natos ou naturalizados há mais de 10 (dez) anos, que exercerão obrigatoriamente a gestão das atividades e estabelecerão o conteúdo da programação."*

b. Consolidação das Leis do Trabalho (CLT):

> *"Art. 2º – Considera-se empregador a empresa, individual ou coletiva, que, assumindo os riscos da atividade econômica, admite, assalaria e dirige a prestação pessoal de serviços. (...)*
>
> *§ 2º – Sempre que uma ou mais empresas, tendo, embora, cada uma delas, personalidade jurídica própria, estiverem sob a direção, controle ou administração de outra, constituindo grupo industrial, comercial ou de qualquer outra atividade econômica, serão, para os efeitos da relação de emprego, solidariamente responsáveis a empresa principal e cada uma das subordinadas."*

c. Código Tributário Nacional:

"Art. 134 – Nos casos de impossibilidade de exigência do cumprimento da obrigação principal pelo contribuinte, respondem solidariamente com este nos atos em que intervierem ou pelas omissões de que forem responsáveis:

(...)

VII. os sócios, no caso de liquidação de sociedade de pessoas."

"Art 135 – São pessoalmente responsáveis pelos créditos correspondentes a obrigações tributárias resultantes de atos praticados com excesso de poderes ou infração de lei, contrato social ou estatutos:

I . as pessoas referidas no artigo anterior:

(...)

III. os diretores, gerentes ou representantes de pessoas jurídicas de direito privado."

d. Código de Processo Civil (CPC):

"Art. 596 – Os bens particulares dos sócios não respondem pelas dívidas da sociedade senão nos casos previstos em lei; o sócio, demandado pelo pagamento da dívida, tem direito a exigir que sejam primeiro excutidos os bens da sociedade".

e. Decreto 3.708/1919:

"Art. 10 – Os sócios-gerentes ou que derem o nome à firma não respondem pessoalmente pelas obrigações contraídas em nome da sociedade, mas respondem para com esta e para com terceiros solidária e ilimitadamente pelo excesso de mandato e pelos atos praticados com violação do contrato ou da lei".

f. Lei 6.404/1976 (Lei das Sociedades Anônimas):

"Art. 117 – O acionista controlador responde pelos danos causados por atos praticados com abuso de poder.

§ 1º – São modalidades de exercício abusivo de poder: (...) f) contratar com companhia, diretamente ou através de outrem, ou de sociedade na qual tenha interesse, em condições de favorecimento ou não eqüitativas;

(...) § 2º – No caso da alínea e do § 1º, o administrador ou fiscal que praticar o ato ilegal responde solidariamente com o acionista controlador. (...)

"

Art. 158 – O administrador não é pessoalmente responsável pelas obrigações que contrair em nome da sociedade e em virtude de ato regular de gestão; responde, porém, civilmente, pelos prejuízos que causar, quando proceder:

I. dentro de suas atribuições ou poderes, com culpa ou dolo:
II. com violação da lei ou do estatuto. (...)"

g. Lei 8.078/1990:

"Art. 28 – O juiz poderá desconsiderar a personalidade jurídica da sociedade quando, em detrimento do consumidor, houver abuso de direito, excesso de poder, infração da lei, fato ou ato ilícito ou violação dos estatutos ou contrato social. A desconsideração também será efetivada quando houver falência, estado de insolvência, encerramento ou inatividade da pessoa jurídica provocados por má administração.

(...) § 5º – Também poderá ser desconsiderada a pessoa jurídica sempre que sua personalidade for, de alguma forma, obstáculo ao ressarcimento de prejuízos causados aos consumidores."

Deve ser mencionada com destaque, ainda, a Súmula 486 do Supremo Tribunal Federal, cujo enunciado diz que *"Admite-se a retomada para sociedade da qual o locador, ou seu cônjuge, seja sócio, com participação predominante no capital social"*. Trata-se, na verdade, de desconside-ração da personalidade jurídica em benefício do controlador, decorrendo de uma interpretação extensiva do art. 8º, alínea *e*, do revogado Decreto 24.150, ampliando o conceito de uso próprio do locador. O teor da Súmula indica que o que se leva em conta são as pessoas que integram a sociedade, penetrando no seu substrato e, assim, permitindo a utilização do imóvel pela sociedade, locadora que o retoma para uso próprio.

Na pauta desse entendimento, a atual lei de locações (Lei 8.245/1991) consagrou, no art. 52, inciso II[348], o posicionamento do STF, estendendo a possibilidade de retomada até mesmo aos ascendentes e descendentes do locador, além de seu cônjuge.

O Código Civil de 2002 positivou a teoria da desconsideração em seu art. 50. O Prof. Miguel Reale, coordenador dos trabalhos da comissão redatora e responsável pela Exposição de Motivos que acompanhou o projeto, deixou claro que pretendeu coibir os desvios do uso da personalidade jurídica, afirmando que *"não abandonamos o princípio que estabeleceu a distinção entre pessoa jurídica e os seus membros componentes, mas também não convertemos esse princípio em tabu, até o ponto de permitir sejam perpetrados abusos em proveito ilícito dos sócios e em detrimento da comunidade"*.[349]

Esta a positivação da teoria no novo Código Civil, art. 50:

> *"Em caso de abuso da personalidade jurídica, caracterizado pelo desvio de finalidade, ou pela confusão patrimonial, pode o juiz decidir, a requerimento da parte, ou do Ministério Público quando lhe couber intervir no processo, que os efeitos de certas e determinadas relações de obrigações sejam estendidos aos bens particulares dos administradores ou sócios da pessoa jurídica".*

---

[348] Lei 8.245/91 (Lei do Inquilinato) – "Art. 52 – O locador não estará obrigado a renovar o contrato se:

I – por determinação do Poder Público, tiver que realizar no imóvel obras que importarem na sua radical transformação; ou para fazer modificações de tal natureza que aumente o valor do negócio ou da propriedade;

II – o imóvel vier a ser utilizado por ele próprio ou para transferência de fundo de comércio existente há mais de um ano, sendo detentor da maioria do capital o locador, seu cônjuge, ascendente ou descendente. (...)"

[349] REALE, Miguel. Considerações gerais sobre o Projeto de Código Civil. *Arquivos do Ministério da Justiça*, Brasília, v. 33, n. 137, jan./mar. 1976. p. 8.

Algumas críticas têm sido tecidas, posto que o dispositivo em questão atrela a aplicação da desconsideração da pessoa jurídica à prática de atos desviados do objeto social da sociedade. Assim, atos não previstos no objeto social deixam de ser alcançados, e acabam desencadeando soluções como a dissolução da sociedade, por se tratar de atos não lícitos, e não a desconsideração. Esta visa sancionar qualquer desvio da pessoa jurídica, seja desvio de direito, ou ainda que se choque com princípios consagrados pelo ordenamento jurídico; tal desvio pode ocorrer ou não, de acordo com os estatutos, no desempenho da atividade social.

Na prática, de fato, os fundamentos da desconsideração da personalidade jurídica têm sido as "*...circunstâncias que provocam a incompatibilidade entre o ordenamento jurídico e o resultado a que se atingiria, no caso concreto, através da utilização da pessoa jurídica*".[350]

Breve Painel sobre a Aplicação da Teoria da Desconsideração Antes da Vigência do Código Civil de 2002

Num rápido exame em alguns ramos do direito brasileiro e seus princípios e normas próprios, verifica-se como evoluiu a aplicação da teoria da desconsideração da pessoa jurídica, antes de positivada no direito privado nacional.

No Direito Comercial

Com a Lei 6.404/1976, o direito pátrio, a exemplo da legislação alemã, passa a admitir o grupo econômico regular, ou de *jure*, consideran-

[350] JUSTEN FILHO, Marçal. *Desconsideração da personalidade societária no direito brasileiro*. São Paulo: Revista dos Tribunais, 1987. p. 95.

do o grupo de fato como aquele que abrange situações de coligação e controle.[351]

O critério distintivo entre grupo de fato e de direito, como já dito anteriormente em outro tópico deste trabalho, é a noção de controle contida no art. 243, § 2º que estabelece

> *"Considera-se controlada a sociedade na qual a controladora, diretamente ou através de outras controladas, é titular de direitos de sócio que lhe assegurem, de modo permanente, preponderância nas deliberações sociais e o poder de eleger a maioria dos administradores".*

Prescreve, ainda, no art. 245, que as relações entre as sociedades que integram "grupos de fato" devem ser de caráter comutativo e, no caso de operações que beneficiem o grupo e uma das sociedades em detrimento de outra, a prejudicada deve ser adequadamente compensada. A responsabilidade das sociedades controladoras pelos atos praticados em infração aos arts. 116 e 117 da Lei 6.404 é estabelecida no art. 246.[352]

Para o âmbito de interesse deste trabalho, deve ser ressaltada a hipótese da letra *f* do art. 117, ou seja, a do exercício abusivo do poder através de contratação com a companhia, diretamente ou por meio de outrem ou de sociedade na qual tenha interesse, em condições de favorecimento ou não eqüitativas. Pode ser tida como uma hipótese de desconsideração da personalidade jurídica para que, penetrando em sua verdadeira estrutura, se constate eventual interesse comum entre ela e o controlador, que pode ser uma outra sociedade, formando-se assim um grupo. Neste caso, haveria abuso de poder de controle, responsabilizando-se o controlador.

Não há, porém, proteção específica da lei para os credores. No caso de terceiros sentirem-se prejudicados por atos praticados com fundamento na existência do grupo, a aplicação ampliativa

[351] WALD, Arnoldo. Algumas considerações sobre as sociedades coligadas e os grupos de sociedades na nova Lei das Sociedades Anônimas. *Revista Forense*, Rio de Janeiro, volume, fascículo, p. 89, 1977.

[352] Lei 6.404/1973 (Lei das Sociedades Anônimas): "Art. 246 – ver nota de rodapé 295.

dos arts. 116, 116-A (incluída pela Lei 10.303/2001),[353] ou 117 da Lei 6.404 é que deverá ocorrer, tomando a referência ao dever do controlador perante a "comunidade" como compreensiva dos interesses dos credores da sociedade controlada.[354] Seja como for, a nítida distinção entre a pessoa jurídica e as pessoas físicas ou jurídicas de seus sócios foi mantida no direito brasileiro com a consagração da separação de seus patrimônios e de suas responsabilidades. Nesse sentido, afirma Requião: *"Tão logo se verifique ou evidencie que, nas suas relações com terceiros – acionistas ou credores –, o grupo societário se queira valer da autonomia das sociedades isoladamente consideradas que o compõem para, através dessa autonomia, obter vantagens indevidas ou descabidas, deve a personalidade ser desconsiderada, para se tratar o grupo como uma unidade autônoma, sem distinções, como de fato é".*[355]

Com as considerações apontadas, conclui-se que quando for utilizada a distinção entre a pessoa jurídica e os seus membros para desvio da finalidade almejada pelo ordenamento jurídico, ou ainda chegando a soluções injustas que dele decorram, deve ser aplicada a teoria da desconsideração da pessoa jurídica, para que o devido compromisso com a justiça seja atendido.

Através das decisões a seguir referidas, registra-se na jurisprudência pátria a utilização da teoria da desconsideração da pessoa jurídica:

> "Sociedade por cotas de responsabilidade limitada – Desconsideração de personalidade jurídica – Sócios que

---

[353] Lei 10.303/2001 (Lei das Sociedades Anônimas): "Art. 116-A – O acionista controlador da companhia aberta e os acionistas, ou grupo de acionistas, que elegerem membro do conselho de administração ou membro do conselho fiscal, deverão informar imediatamente as modificações em sua posição acionária na companhia à Comissão de Valores Mobiliários e às Bolsas de Valores ou entidades do mercado de balcão organizado nas quais os valores mobiliários de emissão da companhia estejam admitidos à negociação, nas condições e na forma determinadas pela Comissão de Valores Mobiliários."

[354] OLIVEIRA, J. Lamartine Corrêa de. *A dupla crise da pessoa jurídica*. São Paulo: Saraiva, 1979. nota 34, p. 587.

[355] REQUIÃO, Rubens. A desconsideração da personalidade jurídica no agrupamento de empresas. In: *Aspectos modernos do direito comercial* – Estudos e pareceres. São Paulo, Saraiva, 1977.

NÃO AGIRAM DE FORMA FRAUDULENTA OU DESASTROSA – FALÊNCIA DA SOCIEDADE POR PERCALÇOS ECONÔMICO-FINANCEIROS – SOLIDARIEDADE NOS DÉBITOS SOCIAIS REPELIDA – DECISÃO CONFIRMADA.
Percalços econômico-financeiros da empresa, tão comuns na atualidade, mesmo que decorrentes da incapacidade administrativa de seus dirigentes, não se consubstanciam, por si sós, em comportamento ilícito e desvio de finalidade da entidade jurídica. Do contrário, seria banir completamente o instituto da pessoa jurídica" (RT 690/103).

"SOCIEDADE POR COTAS DE RESPONSABILIDADE LIMITADA – DESCONSIDERAÇÃO DA PERSONALIDADE JURÍDICA.
Aplicação que requer cautela e zelo, sob pena de destruir o instituto da pessoa jurídica e olvidar os incontestáveis direitos da pessoa física. Necessidade de que seja apoiada em fatos concretos que demonstrem o desvio da finalidade social da sociedade, com proveito ilícito dos sócios" (RT 673/160).

"PESSOA JURÍDICA – TEORIA DA DESCONSIDERAÇÃO – INAPLICABILIDADE – SUPERAÇÃO DA REGRA DO ART. 20 DO CÓDIGO CIVIL, QUE EXIGE O DEVIDO PROCESSO LEGAL.
Impossibilidade de se alcançar o ente jurídico por dívida de sócio em simples despacho ordinatório da execução" (RT 657/120).

"SOCIEDADE COMERCIAL – RESPONSABILIDADE LIMITADA – DESCONSIDERAÇÃO DA PERSONALIDADE JURÍDICA – EMISSÃO DE CHEQUE SEM FUNDO PELO SÓCIO-GERENTE EM NOME DA SOCIEDADE – ATO CONTRÁRIO À LEI – RESPONSABILIDADE SOLIDÁRIA E ILIMITADA DO EMITENTE – APLICAÇÃO DO ART. 10 DO DEC. 3.708/19" (RT 654/182).

"FALÊNCIA – TEORIA DA DESCONSIDERAÇÃO DA PERSONALIDADE JURÍDICA – APLICAÇÃO – FALÊNCIA – EMBARGOS DE TERCEIRO.

Sociedade que, na prática, não eram pessoas jurídicas distintas e com autonomia e personalidades próprias, posto estabelecidas no mesmo local e com os mesmos controladores. Débitos somente atribuídos àquela que veio a falir. Arrolamento dos bens a ambas pertencentes. Correta aplicação da teoria da desconsideração da autonomia da personalidade jurídica" (TJRJ, 2ª Câmara Cível, Ac. 3.911/91, DJRJ 07/05/1992, p.155).

"Pedido – Decisão judicial – Penhora – Pessoa jurídica – Preclusão – Recurso.
Preclusão – Decisão judicial que deferiu a penhora de bens de pessoa jurídica diversa, após decisões denegatórias de igual pedido – Descaracterização ante existência de novo fundamento fático para reiterar o pedido de desconsideração da personalidade jurídica da devedora – Preliminar afastada.
Penhora – Incidência sobre bens dos sócios da executada – Possibilidade, por ser notória a disfunção da personalidade jurídica da devedora, evidenciada pela cessação de suas atividades sociais, sem honrar suas dívidas e com o desaparecimento de seu patrimônio – Constrição determinada – Recurso provido para esse fim" (1º TACSP, 9ª Câmara, Agravo de Instrumento 0835768-2/São José do Rio Preto).

"Cambial – Citação – Art. 28 – Execução por título extrajudicial – Recurso – Sociedade comercial – Código de defesa do consumidor.
Execução por título extrajudicial – Cambial – Cheque – Ajuizamento contra sociedade comercial – Pretensão à desconsideração da personalidade jurídica – Ausência de prova de inexistência de bens da sociedade, bem como da ocorrência de fraude – Inadmissibilidade da citação do sócio da ré – Inaplicabilidade do CDC, eis que não comprovada relação de consumo – Recurso improvido" (1º TACSP, 1ª Câmara, Agravo de Instrumento 0841646-8/Santos).

"TEORIA DA DESCONSIDERAÇÃO DA PESSOA JURÍDICA – CONTRATO – COBRANÇA – PRESTAÇÃO DE SERVIÇOS – RECURSOS – TEORIA DA IMPREVISÃO.
Contrato – Prestação de Serviços – 'Tickets' refeição – Não pagamento das guias de reembolso por parte da empresa fornecedora – Alegação fundada na falta de preenchimento regular das mesmas – Descabimento porque não especificado quais guias não estavam em condições contratuais – Inaplicabilidade, ainda, da teoria da imprevisão, porque a relação jurídica entre as partes independe de efeitos extracontratuais ou mudanças abruptas do mercado, devendo incidir a teoria da desconsideração da personalidade jurídica porque a insolvência foi provocada por má administração dos sócios – Responsabilidade destes reconhecida – Cobrança procedente – Recurso da autora provido, desprovido o dos co-réus" (1º TACSP, 11ª Câmara, Ap. 0770318-2).

"SOCIEDADE COMERCIAL – PENHORA DOS BENS DOS SÓCIOS – DESCONSIDERAÇÃO DA PERSONALIDADE JURÍDICA, EM DETERMINADOS CASOS.
A Teoria da Desconsideração da Personalidade Jurídica não visa anular o conceito de pessoa moral, ou coletiva, mas tem por objetivo desconsiderar, em determinados casos concretos e no resguardo de interesses de terceiros, a pessoa jurídica em relação às pessoas ou bens que atrás dela se ocultam" (1º TACSP, 8ª Câmara, Ap. 353867, j. 19/08/1986).

"EXECUÇÃO – PENHORA – SOCIEDADE – DISSOLUÇÃO IRREGULAR – CONTINUIDADE DA ATIVIDADE EMPRESARIAL DA RÉ-EXECUTADA SOB OUTRA ROUPAGEM – PROVA DOCUMENTAL SUFICIENTE – TEORIA DA DESCONSIDERAÇÃO DA PESSOA JURÍDICA – APLICABILIDADE.
À luz da Lei e da Doutrina, forçoso reconhecer que a espécie retrata nítido caso de tentativa de fraude, capaz de exigir a aplicação da 'disregard', em nome da Justiça em respeito à efetividade do processo e estrito atendimento ao preceito

do art. 5º da Lei de Introdução ao Código Civil pois, se é garantia constitucional o livre acesso ao Poder Judiciário e ser obrigatória a prestação jurisdicional, não é possível tolerar conduta desqualificadora deste direito, à socapa do propalado absolutismo da personalidade jurídica" (2º TACSP, 2ª Câmara, Agravo de Instrumento 603.228-00/8, Relator Juiz Peçanha de Moraes, j. 22/11/1999).

"Execução – Penhora – Sociedade – Bens pessoais dos sócios – Desconsideração da Pessoa Jurídica não justificada –Inadmissibilidade.
A utilização da doutrina do superamento da personalidade jurídica sem a comprovação de que os sócios tenham, efetivamente, obrado de modo fraudulento, com o intuito de lesar terceiros, é banalizar a doutrina, que só deve ser aplicada quando configurados abusos e fraudes, sob pena de negar-se vigência ao princípio basilar da personalidade jurídica, consagrado no art. 20 do Código Civil, qual seja de que as pessoas jurídicas têm existência distinta da dos seus membros ('universitas distat a singulis')" (2º TACSP, 8ª Câmara, Agravo de Instrumento 643.767-00/9, Relator Juiz Renzo Leonardi, j. 27/07/2000).

"Alienação fiduciária – Embargos de terceiro – Dissolução irregular da sociedade executada – Penhora – Efetivação sobre imóvel de propriedade da sócia – Desconsideração da personalidade jurídica da sociedade – Admissibilidade.
Encerradas as atividades da sociedade mediante simples fechamento de portas e colocação de placa 'aluga-se', desobedecidos os preceitos legais de dissolução das sociedades em geral, correta a penhora efetivada sobre imóvel de propriedade da sócia, herdeira universal do antigo sócio, em consonância com a teoria da desconsideração da personalidade jurídica da sociedade" (2º TACSP, 3ª Câmara, Embargos de Terceiro 526.262/-01/1, Relator Juiz Cambrea Filho, j. 15/06/1999).

No Direito do Consumidor

Nossa Constituição Federal consagrou, no seu art. 170, a defesa do consumidor como diretriz da ordem econômica e financeira nacional, com o intuito de determinar a regulamentação específica das relações de consumo em nosso país.

Em decorrência do mandamento constitucional, surgiu a Política Nacional das Relações de Consumo, consistindo em ação finalista do Estado que, por meio da repressão de abusos e incentivo de práticas leais e eficientes, objetiva harmonizar os interesses de consumidores e fornecedores na busca de um mercado regido pela boa-fé e pela eqüidade. Assim surgiu o Código de Defesa do Consumidor, constituindo ordenação sistemática da matéria de consumo, sob a égide de princípios, conceitos e regras especiais, permitindo a defesa adequada dos consumidores e seus interesses. Os mecanismos de tutela jurídica do consumidor vêm sendo ampliados não só no âmbito individual mas também no coletivo. E a aplicação da teoria da desconsideração da pessoa jurídica tem-se caracterizado pela busca incessante da verdade do substrato em atirada defesa do credor/consumidor lesado.

Conforme já citado anteriormente (v. nota 43), à luz do art. 28 da Lei de Defesa do Consumidor são apontados, como fundamentos para a desconsideração: abuso de direito, excesso de poder, infração de lei, fato ou ato ilícito ou violação dos estatutos ou contrato social, falência ou estado de insolvência, encerramento ou inatividade da pessoa jurídica provocada por má administração.

Aponta-se, com acerto, que a única hipótese verdadeiramente justificadora da desconsideração seria a do abuso de direito. É assim porque, sempre que a personalidade jurídica societária constituir óbice para a recomposição do patrimônio do consumidor lesado, justifica-se sua superação. O que interessa ao legislador, acima de tudo, é a efetiva proteção do consumidor.

Não quando tratar-se de simples prejuízo sofrido por este, mas sim quando os sócios atuarem em desconformidade com os preceitos ditados em lei, aparecendo o patrimônio da empresa como insuficiente para arcar com os danos causados pelo produto ou serviço ofertado. Claro é que deverá ainda haver indubitável nexo de causalidade entre o dano causado ao consumidor e a conduta inadequada dos sócios, sendo insuficiente o patrimônio da empresa para ressarci-lo.

Com a interpretação teleológica do art. 20 do Código Civil anterior, determina-se que se busque no patrimônio dos sócios o montante necessário para indenizar o consumidor lesado sempre que a sociedade não possuir condições econômicas de fazê-lo por si própria.

Tem-se ponderado que as hipóteses legais de excesso de poder, infração de lei, violação dos estatutos, falência por má administração etc. referem-se a outros campos do direito, em nada dizendo respeito à teoria da desconsideração. E isso parece ser muito certo, porquanto se alguém, na qualidade de sócio ou representante legal de uma pessoa jurídica, age em desconformidade com as atribuições que lhe são conferidas, prejudicando outrem, é tido como "diretamente" responsável pelos danos causados, não representando a existência da sociedade qualquer obstáculo à reparação.

Assim já era, por exemplo, no mandamento do art. 10 do Decreto 3.708/1919, bem como no art. 115 e nos já citados arts. 116 e 117 da Lei 6.404/1976.

Nesse sentido, o posicionamento de Fábio Ulhoa Coelho ao afirmar: *"a circunstância de o ilícito ter sido efetivado no exercício da representação legal de uma pessoa jurídica ou em função da qualidade de sócio ou controlador em nada altera a responsabilidade daquele que, ilicitamente, causou danos a outrem. Não há, portanto, desconsideração da pessoa jurídica na definição da responsabilidade de quem age com excesso de poder, infração da lei, violação dos estatutos ou do contrato social, ou por qualquer outra modalidade de ato ilícito"*.[356]

Vemos, pois, que somente nos casos de abuso de direito, e assim mesmo quando for o caso, é que o legislador do Código de Defesa do Consumidor acolheu a teoria da desconsideração, em reação à utilização do instituto da personalidade jurídica de modo contrário aos fins visados pelo ordenamento jurídico ao criá-lo.

A enumeração dos fundamentos legais do art. 28 é meramente exemplificativa, como se vê do teor do § 5º, o qual prevê a possi-

---

[356] COELHO, Fábio Ulhoa. *Comentários ao Código de Proteção ao Consumidor.* Coord. Juarez de Oliveira. São Paulo: Saraiva, 1991. p. 143.

bilidade de aplicação da desconsideração sempre que a forma da pessoa jurídica for, de alguma maneira, obstáculo ao ressarcimento de prejuízos causados aos consumidores.

A teoria em estudo, não se deve esquecer, é de aplicação excepcional, não de regra dependendo das circunstâncias dos fatos do caso para sua aplicação, tudo o que decorre da supremacia do interesse social geral, como um bem cada vez mais tutelado pelo direito.

No compasso mais acima apontado, colhemos as seguintes decisões dos nossos tribunais:

> "Penhora – Incidência sobre cotas de sócio majoritário revel – Admissibilidade – Aplicação da teoria da desconsideração da personalidade jurídica. Art. 28 do CDC (Lei 8.078/90).
> Hipótese onde há inequívoco abuso de direito do sócio, detentor da maioria das cotas sociais, partícipe de duas empresas no mesmo endereço, sendo uma delas devedora inadimplente, com ofuscamento dos bens suscetíveis de penhora. Constrição mantida. Embargos do devedor improcedentes. Recurso improvido" (1º TACSP, 6ª Câmara, Ap. 718219-3/São Paulo, Relator Juiz Oscarlino Möeller, j. 17/02/1998).

> "Agravo de instrumento – Legitimidade passiva *ad causam* – Teoria da aparência.
> Diante do preceito contido no art. 28 e parágrafos, do CDC, que sufraga a teoria da aparência ou *disregard legal entity*, é facultada a desconsideração da personalidade jurídica das sociedades por si, quando integrantes de grupos, ou quando controlados, consorciados ou coligados, sempre que ocorrer abuso de direito, excesso de poder, infração da lei, fato ou ato ilícito ou violação dos estatutos ou contrato social, assim inclusive quando, por alguma forma, a personalidade jurídica puder constituir obstáculo ao ressarcimento dos prejuízos causados aos consumidores. Agravo improvido (4 fls.)" (TJRS, 14ª Câmara Cível, AGI

70000867671, Relator Desembargador Aymoré Roque Pottes de Mello, j. 18/05/2000).

Demais Ramos do Direito Brasileiro

É necessário apontar, com muita cautela, que casos indicados como sendo de desconsideração de personalidade jurídica constituem na verdade outras hipóteses, sem motivar a aplicação da teoria.

Assim, por exemplo, ocorre em relação ao art. 2º, § 2º, da Consolidação das Leis do Trabalho[357].

Do mesmo modo ocorre com o art. 134 do Código Tributário Nacional[358], não se tratando de hipótese de aplicação da teoria da desconsideração da pessoa jurídica, porquanto não há o ato ilícito a mo-

---

[357] Consolidação das Leis do Trabalho: "Art. 2º – Considera-se empregador a empresa individual ou coletiva, que, assumindo os riscos de atividade econômica, admite, assalaria e dirige a prestação pessoal de serviços.

§ 1º – Equiparam-se ao empregador, para os direitos exclusivos da relação de emprego, os profissionais liberais, as instituições de beneficência, as associações recreativas ou outras instituições sem fins lucrativos, que admitirem trabalhadores como empregados.

§ 2º – Sempre que uma ou mais empresas, tendo, embora, cada uma delas, personalidade jurídica própria, estiverem sob a direção, controle ou administração de outra, constituindo grupo industrial, comercial ou de qualquer outra atividade econômica, serão, para os efeitos da relação de emprego, solidariamente responsáveis a empresa principal e cada uma das subordinadas."

[358] Código Tributário Nacional: "Art. 134 – Nos casos de impossibilidade de exigência do cumprimento da obrigação principal pelo contribuinte, respondem solidariamente com este nos atos em que intervierem ou pelas omissões de que forem responsáveis:

I – os pais, pelos tributos devidos por seus filhos menores;

II – os tutores e curadores, pelos tributos devidos por seus tutelados ou curatelados;

III – os administradores de bens de terceiros, pelos tributos devidos por estes;

IV – o inventariante, pelos tributos devidos pelo espólio;

V – o síndico e o comissário, pelos tributos devidos pela massa falida ou pelo concordatário;

VI – os tabeliães, escrivães e demais serventuários de ofício, pelos tributos devidos sobre os atos praticados por eles, ou perante eles, em razão do seu ofício;

VII – os sócios, no caso de liquidação de sociedade de pessoas.

Parágrafo único. O disposto neste artigo só se aplica, em matéria de penalidades, às de caráter moratório."

tivar a aplicação da teoria, somente a responsabilidade solidária do sócio pela dívida da sociedade.[359] Outro exemplo é o do art. 596 do Código de Processo Civil[360].

Em suma, a existência de sócios que respondem subsidiariamente pelas obrigações sociais faz que sejam fenômenos bem distintos o da personalidade jurídica e o da responsabilidade, não havendo qualquer margem para vincular a personalidade jurídica à exclusão geral de responsabilidade do sócio.[361]

Concluindo, algumas anotações devem ser feitas em relação à aplicabilidade da teoria e o contrato consigo mesmo. Parece ser predominante,[362] apesar das divergências doutrinárias e jurisprudenciais, o entendimento de que o contrato nessas condições é admissível quando rigorosamente afastado o "conflito atual ou virtual de interesses", e houver expressa permissão conferida ao representante pela lei ou pelo representado, para concluir consigo mesmo, ou com outro representado, o negócio jurídico; ou ainda quando o negócio consistir unicamente no cumprimento de uma obrigação anterior. Checa-se, assim a amplitude na norma contida no art. 1.133, II[363], do novo Código Civil, verificando a verdadeira atuação da empresa ("testa-de-ferro", por exemplo), sendo necessário verificar quem efetivamente auferiu as vantagens do negócio. Portanto, cumpre analisar cautelosamente, sempre, "quem" agiu.

---

[359] Cf. RT 456/452, 457/141 e RF 252/218.

[360] Lei 5.869/73 (Código de Processo Civil): "Art. 596 – Os bens particulares dos sócios não respondem pelas dívidas da sociedade senão nos casos previstos em lei; o sócio, demandado pelo pagamento da dívida, tem direito a exigir que sejam primeiro excutidos os bens da sociedade.

§ 1º – Cumpre ao sócio, que alegar o benefício deste artigo, nomear bens da sociedade, sitos na mesma comarca, livres e desembargados, quantos bastem para pagar o débito.

§ 2º – Aplica-se aos casos deste artigo o disposto no parágrafo único do artigo anterior.

[361] Cf. OLIVEIRA, J. Lamartine Corrêa de. *Op. cit.*

[362] CAVALCANTI, José Paulo. *O contrato consigo mesmo*. São Paulo: Freitas Bastos, 1956.

[363] Art. 1.133 – Dependem de aprovação as modificações do contrato ou do estatuto de sociedade sujeita a autorização do Poder Executivo, salvo se decorrerem de aumento do capital social, em virtude de utilização de reservas ou reavaliação do ativo.

Conclusões

A desconsideração da personalidade jurídica não busca a anulação da personalidade em toda a sua extensão, apenas e tão-somente determinando a sua ineficácia perante determinado ato. Tal teoria quebra, dessa forma, o tabu da intocabilidade da personalidade jurídica, sobretudo no âmbito de atuação de grupos de empresas.

A teoria ora analisada tampouco visa a destruir o princípio da separação da pessoa jurídica da sociedade e das pessoas dos seus sócios, em verdade até mesmo reforçando tal separação, na medida em que atinge apenas determinado episódio, sem conseguir atingir o ato constitutivo da sociedade. Visa atingir a desconsideração específica, mas não a desconstituição genérica ou total da pessoa jurídica ou a sua despersonificação.

Trata-se de permissivo de comportamento zeloso exclusivo do Poder Judiciário, corroborado pela doutrina e, aos poucos, pela própria legislação, no sentido de buscar a verdade. A pessoa jurídica deve ser, obrigatoriamente, utilizada para fins legítimos, e não para negócios escusos, ou sonegação, ou fraude, ou abuso impunes. Constitui ela manobra de que se socorre o Judiciário para a constatação da desonestidade, evitando a justificação do injusto, contrariando a ordem pública.

Assim, citamos o magnífico ensinamento de J. Lamartine Corrêa de Oliveira, ao afirmar que *"o que importa basicamente é a verificação da resposta adequada à seguinte pergunta: no caso em exame, foi realmente a pessoa jurídica que agiu, ou foi ela mero instrumento nas mãos de outras pessoas, físicas ou jurídicas? É exatamente por que nossa conclusão quanto à essência da pessoa jurídica se dirige a uma postura de realismo moderado – repudiados os normativismos, os ficcionismos, os nominalismos – que essa pergunta tem sentido. Se é em verdade uma outra pessoa que está a agir, utilizando a pessoa jurídica como escudo, e se é essa utilização da pessoa jurídica, fora de sua função, que está tornando possível o resultado contrário à lei, ao contrato, ou às coordenadas axiológicas fundamentais da ordem jurídica (bons costumes, ordem pública), é necessário fazer que a imputação se faça com predomínio da realidade sobre a aparência. Nesse sentido, tinha razão Antunes Varela quando afirmava visar à desconsiderar a contradição entre aparência e realidade na constituição e no funcionamento da pessoa jurídica. Uma pessoa jurídica pode ser, essencialmente, uma mera fachada, pessoa jurídica aparente. Mas ela pode ser verdadeira, válida e eficaz pessoa jurídica, dotada de vontade e interesses distintos dos seus sócios, e ser, a partir de determinado momento, desviada por sua direção de suas finalidades normais e da busca coerente de seus interesses. Realidade analógica como é a pessoa jurídica, a resposta ao problema de imputação pode ser obtida sempre através do ponto de comparação com a pessoa natural. Uma pessoa natural que buscasse seus interesses agiria como age essa pessoa jurídica?".*[364]

Portanto, em nome da verdade, e somente assim, justifica-se a aplicação da desconsideração da pessoa jurídica, aplicação esta momentânea, que tira a eficácia da personalização apenas enquanto se apurar a verdade dos fatos, na esteira da responsabilização por prejuízos causados e num campo em que não haja patrimônio para tanto.

Somente em nome da verdade, nada mais que em prol da verdade.

A Sociedade Entre Cônjuges

O debate acerca da possibilidade jurídica de a sociedade ser constituída pelos cônjuges, bem como de eles participarem de sociedade já constituída, tem gerado muita polêmica ao longo do tempo.

Havia quem sustentasse ser nulo o contrato social firmado entre cônjuges, desde que vigente o regime da comunhão de bens. A sociedade constituída de marido e mulher, notadamente nas sociedades por quotas de responsabilidade limitada, afetaria e burlaria o regime de bens do casal, com franca proteção dos bens transferidos à sociedade, pela personalidade jurídica que com ela se criou.[365]

---

[364] OLIVEIRA, J. Lamartine Corrêa de. *Op. cit.* p. 613.

[365] MENDONÇA, José Xavier Carvalho de. *Tratado de direito comercial brasileiro*. Rio de Janeiro: Freitas Bastos. [19--]. v. II, parte III.

O problema adquiriu novo aspecto com o advento da Lei 4.121, de 27 de agosto de 1962, cujo art. 3º determinou que

> *"pelos títulos de dívida de qualquer natureza, firmados por um só dos cônjuges, ainda que casados pelo regime de comunhão universal, somente responderão os bens particulares do signatário e os comuns até o limite de sua meação".*

Aliada a tal normatividade, com o Estatuto da Mulher Casada veio a emancipação dela, o que fez Rubens Requião entender que tornou-se possível a sociedade limitada entre marido e mulher a partir de então.[366]

A ausência de qualquer previsão expressa no regime do Código Civil anterior fez que o assunto fosse muito discutido tanto na doutrina quanto na jurisprudência, com os mais variados fundamentos seja pela admissão seja pela intolerância da sociedade entre cônjuges, tendo a orientação jurisprudencial predominante, advinda do Supremo Tribunal Federal, se inclinado pela viabilidade jurídica da sociedade entre marido e mulher.

O novo Código Civil, pretendendo consagrar o entendimento prevalente, faculta aos cônjuges contratar sociedade, quer entre si quer com terceiros, desde que casados no regime de separação total ou no de comunhão parcial. Vedada a faculdade, portanto, se casados no regime da comunhão universal de bens ou no da separação obrigatória (art. 977[367]).

Ricardo Fiúza, em suas anotações ao novo Código Civil, esclarece que "no primeiro caso, o da comunhão total, a sociedade seria uma espécie de ficção, já que a titularidade das quotas do capital de cada cônjuge na sociedade não estaria patrimonialmente separada no âmbito da sociedade conjugal, da mesma maneira que todos os demais bens não excluídos pelo art. 1.668, a ambos pertencentes. No que tange ao regime da separação obrigatória, a vedação ocorre por disposição legal, nos casos em que sobre o casamento possam ser levantadas dúvi-

---

[366] REQUIÃO, Rubens. *Curso de direito comercial.* 5. ed. São Paulo: Saraiva, 1975. p. 243.

[367] Art. 977 – ver nota de rodapé 13.

das ou questionamentos acerca do cumprimento das formalidades ou pela avançada idade de qualquer dos cônjuges".[368]

Coerente a disciplina do novo Código Civil no que diz respeito à nítida distinção entre o patrimônio da pessoa jurídica e os das pessoas dos sócios que a compõem. O assunto torna-se importante na medida em que se coloca na intersecção entre o Direito de Empresa e o Direito de Família. Trata-se, na verdade, de questão empresarial de Direito de Família, envolvendo tanto o sistema de regime de bens do Código Civil vigente quanto a sistemática societária que o mesmo estrutura. Daí o mérito da introdução do art. 977, que, sem consistir em ponto inovador, pela matéria que viabiliza, mas sob acirrada crítica da doutrina pátria, vê, nas duas vedações da parte final do artigo, verdadeiro retrocesso em relação ao sistema disciplinado pelo Código Civil de 1916, que acabava permitindo, com mais liberdade diante da lacuna, a sociedade entre cônjuges. A proibição do art. 977 visa, na verdade, coibir os abusos que de tal liberdade advieram, pois pela constituição de sociedade por quotas de responsabilidade limitada os cônjuges acabavam driblando seus credores, alterando o regime de bens que era imutável no sistema anterior, gerando problemas quer para os sócios quer para os terceiros que com a sociedade contratavam.

É o que podemos ver por algumas decisões colhidas da jurisprudência de nossos tribunais:

> "SOCIEDADE POR QUOTAS – MARIDO E MULHER, SÓCIOS EXCLUSIVOS – LEGITIMIDADE.
> Sem dispositivo legal que a proíba, expressa ou implicitamente, é válida a sociedade comercial entre cônjuges, mesmo comunheiros, somente desconstituível pelos defeitos invalidantes de sua formação. Recurso Extraordinário não conhecido" (STF, 1ª Turma, RE 104597, Relator Ministro Rafael Mayer, j. 10/05/1985).

---

368 FIÚZA, Ricardo (Coord). *Novo Código Civil comentado*. São Paulo: Saraiva, 2002. p. 882-883.

"Sociedade de cônjuges, por si só, não induz sonegação fiscal, segundo decidiu o Tribunal Federal de Recursos – Dissídio de jurisprudência não comprovado.
Controvérsia sobre a nulidade, ou não, de sociedade entre marido e mulher. Aspecto novo em face da L. 4.121/62" (STF, 1ª Turma, RE 61582, Relator Ministro Victor Nunes, j. 28/11/1968).

"Sociedade anônima – Ações – Alienação – Ato jurídico celebrado entre marido, diretor-presidente, e mulher – Inadmissibilidade – Cônjuges casados sob o regime da comunhão universal de bens – Estratagema, ademais, demonstrado – Embargos recebidos.
É inteiramente inviável, do ponto de vista jurídico-legal, a transmissão de bens entre cônjuges casados sob o regime da comunhão universal" (TJSP, 8ª Câmara Cível, EI 167.995-1, Relator Desembargador José Osório, j. 04/08/1993).

"Sociedade por quotas – Responsabilidade limitada – Dissolução parcial – Empresa constituída apenas por marido e mulher – Desaparecimento da *affectio societatis,* em razão da separação judicial – Possibilidade da subsistência da sociedade com a retirada de um deles – Irrelevância dos motivos determinantes das desavenças entre o casal para o deslinde da questão – Dissolução total afastada, apurando-se os haveres da sócia retirante – Recurso provido.
Na possibilidade da subsistência da sociedade com apenas um sócio, serão apurados os haveres do retirante e a empresa continuará como individual ou será admitido novo sócio para que continue como sociedade por quotas de responsabilidade limitada" (TJSP, 16ª Câmara Cível, Apelação Cível 188175-2, Relator Desembargador Nelson Schierasi, j. 15/09/1992).

"Embargos de terceiro – Penhora de telefone de propriedade da esposa de sócio de empresa inadimplente –

PRESUNÇÃO DE BENEFÍCIO DA SOCIEDADE CONJUGAL NÃO DERRUBADA – TEORIA DA DESPERSONALIZAÇÃO DA PESSOA JURÍDICA.
A regra, o natural, na cultura brasileira é que na sociedade entre marido e mulher, quando um deles contrai alguma dívida, esta é em benefício da comunhão, cabendo a quem alega o contrário o ônus da prova. Assim, a personalidade jurídica não pode ser usada como escudo da fraude, negócio ilícito ou de duvidosa lisura, a impedir a ação do Estado-jurisdição na realização da justiça. Apelação improvida" (TARS, 1ª Câmara Cível, Apelação Cível 196170955, Relator Desembar-gador Ari Darci Wachholz, j. 08/04/1997).

"APELAÇÃO CÍVEL.
É perfeitamente legal a constituição da sociedade entre marido e mulher, consoante melhor doutrina e orientação hoje firmada pelo STF. Tendo falecido um dos sócios, sem apuração dos haveres e dívidas da sociedade, a sócia remanescente, que ficou com o saldo positivo sem quitação do passivo, tem responsabilidade penal solidária pelos débitos. Apelo desprovido" (TJRS, 21ª Câmara Cível, Apelação Cível 598176550, Relator Desembargador Marco Aurélio Heinz, j. 02/09/1998).

"TRIBUTÁRIO – SOCIEDADE POR QUOTAS DE RESPONSABILIDADE LTDA – RESPONSABILIDADE DOS SÓCIOS – SOCIEDADE ENTRE MARIDO E MULHER – PENHORA – BEM DE FAMÍLIA.
Ainda que possível atingir sócio-gerente em decorrência de atos praticados com infração à lei, não pode ser responsabilizado sócio minoritário e que nada tem a ver com a administração da empresa. A existência de sociedade entre marido e mulher não é presunção de que houve proveito de ambos. É impenhorável o bem de família que serve de residência do casal e é o único a eles pertencente. Recurso não provido. Sentença confirmada em reexame necessário"

(TJRS, 2ª Câmara Cível, Apelação Cível 598069664, Relator Desembargador Arno Werlang, j. 10/03/1999).

"Execução fiscal – Sociedade entre marido e mulher – Dissolução irregular, separação judicial – Partilha. Não detém a mulher a condição de responsável tributário, se a irregular dissolução da sociedade mantida com seu ex-marido ocorreu após a partilha de bens, realizada em separação judicial, pela qual tocou ao varão a empresa, em especial se o crédito tributário foi constituído em data posterior da homologação da separação precipitada. Apelo provido" (TJRS, 1ª Câmara Especial Cível, Apelação Cível 70002073294, Relator Desembargador Honório Gonçalves da Silva Neto, v.u., j. 28/06/2001).

"Agravo de instrumento – Inventário – Sociedade por quotas de responsabilidade limitada – Morte de esposo sócio da mulher – Partilha.
Admitida a sociedade entre marido e mulher, com patrimônios separados, a morte do primeiro não faz com que devam ser inventariadas e partilhadas as quotas da Segunda" (TJRS, AI 596014365, 8ª Câmara Cível, Relator Desembargador Sérgio Gischkow Pereira, j. 14/03/1996).

Com a redação atual, o art. 977[369] faz emergir, ainda, questão polêmica no que diz respeito às sociedades legalmente existentes, ou seja, aquelas constituídas no regime anterior, e que tenham por sócios cônjuges casados sob o regime da comunhão universal de bens ou da separação obrigatória.

De um lado, temos as opiniões dos que entendem pela não obrigatoriedade de mudança destas sociedades, diante do princípio da irretroatividade das leis insculpido no art. 6º da Lei de Introdução ao Código Civil, visando à proteção do ato jurídico perfeito, do direito adquirido e da coisa julgada, com espeque constitucional no art. 5º,

[369] Art. 977 – ver nota de rodapé 13.

XXXVI. O próprio Código Civil de 2002, em seu art. 2.035[370], dispõe que a validade dos negócios e demais atos jurídicos, constituídos antes da entrada em vigor deste Código, obedecerão ao disposto nas leis anteriores. Com tal normatividade, inocorre necessidade de adequação à nova lei civil, pois as sociedades existentes à época em que entrou em vigor a nova lei civil constituíram atos jurídicos perfeitos, com direito adquirido dos sócios de terem contratado sociedade sob um regime jurídico que não lhes vedava nem restringia fazê-lo. Em abono do entendimento assim esposado, está a própria regência verbal adotada na redação do caput do art. 977 – "faculta-se aos cônjuges contratar sociedade" – sem qualquer pretensão de abrangência a contratos preteritamente perfeitos. O Projeto de Lei 6.760/2002 que pretende a alteração de vários dispositivos do novo Código Civil, sugere a supressão da restrição da parte final do tão discutido art. 977.

De outro lado, há os que entendem que as normas que prescrevem a forma e os requisitos de constituição das sociedades comerciais são matéria de ordem pública, sendo destarte inderrogáveis inclusive pelas sociedades constituídas anteriormente à entrada em vigor do novo Código (12/01/2003). Daí o prazo de um ano estabelecido para que as sociedades existentes promovam as necessárias adaptações (art. 2.031[371]). "Caso a sociedade não promova a necessária adaptação, mantendo-se com determinada constituição contrária ao sistema do Código Civil, será caracterizada como sociedade irregular para todos os efeitos legais. A Jornada STJ 73 afirma tese da não aplicação do antigo Código Civil 2031 – que manda que sejam feitas adaptações às sociedades já existentes, apenas no tocante à denominação das Sociedades

[370] Art. 2.035 – A validade dos negócios e demais atos jurídicos, constituídos antes da entrada em vigor deste Código, obedece ao disposto nas leis anteriores, referidas no art. 2.045, mas os seus efeitos, produzidos após a vigência deste Código, aos preceitos dele se subordinam, salvo se houver sido prevista pelas partes determinada forma de execução.
Parágrafo único. Nenhuma convenção prevalecerá se contrariar preceitos de ordem pública, tais como os estabelecidos por este Código para assegurar a função social da propriedade e dos contratos.

[371] Art. 2.031 – As associações, sociedades e fundações, constituídas na forma das leis anteriores, terão o prazo de um ano para se adaptarem às disposições deste Código, a partir de sua vigência; igual prazo é concedido aos empresários.

Anônimas e limitadas –, o que, *contrario sensu*, indica serem necessárias as demais alterações, para que essas sociedades se tornem conformes com o novo sistema do Código Civil".[372]

Completando a disciplina positivada no art. 977, o novo Código Civil exonera o empresário casado da outorga uxória no caso de venda ou oneração de imóveis que pertençam ao estabelecimento comercial, integrando portanto o patrimônio da empresa de que participe (art. 978). Confirma, mais uma vez, a nítida separação dos patrimônios da empresa e dos sócios que a compõem, pela dispensa do consentimento do outro cônjuge se o bem não mais integrar o patrimônio do casal. Este art. 978 é fruto da evolução advinda do Estatuto da Mulher Casada, e da redação do art. 246 do Código Civil de 1916 que estabelece

> *"A mulher que exercer profissão lucrativa, distinta da do marido, terá direito de praticar todos os atos inerentes ao seu exercício e à sua defesa. O produto do seu trabalho assim auferido, e os bens com ele adquiridos, constituem, salvo estipulação diversa em pacto antenupcial, bens reservados, dos quais poderá dispor livremente com observância, porém, do preceituado na parte final do art. 240 e nos ns. II e III do art. 242".*

Com ênfase no elemento gravitante do registro público como um dos esteios da segurança e transparência que o novo Código Civil quer dar à empresa e aos terceiros que com ela se relacionem, e coerentemente com a fundamentalidade dada ao princípio da publicidade no sistema do Direito de Empresa, determina o estatuto vigente a averbação e arquivamento, no Registro Público de Empresas Mercantis (independentemente dos demais registros porventura exigidos para o ato jurídico praticado): dos pactos e declarações antenupciais do empresário; da doação; da herança ou legado; dos gravames restritivos como as cláusulas de incomunicabilidade ou inalienabilidade; bem como da sentença homologatória da separação

[372] NERY JÚNIOR, Nelson; NERY, Rosa Maria de Andrade. *Op. cit.* comentário 7 ao art. 977.

judicial ou da reconciliação do mesmo, sob pena de inoponibilidade de tais atos ou títulos a terceiros que com a sociedade contratarem (arts. 979[373] e 980[374]). Exige-se a publicidade da efetiva e atualizada disponibilidade dos bens do empresário, como mecanismo de defesa dos interesses das partes envolvidas nas operações com a sociedade.

[373] Art. 979 – Além de no Registro Civil, serão arquivados e averbados, no Registro Público de Empresas Mercantis, os pactos e declarações antenupciais do empresário, o título de doação, herança, ou legado, de bens clausulados de incomunicabilidade ou inalienabilidade.

[374] Art. 980 – A sentença que decretar ou homologar a separação judicial do empresário e o ato de reconciliação não podem ser opostos a terceiros, antes de arquivados e averbados no Registro Público de Empresas Mercantis.

6

Os Elementos Gravitantes da Concepção Triangular de Empresa

registro

nome empresarial

auxiliares do empresário

escrituração empresária

O Registro

O registro das empresas encontra-se disciplinado pela Lei 8.934/1994, que dispõe sobre o Registro Público de Empresas Mercantis e Atividades Afins, e pela Lei 6.015/1973, sobre os Registros Públicos, inclusive das pessoas jurídicas (arts. 114 a 126).

A *publicidade* integra os instrumentos legais de garantia dos atos jurídicos submetidos a registro, mas só passou a ser referida, como elemento essencial dos registros públicos, na Lei 8.934/1994, e tem por missão:

a. transmitir ao conhecimento de terceiros, interessados ou não, a informação do direito correspondente ao conteúdo do registro;
b. sacrificar parcialmente a privacidade e a intimidade das pessoas, informando sobre bens e direitos seus ou que lhes forem referentes, visando às garantias advindas do registro;
c. servir para fins estatísticos, de interesse nacional ou de fiscalização pública.[375]

O art. 1º da mencionada Lei 8.934/1994 determina que o Registro Público de Empresas Mercantis e Atividades Afins, subordinado às normas prescritas naquela lei, será exercido em todo o território nacional, de forma sistêmica, por órgãos federais e estaduais, com as seguintes finalidades:

> *I. dar garantia, publicidade, autenticidade, segurança e eficácia aos atos jurídicos das empresas mercantis, submetidos a registro na forma da lei;*
> *II. cadastrar as empresas nacionais e estrangeiras em funcionamento no País e manter atualizadas as informações pertinentes; e*
> *III. proceder à matrícula dos agentes auxiliares do comércio bem como ao seu cancelamento.*

Assim, determina o novo Código Civil que o empresário e a sociedade empresária estarão sujeitos às normas fixadas pelo Registro Público de Empresas Mercantis e Atividades Afins; as sociedades simples, àquelas fixadas pelo Registro Civil das Pessoas Jurídicas, a menos que adotem um dos tipos de sociedade empresária (art. 1.150[376]).

---

[375] CENEVIVA, Walter. *Lei dos registros públicos comentada*. 14 ed. São Paulo: Saraiva, 2001. p. 37.
[376] Art. 1.150 – ver nota de rodapé 27.

Com o registro, aquele que exerce a atividade empresária adquire a qualidade de empresário, oponível a terceiros. *Com o registro*, conforme já dito anteriormente, a sociedade adquire personalidade jurídica, e conseqüente existência própria, distinta da de seus sócios componentes. *Com o registro*, torna-se possível a prova da qualidade de empresário, de forma objetiva e segura. Os efeitos do registro, porém, só se produzem a partir da data de sua concessão (art. 1.151, § 2º[377]). É preciso que se considere, porém, que os efeitos do registro constituem matéria que requer uma ressalva importante: como já salientado anteriormente, o registro constitui requisito formal para a caracterização da qualidade de empresário, para definir se as regras aplicáveis para a(s) parte(s) em questão são as do Direito de Empresa ou não. Contudo, não se pode dar ao registro uma definitividade ou imprescindibilidade maior do que a que ele na verdade tem – não é o registro, tão só por seu efeito, que vai assegurar a qualidade de empresário. Embora seja condição formal para o exercício da atividade de empresário, de forma regular, assegurada a proteção que de tal qualidade resulta, tal condição se reveste de presunção relativa, podendo ser elidida por qualquer prova em direito admitida.

Como bem preleciona Von Gierke, citado por Rubens Requião (1975), o registro deve ser considerado como uma prova *prima facie*. Muito embora o efeito da inscrição e da publicidade do registro seja a oponibilidade perante terceiros, tal prova é passível de elisão,[378] até a declaração de sua validade. O que importa, repetimos, é a *verdade* da atuação da pessoa física ou jurídica. Se da análise das circunstâncias fáticas resultar a demonstração de tratar-se do exercício de atividade

---

[377] Art. 1.151 – O registro dos atos sujeitos à formalidade exigida no artigo antecedente será requerido pela pessoa obrigada em lei, e, no caso de omissão ou demora, pelo sócio ou qualquer interessado.

§ 1º – Os documentos necessários ao registro deverão ser apresentados no prazo de trinta dias, contado da lavratura dos atos respectivos.

§ 2º – Requerido além do prazo previsto neste artigo, o registro somente produzirá efeito a partir da data de sua concessão.

§ 3º – As pessoas obrigadas a requerer o registro responderão por perdas e danos, em caso de omissão ou demora.

[378] VON GIERKE, Julius. *Derecho comercial y de la navegación*. Buenos Aires: Tip. Ed. Argentina S.A, 1957.

empresária, como tal deverá ser tratado, e sobre ele incidirão, se o caso, as normas aplicáveis ao empresário, tanto para discipliná-lo quanto para protegê-lo e para puni-lo.

Como corolário da importância, ainda que elisível, do registro na caracterização da qualidade de empresário, o novo Código Civil estabelece, ademais, o direito ao ressarcimento por perdas e danos para a hipótese de omissão ou demora no requerimento do registro devido (§ 3º).

Depende do registro a oponibilidade do ato a terceiro, salvo prova de que ele o conhecia (art. 1.154[379]).

A *ausência de registro* tornará o exercente de atividade empresária um empresário de fato, irregular, não merecedor da proteção da lei que rege a atividade empresária e a atividade registrária, e passível de restrições:

a. o empresário não registrado não tem legitimidade ativa para pedir a falência de seu devedor (art. 9º, III, *a*, da Lei de Falências[380]), mas não deixa de ter legitimidade passiva para ter sua falência requerida (por ele mesmo ou por terceiro) e declarada;
b. o empresário não registrado não terá seu nome empresarial protegido;
c. o empresário não registrado não tem legitimidade ativa para impetrar concordata (art. 140, I, da Lei de Falências[381]), exceção feita àquele cujo passivo quirografário seja inferior a 100 vezes o maior salário mínimo vigente no país;
d. o empresário não registrado não pode ter seus livros obrigatórios autenticados pelo registro competente (art. 1.181[382]), não podendo usá-los como prova (art. 379, Código de Processo Civil[383]), e carac-

---

[379] Art. 1.154 – O ato sujeito a registro, ressalvadas disposições especiais da lei, não pode, antes do cumprimento das respectivas formalidades, ser oposto a terceiro, salvo prova de que este o conhecia.
Parágrafo único. O terceiro não pode alegar ignorância, desde que cumpridas as referidas formalidades.

[380] Decreto-Lei 7.661/1945 (Lei de Falências): "Art. 9º – ver nota de rodapé 125.

[381] Decreto-Lei 7.661/1945 (Lei de Falências): "Art. 140 – ver nota de rodapé 126.

[382] Art. 1.181 – ver nota de rodapé 119.

[383] Lei 5.869/1973 (Código de Processo Civil): "Art. 379 – ver nota de rodapé 118.

terizando a falência declarada como fraudulenta, por subsunção ao crime falimentar previsto no art. 186, VI, da Lei de Falências[384];

e. o empresário não registrado não poderá participar de licitações, de inscrição nas repartições fiscais, nos órgãos previdenciários, além das penalidades específicas cabíveis.

O Nome Empresarial

O Código Civil de 2002 define o nome como sendo a firma ou a denominação adotada, de conformidade com o Capítulo II do Título IV do Livro II da Parte Especial do Código Civil de 2002 (arts. 1.155 a 1.168), para o exercício da empresa. Adjetivando o nome da empresa com o vocabulário empresarial (e não empresário como seria de se esperar, ante a sistemática terminológica adotada), indicamos a expressão tal como estabelecida no novo código civil.

Trata-se da *identidade do empresário* a referência designativa e identificativa dele, que nasce com ele quando do registro no órgão público competente, assim como o é, para as pessoas naturais, o nome civil atribuído a elas quando de seu nascimento.

A proteção do nome empresarial se deu, pela legislação ordinária, com o advento da Lei 8.934/1994, que estabeleceu, em seu art. 33

> *"A proteção ao nome empresarial decorre automaticamente do arquivamento dos atos constitutivos de firma individual e de sociedades, ou de suas alterações. (...)"*

e o art. 34

> *"O nome empresarial obedecerá aos princípios da veracidade e da novidade."*

---

[384] Decreto-Lei 7.661/1945 (Lei de Falências): "Art. 186 – ver nota de rodapé 120.

O *nome empresarial* pode ser de duas espécies: a *firma* (também referida por razão social) e a *denominação.*

Muito embora na linguagem comum seja costume referir-se à empresa pelo designativo "firma", este termo, na linguagem jurídica, significa uma das modalidades de nome empresarial.

A *firma* é a espécie de nome empresarial que tem como núcleo o nome civil do empresário ou dos sócios da sociedade empresária (um, alguns ou todos, necessária ou facultativamente, conforme o tipo societário), além dos demais elementos circundantes constituídos de palavras ou vocábulos da língua brasileira. Exemplo: *Antunes, Garcia e Pereira, Comércio de Papéis Ltda.*

A *denominação* é a espécie de nome empresarial que tem como núcleo um elemento identificador, constituído de uma palavra ou expressão, que denote o mais precisamente possível o objeto social da empresa. Na doutrina e na praxe do comércio, a denominação por vezes é referida como nome fantasia. Exemplo: *Comércio de Papéis Tirinha Ltda.*

Nome empresarial
- **Firma** (nome civil)
  - do empresário
  - de um ou + sócios da sociedade empresária
- **Denominação**
  - vocábulo/expressão designativos do objeto social da empresa, podendo adotar ou não o nome civil, nos termos da lei.

O novo Código Civil, visando à disciplina e regulamentação das atividades exercidas, quer empresárias quer não empresárias, usou do *mecanismo da equiparação* para o fim da proteção do nome empresarial das sociedades não empresárias, determinando que a *denominação* das sociedades simples, das associações e fundações equipara-se ao nome empresarial (art. 1.155, parágrafo único[385]). Teria deixado a descoberto a *firma* de tais pessoas jurídicas?

Pela dicotomia adotada no novo Código Civil, o *empresário opera sob firma* constituída por seu nome (elemento nuclear), completo ou abreviado, aditando-lhe, se quiser, designação mais precisa da sua pessoa ou do gênero de atividade (elementos circundantes) (art. 1.156[386]).

A sociedade poderá operar *sob firma*: *a) obrigatoriamente*, nas hipóteses em que, em razão do tipo societário, a responsabilidade dos sócios seja ilimitada (art. 1.157[387]), com as designações circundantes, inclusive as adstritas ao tipo societário; ou *b) facultativamente*, nas hipóteses legalmente previstas (arts. 1.158[388] e 1.161[389]), *ou sob denominação* nas hipóteses legalmente previstas, com as designações circundantes, inclusive as adstritas ao tipo societário (arts. 1.158,[390] 1.159[391] e 1.160[392]).

---

[385] Art. 1.155 – Considera-se nome empresarial a firma ou a denominação adotada, de conformidade com este Capítulo, para o exercício de empresa.
Parágrafo único. Equipara-se ao nome empresarial, para os efeitos da proteção da lei, a denominação das sociedades simples, associações e fundações.

[386] Art. 1.156 – O empresário opera sob firma constituída por seu nome, completo ou abreviado, aditando-lhe, se quiser, designação mais precisa da sua pessoa ou do gênero de atividade.

[387] Art. 1.157 – ver nota de rodapé 280.

[388] Art. 1.158 – ver nota de rodapé 181.

[389] Art. 1.161 – A sociedade em comandita por ações pode, em lugar de firma, adotar denominação designativa do objeto social, aditada da expressão "comandita por ações".

[390] Às limitadas, cabe a opção do uso de firma ou denominação social (art. 1.158).

[391] Art. 1.159 – ver nota de rodapé 279.

[392] Às sociedades anônimas, como regra, o uso de denominação; e, como exceção, na hipótese de tratar-se de fundador, acionista ou pessoa que haja concorrido para o êxito da formação da sociedade, o uso de firma para constar o nome desta pessoa especial na vida da empresa (art. 1.160, parágrafo único). O novo Código Civil, ainda, veda expressamente o uso do nome empresarial para as sociedades em conta de participação (art. 1.162).

Nome empresarial

- **Firma**
  - empresário
  - sociedades com sócios de responsabilidade ilimitada
- **Denominação**
  - sociedades limitadas
  - sociedades cooperativas
  - sociedades anônimas – como regra (exceção[393])
  - sociedades em comandita por ações
- Vedado o uso do nome empresarial em
  - sociedades em conta de participação

A proteção ao nome empresarial é dada através da exclusividade, da abrangência espacial, da anterioridade, da intransferibilidade e da veracidade que do registro decorrem.

Assim, o nome do empresário deve distinguir-se de qualquer outro já inscrito no mesmo Registro, sendo que se ele tiver nome idêntico ao de outros já inscritos, deverá acrescentar designação que o distinga (art. 1.163[394]), ficando assegurado, com o registro, o uso exclusivo do nome nos limites do respectivo Estado (art. 1.166[395]).

Tal regramento leva à consideração da abrangência espacial da proteção que o registro do nome acarreta. Pela redação do *caput* do art. 1.166, a inscrição e averbações no Registro próprio asseguram ex-

---

[393] § 1º do art. 3º. Lei das Sociedades Anônimas.

[394] Art. 1.163 – O nome de empresário deve distinguir-se de qualquer outro já inscrito no mesmo registro.
Parágrafo único. Se o empresário tiver nome idêntico ao de outros já inscritos, deverá acrescentar designação que o distinga.

[395] Art. 1.166 – ver nota de rodapé 100.

clusividade para o uso do nome nos limites do respectivo Estado. Sendo estadual a competência jurisdicional das Juntas Comerciais, quanto aos atos administrativos que executam, a conclusão primeira deveria ser a de ser estadual a proteção dada com o registro do nome – o uso exclusivo deste estaria assegurado no âmbito estadual de cada Junta Comercial. Assim, a jurisdição ou extensão do direito de exclusividade do nome empresarial estaria circunscrito ao Estado em que o empresário ou a sociedade tenha sua sede ou haja instalado estabelecimento filial ou semelhante. Contudo, o Decreto 1.800/1996, ao regulamentar a Lei 8.934/1994, em seu art. 61, define um procedimento especial de proteção ao nome empresarial em outras unidades da federação, independentemente do local de funcionamento da empresa, desde que haja requerimento específico às Juntas Comerciais em que a empresa tenha interesse em assegurar a exclusividade do uso do seu nome, dispondo que:

> "*A proteção ao nome empresarial, a cargo das Juntas Comerciais, decorre, automaticamente, do arquivamento da declaração de firma mercantil individual, do ato constitutivo de sociedade mercantil ou de alterações desses atos que impliquem mudança de nome.*
>
> *§ 1º – A proteção ao nome empresarial circunscreve-se à unidade federativa de jurisdição da Junta Comercial que procedeu ao arquivamento de que trata o* caput *deste artigo.*
>
> *§ 2º – A proteção ao nome empresarial poderá ser estendida a outras unidades da federação, a requerimento da empresa interessada, observada instrução normativa do Departamento Nacional de Registro do Comércio – DNRC.*
>
> *§ 3º – Expirado o prazo da sociedade celebrada por tempo determinado, esta perderá a proteção do seu nome empresarial.*"

O parágrafo único do art. 1.166 do novo Código Civil acolhe tal regulamentação, admitindo a extensão da proteção do nome empresarial se adotado o procedimento prescrito em lei especial (no caso, o regulamento da Lei 8.934/1994 e o Decreto 1.800/1996).

Havendo interesse do requerente em ter assegurada a proteção em todos ou qualquer dos demais Estados da federação, caberia a ele promover a averbação da inscrição de seus atos constitutivos em tantas outras Juntas Comerciais estaduais quantas sejam do seu propósito ser protegido.

A proteção do nome comercial, quanto à sua abrangência espacial, sempre foi alvo de discussões e de entendimentos doutrinários e jurisprudenciais díspares, na tentativa de prescrever os limites e as condições dessa proteção. A partir do *leading case* no Superior Tribunal de Justiça – *caso RESET* (REsp 6.169-AM), julgado em 25/05/1991, passou a firmar-se o entendimento de que o âmbito geográfico da proteção ao nome comercial poderia ser nacional, e que o direito de exclusividade nasce do simples arquivamento dos atos constitutivos da empresa no registro próprio:

> Nome comercial – Direito à exclusividade – Registro na Junta Comercial – Prevalência.
> O direito de uso exclusivo do nome comercial em todo o território nacional não está sujeito a registro no INPI e surge tão só com a constituição jurídica da sociedade, através do registro de seus atos constitutivos no Registro do Comércio, devendo prevalecer o registrodo nome comercial feito com anterioridade, no caso de firmas com a mesma denominação e objeto social semelhante, que possibilite confusão. Lei 4.725/65, art. 38, IX, Decreto-Lei 1.005/69, art. 166, Lei 5.772/71, arts. 65, item 5 e 119, Convenção de Paris de 1888, adotada no Brasil pelo Decreto 75.572/75. Recurso Especial conhecido e provido.

Da evolução doutrinária e jurisprudencial, certamente decorrerá a alteração legislativa correspondente. O tempo dirá.

A proteção ao nome empresarial se completa, ainda, com a vedação de sua alienação ou transferência. Sendo o nome empresarial o modo como a empresa se identifica em suas relações negociais, ele é único, e não poderá ser objeto de alienação separadamente do próprio estabelecimento (art. 1.164 e parágrafo único[396]).

A norma acima deve ser interpretada com reservas. E isso porque não é de hoje que se discute na doutrina a possibilidade de alienação do nome constituído da espécie denominação, constatada na prática comercial. Se o uso da modalidade *firma* requer exclusividade absoluta, devido à identificação pessoal que imprime, o mesmo não ocorre com a *denominação*, destituída que é do caráter personalíssimo de identificação do(s) titular(es) da empresa, o que em princípio permitiria sua alienação. Por tais considerações, temos a proposta de alteração legislativa para supressão da norma – *Jornada STJ 72 – Suprimir o art. 1.164 do novo Código Civil.*[397]

O parágrafo único do art. 1.164 cogita da alienação do estabelecimento comercial, o que envolve a firma do alienante, pois trata-se de elemento integrante daquele. A transferência do estabelecimento é que pode ensejar o uso da firma do alienante, se assim acordado entre as partes, com indicação de tratar-se do nome do sucessor e do nome do adquirente, num reflexo peremptório dos princípios da veracidade e da novidade preconizados pela lei registrária e seu regulamento. A ação anulatória de inscrição do nome empresarial é indicada como meio processual cabível ante prejuízos causados pelo uso do nome da empresa em violação à lei ou ao contrato (art. 1.167[398]).

A proteção do nome empresarial cessa com o término do prazo da sociedade contratada por tempo determinado (art. 59 da Lei 8.934/1994[399]), ou por cancelamento decorrente da cessação do exer-

---

[396] Art. 1.164 – O nome empresarial não pode ser objeto de alienação.
Parágrafo único. O adquirente de estabelecimento, por ato entre vivos, pode, se o contrato o permitir, usar o nome do alienante, precedido do seu próprio, com a qualificação de sucessor.

[397] NERY JÚNIOR, Nelson; NERY, Rosa Maria de Andrade. *Op. cit.* comentário ao art. 1.164.

[398] Art. 1.167 – ver nota de rodapé 182.

[399] Lei 8.934/1994: "Art. 59 – Expirado o prazo da sociedade celebrada por tempo determinado, esta perderá a proteção do seu nome empresarial."

cício da atividade empresária (art. 1.168[400]), quando concluída a liquidação da sociedade (art. 1.168), ou por ausência de qualquer arquivamento no período de dez anos consecutivos de que decorra a presunção de inatividade com o cancelamento *ex officio* do registro (art. 60 da Lei 8.934/1994[401]).

Concluindo, digna de menção é a nota trazida por Nelson e Rosa Maria Nery sobre a extensão da aplicabilidade do art. 2.031 do novo Código Civil, e que assim se refere ao tema:

> "Denominação da sociedade (limitada e S/A). Direito da Personalidade. Desnecessidade de alteração. Jornada STJ 73: *"Não havendo revogação do art. 1.160 do Código Civil, nem a modificação do § 2º do art. 1.158 do mesmo diploma, é de interpretar-se este dispositivo* [Código Civil 2.031] *no sentido de não aplicá-lo à denominação das sociedades anônimas e sociedades limitadas, já existentes, em razão de se tratar de direito inerente à sua personalidade"*.[402]

Auxiliares do Empresário

Encontramos neste Capítulo a consideração do fenômeno empresa sob o atributo ou perfil corporativo, que considera a atividade desenvolvi-

[400] Art. 1.168 – A inscrição do nome empresarial será cancelada, a requerimento de qualquer interessado, quando cessar o exercício da atividade para que foi adotado, ou quando ultimar-se a liquidação da sociedade que o inscreveu.

[401] Lei 8.934/1994: "Art. 60 – A firma individual ou a sociedade que não proceder a qualquer arquivamento no período de dez anos consecutivos deverá comunicar à junta comercial que deseja manter-se em funcionamento.

§ 1º – Na ausência dessa comunicação, a empresa mercantil será considerada inativa, promovendo a junta comercial o cancelamento do registro, com a perda automática da proteção ao nome empresarial.

§ 2º – A empresa mercantil deverá ser notificada previamente pela junta comercial, mediante comunicação direta ou por edital, para os fins deste artigo.

§ 3º – A junta comercial fará comunicação do cancelamento às autoridades arrecadadoras, no prazo de até dez dias.

§ 4º – A reativação da empresa obedecerá aos mesmos procedimentos requeridos para sua constituição."

[402] NERY JÚNIOR, Nelson; NERY, Rosa Maria de Andrade. *Op. cit.* nota 9 ao art. 978 do Código Civil de 2002.

da pelo empresário, organizador da atividade empresária, com a colaboração, temporária ou permanente, de agentes e auxiliares, independentemente do tipo de vínculo com que se relacionam.

O novo Código Civil categorizou os colaboradores do empresário como prepostos deste. Além das disposições gerais (arts. 1.169 a 1.171), trata especificamente do gerente (arts. 1.172 a 1.176) e dos contabilistas e demais auxiliares (arts. 1.177 e 1.178).

Preposto, do latim *praepositus*, de *praeponere* (posto adiante ou à testa), designa a pessoa ou o empregado que, além de ser um locador de serviços, está investido no poder de representação de seu chefe ou patrão, praticando os atos concernentes à locação, sob direção e autoridade do preponente ou empregador.[403] Assim, a preposição é um misto de dois contratos: o de locação de serviços em virtude do qual o preposto, como locador, aluga seus serviços ou trabalho ao locatário, que é o patrão ou empregador; e o de mandato, em virtude do qual o patrão ou o preponente dá poderes ao preposto para que o represente no negócio, ou negócios, para que foi contratado.[404]

Os prepostos, no escólio de Sylvio Marcondes,[405] *"são mandatários de categoria especial, decorrente da natureza e continuidade das funções que exercem. Na preposição, se conjugam dois contratos, o de trabalho e o de mandato – o primeiro se rege por lei própria, o segundo pelos preceitos atinentes a tal espécie de contrato"*.

Para Giuseppe Ferri, a colaboração é exercida tanto no sentido técnico – cumprimento de atividade física ou intelectual para o exercício da empresa –, quanto no sentido jurídico – na realização de uma atividade jurídica em lugar do empresário.[406] Dessa forma, uma das características da empresa é que a atividade empresária seja exercida por alguém – na qualidade de colaborador – no interesse do empresário, para tanto tendo outorgados poderes especiais, podendo exercê-los em função da habilidade técnica que detenha.

---

[403] DE PLÁCIDO E SILVA. *Op. cit.* vol. 3, p. 1.208.
[404] *Ibid.*, vol. 3, p. 1.208.
[405] MARCONDES, Sylvio. *Op. cit.* p. 160.
[406] FERRI, Giuseppe. *Manuale di diritto commerciale.* Torino: Utet, 1950.

A colaboração pode dar-se por vínculo empregatício, regido pelo regime do Direito do Trabalho, ou por autônomo, por representante comercial, ou ainda por terceirização de serviços. Seja a que título for, tais agentes cooperarão com o empresário e sob sua coordenação desempenharão tarefas técnicas e praticarão atos jurídicos no interesse dele e do melhor desenvolvimento da empresa.

Pressupõe a lei o vínculo de confiança entre o empresário e tais auxiliares, de pronto estabelecendo a vedação de se fazerem substituídos no desempenho da preposição, sob pena de responder pessoalmente pelos atos do substituto e pelas obrigações por ele contraídas (art. 1.169[407]). Da mesma forma, todos os atos praticados pelos prepostos no estabelecimento do preponente e relativos à atividade da empresa responsabilizam o preponente, ainda que inexistente autorização escrita (art. 1.178[408]). A legitimidade para a prática de tais atos fora do estabelecimento requer outorga escrita com arquivamento do instrumento respectivo, valendo também a mera certidão (art. 1.178, parágrafo único).

Respondem os prepostos por atos que praticaram e dos quais decorrem obrigações do empresário para com terceiros. Se agiram com culpa, devem indenizar o preponente, pela via de regresso, tornando-se tal responsabilidade solidária perante terceiros na hipótese de dolo (art. 1.177, parágrafo único[409]).

---

[407] Art. 1.169 – O preposto não pode, sem autorização escrita, fazer-se substituir no desempenho da preposição, sob pena de responder pessoalmente pelos atos do substituto e pelas obrigações por ele contraídas.

[408] Art. 1.178 – Os preponentes são responsáveis pelos atos de quaisquer prepostos, praticados nos seus estabelecimentos e relativos à atividade da empresa, ainda que não autorizados por escrito.
Parágrafo único. Quando tais atos forem praticados fora do estabelecimento, somente obrigarão o preponente nos limites dos poderes conferidos por escrito, cujo instrumento pode ser suprido pela certidão ou cópia autêntica do seu teor.

[409] Art. 1.177 – Os assentos lançados nos livros ou fichas do preponente, por qualquer dos prepostos encarregados de sua escrituração, produzem, salvo se houver procedido de má-fé, os mesmos efeitos como se o fossem por aquele.
Parágrafo único. No exercício de suas funções, os prepostos são pessoalmente responsáveis, perante os preponentes, pelos atos culposos; e, perante terceiros, solidariamente com o preponente, pelos atos dolosos.

Como o preposto representa a empresa com a finalidade de realizar negócios em nome do preponente, não pode concorrer com este, a menos que expressamente autorizado para tanto. A concorrência envolve a negociação por conta própria ou de terceiro, e a participação, ainda que indireta, de operação do mesmo gênero da que foi atribuída. Portanto, o preposto não pode, vinculado direta ou indiretamente, atuar no mesmo ramo de atividade ou no mesmo tipo de negócio da empresa que representa. Se o fizer, responderá por perdas e danos e terá os lucros decorrentes da operação retidos pelo preponente (art. 1.170[410]).

O preposto que atua de modo permanente no exercício da empresa, na sede desta ou em sucursal, filial ou agência, é considerado *gerente*. O Código Civil de 2002 abandonou a designação de gerência para os sócios que administram os negócios da empresa, que passou a ser designado como administrador. A denominação de gerente restou dada ao preposto permanente que exerce a função no interesse do empresário.

Os poderes para a representação e a realização de negócios pelo gerente, com suas limitações e alcance, devem ser outorgados mediante instrumento de mandato, público ou particular. Tal instrumento, para validade perante terceiros, deverá ser arquivado no órgão registrário competente, pena de inoponibilidade. O novo Código Civil estabelece a exigência do registro também no caso de modificação ou revogação dos poderes outorgados pelo empresário (art. 1.174[411]).

Salvo casos em que poderes especiais são exigidos, o gerente é autorizado a praticar todos os atos necessários ao exercício das funções que lhe foram outorgadas (art. 1.172[412]). Este responde pela

---

[410] Art. 1.170 – O preposto, salvo autorização expressa, não pode negociar por conta própria ou de terceiro, nem participar, embora indiretamente, de operação do mesmo gênero da que lhe foi cometida, sob pena de responder por perdas e danos e de serem retidos pelo preponente os lucros da operação.

[411] Art. 1.174 – As limitações contidas na outorga de poderes, para serem opostas a terceiros, dependem do arquivamento e averbação do instrumento no Registro Público de Empresas Mercantis, salvo se provado serem conhecidas da pessoa que tratou com o gerente.
Parágrafo único. Para o mesmo efeito e com idêntica ressalva, deve a modificação ou revogação do mandato ser arquivada e averbada no Registro Público de Empresas Mercantis.

[412] Art. 1.172 – Considera-se gerente o preposto permanente no exercício da empresa, na sede desta, ou em sucursal, filial ou agência.

representação da empresa, com poderes de decisão para a prática da atividade negocial da mesma. E se os praticar em seu próprio nome pessoal, mas à conta do preponente, a responsabilidade do gerente e do preponente, perante terceiros, será solidária (art. 1.175[413]). Ao gerente é reconhecido o poder de representação processual da empresa, em juízo, para discutir obrigações decorrentes do exercício de sua função. O Código Civil lhe dá a oportunidade de defender sua atuação pela empresa, em juízo, nos limites porém de sua ação como gerente (art. 1.176[414]). Questão que se põe aqui é a de se saber se em decorrência de tal poder é reconhecido o de nomear o patrono da causa pela empresa. A resposta, certamente, dependerá, ainda que não exclusivamente, do exame do teor do instrumento de mandato pelo qual os poderes do gerente lhe foram outorgados.

Excetuada a hipótese de previsão expressa em contrário, presumem-se solidariamente responsáveis os poderes delegados a dois ou mais gerentes, pela prática dos atos de gerência que praticarem, ainda que o façam isoladamente (art. 1.173, parágrafo único[415]).

Ao receber documentos, bens ou valores do preponente, o preposto poderá conferi-los, verificando eventual abuso ou excesso cometido em relação às atribuições e responsabilidades que lhe foram outorgadas. Inexistindo ressalvas ou protesto quando do recebimento, a entrega de tais bens será considerada válida e perfeita (art. 1.171[416]).

Por fim, o novo Código Civil se refere ao contabilista e a outros prepostos encarregados da escrituração dos livros ou das fichas do preponente, determinando que este responde por todos os atos de escrituração praticados por aqueles, resguardada a hipótese de má-fé

---

[413] Art. 1.175 – O preponente responde com o gerente pelos atos que este pratique em seu próprio nome, mas à conta daquele.

[414] Art. 1.176 – O gerente pode estar em juízo em nome do preponente, pelas obrigações resultantes do exercício da sua função.

[415] Art. 1.173 – Quando a lei não exigir poderes especiais, considera-se o gerente autorizado a praticar todos os atos necessários ao exercício dos poderes que lhe foram outorgados.
Parágrafo único. Na falta de estipulação diversa, consideram-se solidários os poderes conferidos a dois ou mais gerentes.

[416] Art. 1.171 – Considera-se perfeita a entrega de papéis, bens ou valores ao preposto, encarregado pelo preponente, se os recebeu sem protesto, salvo nos casos em que haja prazo para reclamação.

(art. 1.177[417]). O contabilista geralmente é contratado como autônomo, sendo que, em geral, apenas as grandes empresas têm a prestação de serviços do contabilista por meio de vínculo de emprego. A escrituração realizada por contabilista legalmente habilitado é obrigatória (art. 1.182[418]), sendo, portanto, a contratação deste preposto obrigatória para o exercício da atividade da empresa, corolário do aspecto corporativista do conceito, para tanto se exigindo habilitação técnico-profissional específica (inscrição no Conselho Regional de Contabilistas). Tal função deve ser exercida dentro dos padrões profissionais estabelecidos para o exercício da profissão, devendo ser coibidos os abusos cometidos,[419] como já dito (art. 1.177, parágrafo único).

A Escrituração Empresária

Neste último capítulo, o novo Código Civil trata da obrigação do empresário de escriturar regularmente os seus livros, por sistema mecanizado ou simples, de acordo com a documentação respectiva, com apresentação anual dos balanços patrimonial e o resultado econômico (art. 1.179[420]).

A regularidade da escrituração parte do pressuposto inicial da inscrição do empresário ou da sociedade empresária no Registro do Comércio. Ausente tal registro, a autenticação dos livros ou fichas obri-

[417] Art. 1.177 – ver nota de rodapé 409.

[418] Art. 1.182 – Sem prejuízo do disposto no art. 1.174, a escrituração ficará sob a responsabilidade de contabilista legalmente habilitado, salvo se nenhum houver na localidade.

[419] "Livros comerciais. Retenção pelo contabilista. Inexiste direito de retenção de livros comerciais a pretexto de recebimento de honorários por serviços contábeis prestados, dado que a posse e a conservação dos livros é obrigação legal dos comerciantes" (RT 659/93).

[420] Art. 1.179 – O empresário e a sociedade empresária são obrigados a seguir um sistema de contabilidade, mecanizado ou não, com base na escrituração uniforme de seus livros, em correspondência com a documentação respectiva, e a levantar anualmente o balanço patrimonial e o de resultado econômico.

§ 1º – Salvo o disposto no art. 1.180, o número e a espécie de livros ficam a critério dos interessados.

§ 2º – É dispensado das exigências deste artigo o pequeno empresário a que se refere o art. 970.

gatórios ficará inviabilizada, e qualquer lançamento que neles se promova restará destituído de validade, e portanto, até mesmo de força probatória (art. 1.181[421]). Tal eficácia vem estabelecida nos arts. 378 e 379 do Código de Processo Civil,[422] valendo contra o empresário, se lacunosa, realizada com erros, em desacordo com a documentação subjacente, ou a favor dele, se regular. Admite-se prova por qualquer meio em direito admitido, até mesmo para demonstrar a irregularidade do lançamento, mas não a má-fé do mesmo.

Em decorrência da faculdade de inscrever-se no Registro do Comércio ou não, atribuída ao pequeno empresário, e coerente com tal regime, o novo Código Civil dispensa, para os fins de aplicação das normas do Direito de Empresa, o pequeno empresário da contabilidade obrigatória (art. 1.179, § 2º). Poderá ele vir a ter o registro na Junta Comercial em razão de exigências fiscais que resultem do regime tributário que adote,[423] mas não por exigência de seu enquadramento obrigatório como empresário. Seja como for, vindo a registrar-se no órgão comercial, passa a integrar o regime jurídico estabelecido para os empresários neste Código.

Na verdade, por mais moderna a técnica de contabilização da empresa, ela implica o cumprimento de obrigação legal desta, e significa o resumo, numérico ou codificado, dos seus resultados, dos quais advirão direitos e obrigações, tanto em matéria tributária quanto previdenciária, civil e trabalhista, daí a importância primordial que esta escrituração adquire para a vida da empresa. Ela é o espelho da atividade que o empresário organiza. Daí sua força probatória, a ser invocada pelo empresário no resguardo da defesa de seus interesses e direitos.

Além da obrigação de manter escrituração regular e obrigatória, prescreve o novo Código Civil, ademais, a obrigação de conservação e guarda de toda a escrituração, correspondência e papéis atinentes à sua

---

[421] Art. 1.181 – ver nota de rodapé 119.

[422] Lei 5.869/73 (Código de Processo Civil): "Art. 378 – Os livros comerciais provam contra o seu autor. É lícito ao comerciante, todavia, demonstrar, por todos os meios permitidos em direito, que os lançamentos não correspondem à verdade dos fatos."

"Art. 379 – Os livros comerciais, que preencham os requisitos exigidos por lei, provam também a favor do seu autor no litígio entre comerciantes."

[423] V. art. 7º, § 1º, da Lei 9.317/1996 – escrituração simplificada.

atividade pelo prazo de prescrição ou decadência que as obrigações dela decorrentes envolvam. Decorrido o prazo prescricional ou decadencial, a obrigação de guarda e conservação determinada se extingue (art. 1.194[424]).

Às hipóteses de extravio, deterioração, roubo ou destruição de documentos necessários aos lançamentos escriturados deverá seguir-se o procedimento judicial cabível para prova de alegações futuras diante de omissões ou fiscalizações levadas a efeito.

O *sigilo* dos livros mercantis foi reverenciado pelo novo Código Civil. Em seu art. 1.190[425], reproduz, com retoques de atualização, o art. 17 do revogado Código Comercial

> *"Nenhuma autoridade, juízo ou tribunal, debaixo de pretexto algum, por mais especioso que seja, pode praticar ou ordenar alguma diligência para examinar se o comerciante arruma ou não devidamente seus livros de escrituração mercantil, ou neles tem cometido algum vício".*

É notória, porém, a tendência universal no sentido de fazer predominar a publicidade da escrituração do empresário, no interesse maior da coletividade em que ele opera, ou da globalização do mercado em que atua, em decorrência da prevalência do princípio da transparência e da veracidade por que se deve pautar.

Não se deve olvidar da disciplina da Lei Falimentar, que tipifica como crime falimentar a inexistência de escrituração ou a escrituração irregular do falido conforme Decreto-Lei 7.661/1945, art. 186

> *"Será punido o devedor com detenção, de 6 (seis) meses a 3 (três) anos, quando concorrer com a falência algum dos seguintes fatos:*
> *(...)*

[424] Art. 1.194 – ver nota de rodapé 29.

[425] Art. 1.190 – Ressalvados os casos previstos em lei, nenhuma autoridade, juiz ou tribunal, sob qualquer pretexto, poderá fazer ou ordenar diligência para verificar se o empresário ou a sociedade empresária observam, ou não, em seus livros e fichas, as formalidades prescritas em lei.

> *VI. inexistência dos livros obrigatórios ou sua escrituração atrasada, lacunosa, defeituosa ou confusa.*

E o próprio Código Civil estabelece hipóteses, não taxativas, em que a exibição parcial ou integral dos livros e da escrituração poderá ser determinada quando se tratar de questões relativas a sucessão, comunhão ou sociedade, administração ou gestão à conta de outrem, ou falência (art. 1.191[426]), sob pena de apreensão judicial e de presunção relativa do alegado pela parte contrária (art. 1.192[427]).

A quebra do sigilo estaria autorizada, em decorrência de suspeita de fraude ou prejuízo causados pela empresa (art. 1.191). A quebra do sigilo poderá ser total quando as questões a serem deslindadas se refiram a sucessão, comunhão ou sociedade, administração ou gestão à conta de outrem, ou ainda em caso de falência. O Supremo Tribunal Federal já se manifestou na Súmula 260, estabelecendo que "o exame de livros comerciais, em ação judicial, fica limitado às transações entre os litigantes". Ao Fisco é assegurado o exame da documentação, sem implicar violação do sigilo estabelecido no Código Civil (art. 1.193[428], de acordo com o art. 195 do CTN[429]).

---

[426] Numa reminiscência do Código Comercial de 1850: "Art. 18 – A exibição judicial dos livros de escrituração comercial por inteiro, ou de balanços gerais de qualquer casa de comércio, só pode ser ordenada a favor dos interessados, em questões de sucessão, comunhão ou sociedade, administração ou gestão mercantil por conta de outrem, e em caso de quebra". Veja ainda Súmulas 260 e 390 do STF.

[427] Art. 1.192 – Recusada a apresentação dos livros, nos casos do artigo antecedente, serão apreendidos judicialmente e, no do seu § 1º, ter-se-á como verdadeiro o alegado pela parte contrária para se provar pelos livros.
Parágrafo único. A confissão resultante da recusa pode ser elidida por prova documental em contrário.

[428] Art. 1.193 – As restrições estabelecidas neste Capítulo ao exame da escrituração, em parte ou por inteiro, não se aplicam às autoridades fazendárias, no exercício da fiscalização do pagamento de impostos, nos termos estritos das respectivas leis especiais.

[429] Lei 5.172/1966 (Código Tributário Nacional): "Art. 195 – Para os efeitos da legislação tributária, não têm aplicação quaisquer disposições legais excludentes ou limitativas do direito de examinar mercadorias, livros, arquivos, documentos, papéis e efeitos comerciais ou fiscais, dos comerciantes industriais ou produtores, ou da obrigação destes de exibi-los.
Parágrafo único. Os livros obrigatórios de escrituração comercial e fiscal e os comprovantes dos lançamentos neles efetuados serão conservados até que ocorra a prescrição dos créditos tributários decorrentes das operações a que se refiram."

O desatendimento à determinação de exibição judicial da escrituração implicará a revelia, sempre elisível por prova documental em contrário. Resta saber como ficariam os prazos de preclusão ante a redação dada a este art. 1.192.

A importância do cumprimento da obrigação de manter escrituração regular se faz sentir, ainda, na responsabilização dos administradores das sociedades anônimas, ante a ausência de levantamento dos balanços legalmente determinados (art. 158, § 2º, da Lei das Sociedades Anônimas[430]), ou também no impedimento da concessão de concordata preventiva (art. 159, § 1º, IV, da Lei de Falências[431]). Os empréstimos bancários não prescindem, via de regra, da apresentação dos balanços, bem como a regularidade da vida financeira da empresa junto às instituições com que negocie.

---

[430] Lei 6.404/1976 (Lei das Sociedades Anônimas): "Art. 158 – ver nota de rodapé 211.

[431] Decreto-Lei 7.661/1945 (Lei de Falências): "Art. 159 – O devedor fundamentará a petição inicial explicando, minuciosamente, o seu estado econômico e as razões que justificam o pedido. (Redação dada pela Lei nº 8.131, de 24.12.1990)

§ 1º – A petição será instruída com os seguintes documentos: (Redação dada pela Lei nº 8.131, de 24.12.1990)

I – prova de que não ocorre o impedimento do nº I do art. 140; (Redação dada pela Lei nº 8.131, de 24.12.1990)

II – prova do requisito exigido no nº I do artigo anterior; (Redação dada pela Lei nº 8.131, de 24.12.1990)

III – contrato social, ou documento equivalente, em vigor; (Redação dada pela Lei nº 8.131, de 24.12.1990)

IV – demonstrações financeiras referentes ao último exercício social e as levantadas especialmente para instruir o pedido, confeccionadas com estrita observância da legislação societária aplicável e composta obrigatoriamente de: (Redação dada pela Lei nº 8.131, de 24.12.1990)

a) balanço patrimonial; (Incluída pela Lei nº 8.131, de 24.12.1990)

b) demonstração de lucros ou prejuízos acumulados; (Incluída pela Lei nº 8.131, de 24.12.1990)

c) demonstração do resultado desde o último exercício social; (Incluída pela Lei nº 8.131, de 24.12.1990) (...)"

7

Conclusões

Após este estudo inicial, esperamos terem sido ressaltados os pontos primordiais de cada um dos elementos que o fenômeno EMPRESA envolve.

Nosso objetivo não foi o de apontar as falhas que o novo Código Civil apresenta, embora às vezes não tenhamos conseguido deixar de formular a dúvida que o texto provoca, ou a incongruência que ele ostenta e que nos aflige.

Nosso propósito, reiteramos, foi o de entender a estrutura que o novo texto legal estabeleceu para acolher o Direito Comercial, dar-lhe nova denominação e disciplina, sem porém inovar tanto, sem deixar de respeitar as suas lindes, demarcadas por tanto tempo de exercício da mercancia, ou de atos de comércio, ou de negócios como giro habitual de atividade econômica organizada. A estrutura socioeconômica foi transplantada para o plano jurídico, tem regime próprio e positivou-se para disciplina do desafio que o fenômeno empresa significa, tanto no nível nacional quanto no da globalização.

Propusemos uma divisão de trabalho consentânea com tal estrutura, buscando a coerência dentro dela, a harmonia de princípios, conceitos e efeitos. Por ela procuramos pautar a hermenêutica do trabalho, buscando o objetivo do legislador, sem nos afastar, porém, de pontos fundamentais para o Direito Comercial, dos quais, por vezes, até o elaborador da lei se afastou.

A unificação do direito privado nacional não implicou a subtração do ramo do Direito Comercial, apenas deu-lhe nova denominação e moderna roupagem. Do direito comparado mencionou-se apenas o necessário para sentir-lhe a influência e colaborar na interpretação da obra legislativa.

Partindo dos pilares constitucionais principiológicos, e com espeque na concepção triangular de empresa – atividade/empresário/estabelecimento –, buscamos desvendar todos os efeitos e irradiações que defluem do regime legal determinado para aquele que exerce profissionalmente atividade econômica organizada visando a produção ou a circulação de bens ou de serviços, seja individualmente ou em sociedade, ou ainda em grupo de sociedades.

Evidenciou-se a valia do órgão registrário para a segurança e transparência com que se pretende revestir a atividade empresária. Em torno dele foi construído o esquema de informações e dados que o mercado creditício requer para coibir a fraude e o inadimplemento impunes.

Avaliou-se a construção dada à pessoa jurídica não apenas no livro do Direito de Empresa, e explicar suas implicações e limites. O novo Código Civil não ousou admitir a administração da sociedade pela pessoa jurídica, mas não vedou-lhe a possibilidade. Inegável a realidade já conhecida, em que pesem fortes e lúcidos argumentos em contrário.

A teoria da desconsideração foi mostrada por conta de sua utilidade na responsabilização de abusos, num panorama de sua aplicabilidade e resultado, demonstrando a tarefa que incumbe ao Poder Judiciário desempenhar.

A sociedade entre cônjuges foi sopesada à luz do direito anterior e do regime que se lhe deu com o novo Código Civil, e as dúvidas aí estão.

A função especial dos elementos complementares que gravitam em torno de toda esta estrutura também foi perquirida, e foram trazidos os elementos que embasam essa complementação.

De toda a análise aqui realizada, ainda que apenas iniciada, resta evidente o papel mais significativo que o magistrado assume na aplicação do direito. Na medida em que concretiza valores constitucionais, realçando o aspecto social, o novo Código Civil canaliza a operacionalidade do Direito. Para tornar realizado o princípio da socialidade, em cada caso, haverá a necessidade de individualizar e sopesar a efetiva situação concreta ocorrida, o verdadeiro responsável pela prática dos atos envolvidos, de forma mais direta e condizente com o que a experiência nos tem demonstrado. Do magistrado espera-se muito mais que um mero exegeta, da aplicação da lei espera-se muito mais que o formalismo e a justaposição da hipótese legal ao fato: cobra-se-lhe a avaliação da situação verdadeira, das efetivas condições das partes, e um pronunciamento mais humano.

É apenas o início da vigência do novo Código Civil, da nova era para o Direito de Empresa brasileiro. É apenas o início de nosso estudo. Há muito que se caminhar.

Bibliografia

ABRAÃO, Nelson. *Sociedade por quotas de responsabilidade limitada.* São Paulo: Revista dos Tribunais, 1995.

AMARAL, Hermano de Villemor do. *Das sociedades limitadas*. Rio de Janeiro: F. Briguet & Cia., 1938.

ANDRADE JÚNIOR, Attila de Souza Leão. *O novo direito societário brasileiro*. Brasília: Brasília Jurídica, 1999.

ASCARELLI, Tullio. Questões a respeito das sociedades coligadas. In: *Problemas das sociedades anônimas e direito comparado.* 2. ed. São Paulo: Saraiva, 1969.

____________. *Sociedades y asociaciones mercantiles.* Tradução Santiago Sentís Melendo. Buenos Aires: Ediar, 1947.

ASQUINI, Alberto. Profili dell'impresa. *Rivista del Diritto Commerciale.* 1943, v. 41, I, artigo traduzido por Fábio Konder Comparato, *Revista de Direito Mercantil*, n. 104.

BARRETO, Oscar Filho. *Teoria do estabelecimento comercial.* 2. ed. São Paulo: Max Limonad, 1988.

BASTID, Suzanne; DAVID, René; LUCHAIRE, François. *La personnalité morale et ses limites. Études de droit comparé et de droit international public.* Paris: LGDJ, 1960.

BITELLI, Marcos Alberto Sant'Anna. Da função social para a responsabilidade da empresa. In: *Temas atuais de direito civil na Constituição Federal.* São Paulo: Revista dos Tribunais, 2000.

BLACK'S LAW DICTIONARY. St. Paul (Minn.): West Publishing Co., 1991.

BULGARELLI, Waldírio. *A teoria jurídica da empresa: análise crítica da empresarialidade.* São Paulo: Revista dos Tribunais, 1985.

CARVALHOSA, Modesto. *Comentários ao Código Civil* – Do direito de empresa. São Paulo: Saraiva, 2003. v. 13.

CAVALCANTI, José Paulo. *O contrato consigo mesmo.* São Paulo: Freitas Bastos, 1956.

CENEVIVA, Walter. *Lei dos registros públicos comentada.* 14 ed. São Paulo: Saraiva, 2001.

CLARCK, Robert Charles. *Corporate law.* Boston/Toronto: Little, Brown & Company, 1986.

COELHO, Fábio Ulhoa. *Comentários ao Código de Proteção ao Consumidor.* Coord. Juarez de Oliveira. São Paulo: Saraiva, 1991.

COMPARATO, Fábio Konder. A reforma da empresa. *Revista de Direito Mercantil, Industrial, Econômico e Financeiro*, São Paulo, v. 21. n. 50, abr./jun. 1983.

____________. O poder de controle na sociedade anônima – *Revista dos Tribunais.* Rio de Janeiro: Revista dos Tribunais, 1976.

CRISTIANO, Romano. *Conceito de empresa.* São Paulo: Arte e Cultura, 1995.

DE PLÁCIDO E SILVA. *Vocabulário jurídico.* 4. ed. Rio de Janeiro: Forense, 1975.

DOBSON, Juan M. *El abuso de la personalidad jurídica*. Buenos Aires: Depalma, 1985.

EPSTEIN, David G. *Debtor-creditor law*. St. Paul (Minn.): West Publishing Co., 1991.

FERRI, Giuseppe. *Manuale di diritto commerciale*. Torino: Utet, 1950.

FIÚZA, Ricardo (Coord). *Novo Código Civil comentado*. São Paulo: Saraiva, 2002.

FRANÇA, Erasmo Valladão Azevedo e Novaes. Empresa, empresário e estabelecimento – A nova disciplina das sociedades. In: *Revista do Advogado*, AASP, agosto 2003, n. 71.

FRANCO, Vera Helena de Mello. O triste fim das sociedades limitadas no novo Código Civil. *Revista de Direito Mercantil*. n. 123.

GRAU, Eros Roberto. *A ordem econômica na Constituição de 1988*. São Paulo: Malheiros, 2002.

GUARRIGUES, Joaquín. Acotaciones de un jurista sobre reforma de la empresa. In: *Hacia un nuevo derecho mercantil*. Madrid: Tecnos, 1971. p. 42.

_______. *Tratado de derecho mercantil*. Madrid, v.1.

HABERMAS, Jürgen. Faticidade e validade. In: *Escritos sobre moralidad y eticidad*. Tradução prof. Menelick de Carvalho, UFMG, para fins didáticos. Barcelona: Paidós, 1991. vol. 2.

JUSTEN FILHO, Marçal. *Desconsideração da personalidade societária no direito brasileiro*. São Paulo, Revista dos Tribunais, 1987.

MARCONDES, Sylvio. *Problemas de direito mercantil*. 3. ed. São Paulo: Max Limonad, 1970.

MARTINS, Fran. *Curso de direito comercial*. 22. ed. Rio de Janeiro: Forense, 1996.

MARTINS-COSTA, Judith (Coord.). *A reconstrução do direito privado*. São Paulo: Revista dos Tribunais, 2002.

MARTINS-COSTA, Judith; BRANCO, Gerson Luiz Carlos. *Diretrizes teóricas do novo Código Civil brasileiro*. São Paulo: Saraiva, 2002.

MENDONÇA, José Xavier Carvalho de. *Tratado de direito comercial brasileiro*. Rio de Janeiro: Freitas Bastos. [19--]. v. II, parte III.

MORAES FILHO, Evaristo de. *Sucessão nas obrigações e a teoria da empresa*. Rio de Janeiro: Forense, 1960.

NERY JÚNIOR, Nelson; NERY, Rosa Maria de Andrade. *Código Civil anotado e legislação extravagante*. 2. ed. São Paulo: Revista dos Tribunais, 2002.

OLIVEIRA, J. Lamartine Corrêa de. *A dupla crise da pessoa jurídica*. São Paulo: Saraiva, 1979.

PEIXOTO, Carlos Fulgêncio da Cunha. *A sociedade por cotas de responsabilidade limitada*. 2. ed. Rio de Janeiro: Forense.

PERREAU, Camille. *Leçons d'économie politique, financière et sociale*. [s.l.: s.n., 19--].

RAMALHETE, Clóvis. Sistema de legalidade na desconsideração da personalidade jurídica. *Revista Forense*, Rio de Janeiro, n. 293, 1986.

REALE, Miguel. Considerações gerais sobre o Projeto de Código Civil. *Arquivos do Ministério da Justiça*, Brasília, v. 33, n. 137, jan./mar. 1976.

______. *Lições preliminares de direito*. 2. ed. São Paulo: Bushatsky, 1974.

______. *O projeto do novo Código Civil*. 2. ed. São Paulo: Saraiva, 1999,

REQUIÃO, Rubens. A desconsideração da personalidade jurídica no agrupamento de empresas. In: *Aspectos modernos do direito comercial* – Estudos e pareceres. São Paulo, Saraiva, 1977.

______. Abuso de direito e fraude através da personalidade jurídica. *Revista dos Tribunais*, São Paulo, v. 410, p. 12-24, dez. 1969.

______. *Curso de direito comercial*. 5. ed. São Paulo: Saraiva, 1975.

______. *Curso de direito comercial*. 20. ed. São Paulo: Saraiva, 1995.

______. *Curso de direito comercial.* 23. ed. São Paulo: Saraiva, 1998.

SICHES, Luiz Recaséns. *Nueva filosofía de la interpretación del derecho.* 2. ed. México: Porrúa, 1973.

SZTAJN, Rachel. *Contrato de sociedade e formas societárias.* São Paulo: Saraiva, 1989.

VERRUCOLI, Piero. *Il superamento della personalità giuridica delle società di capitali nella "common law" e nella "civil law".* Milano: Giuffrè, 1964.

______. *La nozione di impresa nell'ordinamento comunitario.* Milano: Giuffrè, 1977.

WALD, Arnoldo. Algumas considerações sobre as sociedades coligadas e os grupos de sociedades na nova Lei das Sociedades Anônimas. *Revista Forense,* Rio de Janeiro, 1977.

WORMSER, Maurice. Piercing the veil of corporate entity. *Columbia Law Review,* Columbia, n. 12, 1912.

Índice Remissivo